U0615478

金湯借箸十二籌

1

（明）李盤　（明）周鑒　撰

YSP
北京燕山出版社

图书在版编目（CIP）数据

金汤借箸十二筹 / （明）李盘，（明）周鉴撰 . -- 北京 : 北京燕山出版社 , 2019.2
ISBN 978-7-5402-5327-1

Ⅰ . ①金… Ⅱ . ①李… ②周… Ⅲ . ①防御战－经验－明代 Ⅳ . ① E833

中国版本图书馆 CIP 数据核字 (2019) 第 072405 号

金汤借箸十二筹

主　　编　(明) 李　盘　(明) 周　鉴
责任编辑　刘朝霞
封面设计　吴宝祥
出版发行　北京燕山出版社有限公司
社　　址　北京市西城区东铁营苇子坑路 138 号
邮　　编　100079
电话传真　86-10-63587071（总编室）
印　　刷　北京虎彩文化传播有限公司
开　　本　787*1092 1/16
字　　数　502 千字
印　　张　62
版　　别　2019 年 7 月第 1 版
印　　次　2019 年 7 月第 1 次印刷
I S B N　978-7-5402-5327-1
定　　价　1800.00 元（全 2 册）

出版説明

現代漢語用『圖書』表示文獻的總稱，這一稱謂可以追溯到古史傳説時代的河圖、洛書。在從古到今的文化史中，圖象始終承擔著重要的文化功能。傳説時代的大禹『鑄鼎象物』，將物怪的形象鑄到鼎上，使『民知神奸』。在《周易》中也有『製器尚象』之説。一般而論，文化生活皆有其對應的物質層面的表現。在中國古代文獻研究活動中，學者也多注意器物、圖象的研究，如《詩》中的草木、鳥獸，《山海經》中的神靈物怪，禮儀中的禮器、行禮方位等，學者多畫爲圖象，與文字互相發明，成爲經學研究中的『圖説』類著述。又宋元以後，庶民文化興起，出版業高度發達，版刻印刷益發普及，在普通文獻中也逐漸出現了圖象資料，其中廣泛地涉及植物、動物、日常的物質生産程序與工具、平民教化等多個方面，其中流傳至今者，是我們瞭解古代文化的重要憑藉，通過這些圖文並茂的文本，讀者可以獲得對古代文化生動而直觀的感知。爲了方便讀者利用，我們將古代文獻中有關圖象、版畫、彩色套印本等文獻輯爲叢刊正式出版。

本編選目兼顧文獻學、古代美術、考古、社會史等多種興趣，範圍廣泛，版本選擇也兼顧古代東亞地區漢文化圈的範圍。圖象在古代社會生活中的一大作用涉及平民教化，即古人所謂的『圖象古昔，以當箴規』（語出何宴《景福殿賦》），明清以來，民間勸善之書，如《陰騭文》《閨範》等，皆有圖解，其中所宣揚的古代道德意識中的部分條目固然爲我們所不取，甚至是應該批判的對象，但其中多有精美的版畫，除了作爲古代美術史文獻以外，由此也可考見古代一般平民的倫理意識，實爲社會史研究的重要材料。

本編擬目涉及多種類型的文獻，茲輯爲叢刊，然亦以單種别行爲主，只有部分社會史性質的文本，因爲篇卷無多，若獨立成册則面臨裝幀等方面的困難，則取同類文本合爲一册。文獻卷首都新編了目録以便檢索，但爲了避免與書中内容大量重複，無謂地增加篇幅，有部分新編目録視原書目録爲簡略，原書目録中有部分條目與實際對應的正文略有出入，新編目録略微作了更訂。又有部分文本性質特殊，原書中本無卷次目録之類，則約舉其要，新擬條目，其擬議未必全然恰當。所有文獻皆影印，版式色澤，一存古韻。

目録（十二卷）

第一册

序……一
金湯借箸十二籌總目……三一
籌修備第一……四七
籌訓練第二……一五九
籌積貯第三……二六三
籌制器第四……四〇九
籌清野第五……五五五

第二册

籌方略第六……一
籌申令第七……六七
籌設防第八……一二九
籌拒禦第九……二一三

籌阨險第十……三〇三
籌水戰第十一……三三五
籌制勝第十二……四五九

第一册

序……一
金湯借箸十二籌總目……三一
籌修備第一……四七
籌訓練第二……一五九
籌積貯第三……二六三
籌制器第四……四〇九
籌清野第五……五五五

序

張九齡以六合之民懸命於縣令宅生於刺史予謂不獨民命民生即

國家內安外攘莫不於守令是賴令之守令何如哉蘧廬焉傳舍焉而已矣白面書生詎知六韜為何物即或雄論高談鑿鑿可聽而試之實事罔裨

壤

朝廷之封疆膺無辜之赤子則不學無術之過也

語云尺箠當猛豹立地可以相持徒手搏蜥蜴壯
夫猶然却步安有舍已効之成模為師心之詭變
而不敗轅輸載者乎此學子小有金湯十二籌必
以古人印証令人又以古法條綜今法俾製錦學
割者獲有臨摹校六合之民命民生佐
國家之內安外攘皆在十二籌中矣為守令者儆
而行之何至以虜寇遺君父憂哉嗟乎天生學成
為社稷也小有行將綰一通之綸而鼓瑟持五

色之線以補舜裳今日龔黄即他年韓范請以是

編爲左券

華陽孔貞運題

金湯十二籌引

小有李君江東名宿經術文章甲天下先其李氏世臣同予戊午譜嘗言吾家小有白眉也少文鳳行之吾最末乃李蚤已雄飛歷官建牙仲亦擢御史臺而小有猶困諸生間天乎何厄文人至此極予客歲仲冬于阻虜寄廣平小有亦從齊魯來同舟遇風共商禦虜之策偕守土者晝巡城堞夜宿雉樓四十日不解帶其派垛夫措軍餉決漳河淬

金湯十二籌

火器練兵勇設偵探緝奸細安難民擒土寇種種方畧出之裕如以佐守土者之籌畫予竊訝小有文人何知韜畧具不可測如此及圍解閤郡若留予小有慫慂就道千里之內屍橫血染寂無人烟惟我二人聯鑣並轡幾同空谷之足音除夕抵定興對酒欷歔感懷時事因出所輯金湯十二籌見示取而縱觀之其城守器具制勝機宜纖悉畢備而又援古證今前徽覆轍洞若觀火使人忻而知

所法怵而知所戒真智言哉智言哉壽之平日如指掌故措之臨事如探囊也及入都予與疏述廣武城守之難（艱）欲入小有姓字小有力辭聲色俱厲吾不知深自韜晦之意何居其不可測又如此嗟乎今之事如賊入主人之室擁主者於高樓勿使聞知左右假貸聽其掠貨貝擄妻子皆莫計但蒙吾首焉足矣虜雄行畿南村落爲盡所過州邑如破卵然懸軍深入克城不守外無後勁皆犯兵家

大忌設一旅南下扼之何異釜魚藩雞而莫之出
焉若之何予謂今天下民窮矣惟固人心爲急看
固人心惟輕徭薄賦謂兵餉何曰今之所不足者
非餉也兵也兵止習叛習逃習鼓譟習搶劫且老
弱居半莫來只得五分耳餘皆破冐也破冐盡肥
將官私槖予曰非也將官別有出孔莫來亦只得
五分耳吞剋行於平時威令安能振於一旦將擁
兵力惟恐叛惟恐逃故遇賊止知縮手縮脚容頭

過身不肯前向一步如是國家即再措千百萬之餉亦如是兵如是將計將安出哉南憂賊北憂虜不如妙選守令戰苦兵兵苦餉不如嚴求守令守令賢而人心固無事時之循良即有事時之保障處處有金湯何至如唐時二十四郡無堅城一百八縣斷烟火也則是書其守令荒年之穀乎而固結人心尤十二籌中之第一籌小有雖深自韜晦隆中地上之書已行於世矣

鄮湖吳道昌頓首題

序

昔袁逢子娶馬南郡女昏夕壻謂新婦曰弟先兄舉世以為笑今卿姊未行而子先可乎對曰處姊高行邈儔方擇良偶不似鄙薄苟然而已李子小有才足為二貴弟之兄而君馬不駛如騎土牛讀其所輯金湯十二籌言城守方畧列目於前徵實事於後了了易見亦鑿鑿可行凡所為固圉備敵之道皆以具矣當事者設誠而致行之豈復憂

匈奴哉今世塗未熙異端闕靖國家方破格奬用以奔走天下之無窮小有生平著述昔人比於武事可謂摧陷廓清而是書復為今日所急需誠設誠而致行之實有摧陷廓清之功不但比之而已身自為之身自享之扣囊裏取智而從枕上度師二先生功名在日月之際以擬小有未知勝負之果安在也或曰兵之變化在乎一心不至學古兵法此非所以云也夫變化者有質之稱以為吾取

彼而變化之云爾若盡舉古之成事而亡之而變化之名去矣有減竈而後有增竈有囊沙而後有量沙凡正反之道單複之術其爲名不可盡是皆本於其擬議之有質因而藉之又小民愚卒但見成事不守空虛以無徵驗之曰是將欺我故是書兵之貴者也小有書既成適有當事者以爲凡徵辟之舉必才流經通足以崇濟世業宜先才後文是則然矣然所謂才者將使之論安言計與抑使

之披堅執銳與披堅執銳一健兒能勝之要之大
將之材在此不在彼夫以口擊賊不如以手擊賊
謂空語無事實如品即口以成能者耳是書鑿鑿
可行手之所成授諸守令使擊之其為人也多矣
妄牽非類以沮有濟之功予心不然之
年家社弟陳際泰拜手書

題

易曰重門擊柝以待暴客蓋取諸豫夫金城湯池

吾之重門也外戚内寇吾之暴客也聽其來而後

禦之與懼其來而先待之孰勞孰逸孰忙孰閒兵

法所謂無恃其不來恃吾有以待其來無恃其不

攻恃吾有所不可攻則豫尤守土所貴哉何以待

之曰多算勝今之守土諸君皆服絺綌而忘裘披

狐貉而忘葛者耳未嘗不恃壽而算也果者壽身

家壽富貴高者籌治狀之低昂籌催科之完負籌上臺之喜怒籌薦牘之後先籌當路之知交如何接引籌主爵之課績如何彌縫而此外衣袽桑土絕不關心無事則悠悠泄泄一旦有警縮項蒙頭膽搖魂悸一敗不可收拾乃自悔失算不已晚乎此吾伯兄小有所為借箸而籌也援古證今絜綱挈目如趙充國圖上金城十二事方畧井井又如香山之摹六帖各題眉目類集陶鉼思患豫防之

術備矣至矣吾兄亦幟詞壇三十年海内奇英奔
會爭與之游而沖懷若谷人又樂獻其所長京口
周子臺公江東名宿曾隨史道林中丞殺賊有奇
功所謀輙中韓子雨公學窮二酉書破五車才華
冠山右頃予視鹺河東得悉其青霜紫電之藏此
皆與吾兄水乳合而蘭蓷投者莫三人而迷安有
驟卧龍椚蟲之流於一堂廣捜博采精計熟思而
不算無遺策者寸安黎庶而請提封端在於此時

己卯清和上浣李嗣京嘉錫甫題於虞州署中

序

兵之道難言矣火牛勝箕襲之反敗背水死法實置之生神而明之非可與刻舟膠柱者言也雖然兵甲孰精儲峙孰盈號令孰明城守孰堅此又勝負之分不俟一戰決者聚米可[illegible]蚕叢繫絲可量采石埴土堅雉帶水天塹可詘小醜更可却大憝非守令之雄畧才通者傍闌纖省陷名藩六十餘城隨靴兴頹落野燐星爍雞髮風翻疇職千椒乃

至於此一時守令非肉飫五兵則囊三木以就廷
尉豈真才智與忠義俱竭哉亦謂忠義自是美名
然平日不能飭備預防畢智竭力徒以死塞責一
迂拙書生事耳以語守土之臣子民之長則未也
守土須為國完此土子民須為國保此民如執筴
者握固而不可奪懷子者提抱而不受傷不委氣
數不傍救援先具金湯於心後設金湯於形公輸
雖善攻其如墨翟之拙守何余叔小有氏夙負偉

畧不僅以八比主騷壇學本六經胸富萬有客冬榜小奚雙劍游燕趙之區阻虜平千出奇制勝而圍籍以解乃飄然仗劍從屍山血海中直入都門守者驚以爲從天下也余沽酒拂塵悲喜交集譚平千守城方畧鑿鑿得讀所輯金湯十二籌提撕指點備極婆心余太息久之使守令者人恃此怏何至戰不成戰守不成守籍虛聲實禍之救援自隳此可恃可阻之岩險者夫自衛可以攻人能守

然後能戰即封狼居胥不外是矣叔氏又為余言友人周臺公韓雨公今之伏龍鳳雛也余恨不識其人為之神往

淮南李清心水父

引

昔人有云君子非樂於言有益於治不得不言也非樂於為有益於事不得不為也吾兄同友人周臺公韓雨公慨然借箸而籌金湯不知者謂其据摭羣言以博名高知者亦謂其蒿目時艱以樹功業則是書其立言歟立功歟吾則謂此吾兄立德之書也吾兄客歲阻虜廣武目擊畿南山左六十三城望風瓦解生靈百萬盡化青燐憐動天地不

覺涕泗橫襟嘆今之為守令者使能先事戢辦未雨為綢繆之計當機悉戰守之宜則金湯屹然寧遂決裂至此因出是書梓之為後來守令作南車保一邑即救一邑之生靈保一郡即救一郡之生靈謂是書為大放生社大戒殺文可也吾兄積德有年潤州江頭所建避風館全活人無算其手輯廣仁品書不啻寶筏慈航又時以生氣二字醒勸愚迷試取十二籌閱之言言皆生氣也仁品之廣

孰廣於此哉恐觀者以立言立功抹殺吾兄一段救焚極溺之婆心故拈而出之以告世人曰此吾兄立德之書也時長夏望日李喬世匡氏題

自序

語云得一賢守勝精兵三萬得一賢令勝精兵三千予心竊疑之守令者所以承流宣化撫衆字氓何至與兵較多寡也及客冬阻虜廣武坐困斗大孤城無兵無將無餉無援賊奴巧用蠶食之計平千已成孤注之形惴惴乎日與睢陽爲隣而守土諸公乃能赤手鼓勵士民以抗方張敗虜擒寇奉其七卷還之

朝廷此其功奚啻精兵千萬已哉太守程章菴大略雄才决機明敏永年令君沐清六運籌制勝應變靈通皆虛懷下問取予所輯金湯十二籌騐之歷歷不爽也是書孫韓子兩公有守圉全書予為删其繁增其缺周子臺公重加叅訂如聚米設帶令人了然心目間有所憑以固吾圉雖然習岐黄者素閑靈樞非不熟觀而試於藥罔効習形家言者青囊玉髓非不成誦而按之穴多乖則泥紙上

而迷局中孔明八陣漫漫不幾同於郎石予猶憶虜騎薄廣武近郊遣壯丁乘夜啣枚而潛出奇擾之予同諸公夜坐城頭悲風烈烈起行徘徊於霜月之下衣袂盡濕鼓角生寒此時若問之紙上不惟一籌莫展即千萬籌無用乃知批郤導窾當機自有運用耳比曉方得捷音心脾俱爽廣武一塊土不染血羶者非守土諸公之力歟今而後三光朗四序和烽息烟銷弓櫜鼓臥鑪圍晏然如金甌

磐石無攻者誰為守者墨翟公輸總無所用於太平之世且為

天子誦萬壽無疆添海屋之籌安用此十二籌鯤鯤過計哉當什襲藏之深山石室中焉漫書為弁

淮南李盤小有氏題

金湯借箸十二籌總目

籌修備第一

時平宜備　　幾動宜備

衝要宜備　　閒道宜備

勿因敵遠而忽之宜備

勿因地險而恃之宜備

城所以衛民也城之堅脆民之生死係之孟子策滕不過曰築斯城也宜備

城有三宜

濠所以衛城也濠之廣狹城之全墮係之孟子策滕不過曰鑿斯池也宜備

池有三宜

敵臺宜備　敵者敵也以殺敵為義不能殺敵無責有臺矣

城垜宜備　垜者躲也以躲身為義不能躲身無責有垜矣

城門宜備
牛馬墻宜備
暗門宜備
粟宜備
薪宜備
鹽宜備
器械宜備
守城必用之人宜備
内壕宜備
卷戰宜備
保甲宜備
水宜備
芻宜備
兵勇宜備
火藥宜備
守城必用之物宜備

籌訓練第二
訓兵六章　練兵
額兵　土兵
鄉兵　民壯
騎射　才能
精勇　校藝
籌積貯第三
積糧　常平倉

義倉　社倉
勸農　儲穀
興化　救荒
賑濟　平糶
勸富
籌制器第四
火器　砲
弓　箭

弩　弩箭

牌　刀

鎗　筅

鈀　棒

盔　鎧甲

籌清野第五

清五穀　清水泉

清芻草　清竹木

清屋宇　清硝磺鉛鐵
清油蠟　清什物
清地面

籌方略第六

安鄉民　詰奸細
一事權　分信地
和衆志　擇賢能
編丁壯　派守具

早分探

專號令

嚴禁約

捕賊盜

恤下情

重偵探

選鋒彈壓

奇兵更番

預演習

戢青衿

戒妄動

備犒賞

擺塘報

量軍馬

游兵策應

屯兵外拒

設墩臺　置望樓
置遠鏡　置吊車
置繩梯
籌申令第七
中軍號令　四方號令
旗幟燈火號令　守垜號令
對敵號令　游兵號令
籌設防第八

防門

防墻

防窮民

防内應一 係敵間為内應者

防内應二 係内賊為内應者

防詐門

防詭冒

防潛襲

防垛

防姦細

防詐降

防暴來

防離叛

防風雨晦明　防佳時令節

防敵退而實進　防敵去而復來

防敵聲東擊西　防敵求和挾詐

防火變　防火藥

防草場　防牢獄

防庫　防隙地

籌拒禦第九

拒土山一明制其上　拒土山二陰制其下

拒磴道

拒雲梯

拒地道

拒鉤竿

拒攀城

拒砲

拒烟

拒馬

拒塡壕

拒衝車

拒撞木

拒蟻附攻城

拒矢石

拒火

拒水

籌阨險第十

據險　設險

失險

籌水戰第十一

舟戰　舟製

水戰之師　水戰之器

水戰附考　兵夫列船式

籌制勝第十二

固結民心
誅除反仄
逆折盛勢
誘攻城
誘戰
飽能饑之
暇
治

激揚士氣
安定危疑
邀截歸路
誘入城
佚能勞之
静
佚
嚴

犄角　結援

解圍　認賊首

取賊箭　焚賊具

總目終

金湯借箸十二籌卷之一目錄

籌修備 有引

時平宜備

董安于備晉陽

幾動宜備

顏真卿備平原

衝要宜備

沈璞備盱眙

李抱真備澤潞

趙犨備陳州　　總評

閒道宜備

趙學究勸浮西澗迫滁陽

叛卒導金繇祖溪闕饒風

勿因敵遠而忽之宜備

弦子忽楚

勿因地險而恃之宜備

蜀姜維恃陰平　陳後主恃長江

卜漪特輪囷山　評

城所以衛民也城之堅脆民之生死係之孟子策滕不過曰築斯城也宜備

城論　　城基

城制

城有三宜

一曰高　定州城

二曰堅　統萬城　虎牢土

三曰厚　夫人城

附春秋莒子不修城論

濠所以衛城也濠之廣狹城之全墮係之孟子策勝不過曰鑿斯池也宜脩

池有三宜

一曰深　二曰濶

三曰暗穽

掘坑坎法

用品椿法　吴權置鐵杙
李黼置鐵錐　評
馬燧引水為池　孟宗政瀦水限騎
余闕引江注三壍
敵臺宜備　敵者敵也以殺敵為義不能殺
敵無貴有臺矣
敵臺法　虛敵臺法
二突門法　實臺虛臺圖

城垛宜備　垛者躲也以躲身為義不能躲身無責有垛矣

垛制　　石臺

懸眼圖　　垛磚

磚製

城門宜備

磴道欄墻

內壕宜備

設壕法　内壕圖
牛馬墻宜備
總說　牛馬墻圖
巷戰宜備
總說　許逵高墻圭竇
設門穽　填閘巷
鐵釘板　陷馬坑
總評

暗門宜備

總說　暗門圖

孔萇突門擊鮮卑　總評

保甲宜備

一定編立之法　一編立要公平

一編立要周遍　一廵行要親到

一火盜要救護　一保甲長要得人

一保甲長要優禮　一登報要公實

一講會要舉行　一善惡要旌癉
十家牌法　定里甲法
鄉村緝盜法　地圖法
分方法　牌式
總論
粟宜備
詳見積貯第二籌　總引
耿恭煑鎧弩　臺軍雜食人肉

張巡殺妾食士

張慶緒一鼠值錢四千

奉天蕪菁根進御　楊州兵自食子

淮安父子夫婦老稚更相食

水宜備

耿恭拜泉

李允則濬湖穿井斵冰

高歡移汾水　句安李歆分糧聚雪

北魏作地道洩虎牢井

西川民飲摩訶池泥汁

苟金龍妻絞布綃衣服水

薪宜備

臺城壞尚書省爲薪

淮安撤屋爲薪

芻宜備

臺城剉薦飼馬

鄴城淘墻[illegible]馬矢飼馬

鹽宜備

臺城人無鹽身腫氣急死

潁川人無鹽攣腫死

守城必用之人宜備

守城必用之物宜備

金湯借箸十二籌卷之一

淮南李盤小有（原名長科）
京口周鑑臺公
古絳韓霖雨公

籌修備

君子曰備豫不虞善之大者也又曰不備不虞不可以師又曰有備無患今外虞內寇勢岌岌矣枕戈待旦豈非壯懷倘厝火自娛怡

堂為樂坐待其及則生爲負國之臣死爲至愚之鬼禍蒼生辱青史豈不羞且痛哉因與同人憂深恤緯敢避越俎惜區區空言尚不如見諸行事之深切明著也輯修備

時平宜備

戰國智伯使人之趙請蔡皋狼之地趙襄子弗與智伯怒陰結韓魏將以伐趙襄子召張孟談而告之曰今吾安居而可孟談曰夫董安于簡

董安于備晉陽

荻蒿苫楚廧宮垣

鍊銅為柱

子之才臣也世治晉陽而尹鐸循之其政教猶存君其定居晉陽君曰諾乃之晉陽名孟談曰吾城郭已完府庫足用倉廩實矣無矢奈何孟談曰臣聞董子之治晉陽也公宮之垣皆以荻蒿苫楚廧之其高至丈餘君發而用之於是發而用之其堅則箘簬之勁不能過也君曰矢足矣銅少若何孟談曰臣聞董子之治晉陽也公宮之室皆以鍊銅為柱質請發而用之則有餘

顏真卿備平原

托霖雨修備

泛舟飲酒

銅矣君曰善備守已具三國之兵乘晉陽城遂
戰三月不能拔

幾動宜備

唐顏真卿爲平原太守安禄山逆狀牙孽真卿度必叛陽託霖雨增陴濬隍料丁壯儲廥廩日與賓客泛舟飲酒以紓禄山之疑果以爲書生不虞也禄山叛河朔盡陷獨平原城守俱備

請問守土諸公願爲顏平原乎願爲河北二

十四郡守若願為顏平原則如其先事為防可也

沈璞備盱眙

衝要宜備

宋盱眙太守沈璞到官王元謨猶在滑臺江淮無警璞以郡當衝要乃繕城浚隍積財穀儲矢石為城守之備僚屬皆非之朝廷亦以為過及魏兵南向守宰多棄城走惟璞城守魏人肉薄登城分番相代墜而復升莫有退者殺傷萬計

三旬不拔
李抱真備澤潞
曹偶習射
成卒二萬
昭義步兵

尸與城平凡攻之三旬不拔會魏軍疾疫魏主燒攻具退走

唐李抱真兼澤潞節度使抱真策山東有變澤潞兵所走集戰征之後賦重人困無以贍軍乃籍戶三丁擇一壯者蠲其徭租給弓矢令閑月得曹偶習射歲終大較親按籍第能否賞責比三年皆爲精兵舉所部得成卒二萬既不廩於官而府庫實故天下稱昭義步兵爲諸軍冠

趙犨備陳州

三百日乃解

唐黄巢在長安陳州刺史趙犨謂將佐曰巢不死長安必東走陳其衝也且巢素與忠武為仇不可不為之備巢自初起與李威張勉等戰皆忠武兵也乃完城塹繕甲兵積芻粟多募勇士使子弟分將之巢下蔡州果移兵擊陳掘塹五重百道攻之陳人大恐犨數引銳兵開門擊賊破之攻圍三百日乃解去

江南經畧曰城一也有關係一方之利害者

守令事也有關係數千里數百里之利害者將帥事也須提重兵鎮之合羣帥援之其城無恙敵不敢越此而他攻是守一城而庇百城者也

間道宜備

南唐皇甫暉提兵十萬控扼滁陽以援壽州宋太祖與暉遇於清流關為暉所敗聞村人云有趙學究在村中教學多智計微服往訪之學究

趙學究

清流関徑路

曰皇甫威名冠東北太尉自諒與巳如何曰非敵也學究曰使彼來日整兵出戰師絶歸路不復有噍類矣太祖曰當奈何曰有一計可因敗爲勝今関背有徑路人無行者雖牌軍亦不知也可直抵城下方西澗水大漲時彼必謂旣敗之餘無敢躡其後者誠能緣山背小路率兵浮西澗徑至城下彼方觧甲休衆不爲備斬関而入可以得志矣太祖大喜即下令誓師夜出踰

馬浮西澗以廹城睥果不為備奪門以入擒之

遂下滁州

吳玠大戰饒風嶺

宋吳玠與金人大戰饒風嶺金人披重鎧登山仰攻一人先登則二人擁後先者既死後者代攻玠軍弓弩亂發大石摧壓如是者六晝夜死者山積會玠小卒有得罪奔金者導以祖溪間

祖溪間路

路出關背乘高以瞰饒風諸軍不交〔支〕遂潰

勿因敵遠而忽之宜備

弦子忽楚

春秋江黄道陌皆弦姻也而睦於齊弦子恃之而不事楚又不設備曰郢去我九百里安能害我楚卒滅弦

遠莫遠於九百里矣弦子如何

勿因地險而恃之宜備

姜維恃險平

蜀姜維列營守險鍾會攻之不能克粮道險遠軍食又乏引還鄧艾遂自陰平行無人之地七百餘里鑿山通道山谷高深至為艱險又糧道

鄧艾行無人之地七百里

將僨瀕於危始艾以氊自褁推轉而下將士皆攀木緣崖魚貫而進先登至江油蜀守將馬邈降

陳後主恃長江

京口采石要地

隋命晉王廣出六合秦王俊出襄陽楊素出永安韓擒虎出廬州賀若弼出廣陵師師代陳舟艫被江旌旗曜日陳將樊毅曰京口采石俱是要地各須防備奏請再三陳主曰王氣在此齊兵三來周師再來無不摧敗彼何為者耶孔範

庭作太尉公

縱酒賦詩

陳主昏睡

守者皆醉

曰長江天塹限隔南北豈能飛渡耶邊將欲作功勞妄言事急臣每患官卑虜若渡江庭作太尉公矣遂不為備縱酒賦詩隋開皇九年正月朔大霧四塞陳主昏睡至晡時乃寤是日賀若弼自廣陵引兵濟江韓擒虎將五百人自橫江宵濟采石守者皆醉遂克之於是弼自北道擒虎自南道並進緣江諸戍望風盡走陳遂滅

山險莫過陰平水險莫過長江矣漢劉禪陳

卜漏恃輪
囤

趙遹
輪囤山峭
壁

炬縛猱背

叔寶何如

政和中晏州夷酋卜漏反漏據輪囤其山嵯起數百仞林箐深密壘石爲城外樹木柵當道穿坑穽仆巨枅布渠荅夾以守障官軍不能進時趙遹爲招討使環按其旁有崖壁峭絶處賊恃險不設備又山多生猱遣壯丁捕猱數千頭束麻作炬以膏蠟縛之猱背於是身率正兵攻其前旦夕戰羈縻之而陰遣奇兵從險絶處負梯

銜枚引猱上既至賊柵出火燃炬猱熱狂跳賊
廬舍皆茅竹猱竄其上輒發火賊譁呼奔撲猱
益驚火益熾官軍鼓噪破柵適望見火直前迫
之前後夾攻賊赴火墮崖死者無算卜滿突圍
走追獲之晏州平

頃歲所至殘破幾無完土惟東南稍獲安寢
者賴此一衣帶水耳然扼險者固恃險者亡
執事者不慮後艱率誇天塹每一念及憂心

京京矣

城所以衛民也城之堅脆民之生死係之孟子策滕不過曰築斯城也宜備

城論一

守城之法從攻城之謀而生於是虞仰攻則高壘以衛之虞直攻則厚築以衛之虞其廹於垣而濠劃也復開隍池為衛虞其逺於垣而憑陵也復加陴睨為衛衛盡善守斯盡善故欲善守

善守必明善攻

必明善攻預知患端方能捍患試觀古者公輸墨翟恒相反而恒相師

城基二

築城先貴定基

築城先貴定基譬猶樹木之根其植深其本大其土實斯人力摇之不動飈風撼之不搖故善工必於定基之始務令根深土實而本斯固焉

根深

土實

所謂根深者或開土丈許得石或類石或自然之堅土皆可為負重之本所謂土實者取成塊

之土沉於水漬之經晝夜不稍弛解斯為實土若其地為鬆沙為浮泥必開墾令盡方可定基盖沙泥不經水漬風雨日久傾圮必矣或云鬆沙浮泥之下未必有本然實土試觀掘井者一層沙一層泥最下一層始為黄土此必然之理故知開墾可盡焉至於基址廣厚必較其上所載者倍之始妙

城制三

凡大城除垛城身必高四丈或三丈五尺至下亦三丈面濶必二丈五尺底闊六丈次城除垛城身必高二丈五尺面濶二丈底闊五丈小城除垛城身必高二丈面濶一丈五尺底闊四尺[丈]此其大較若再加寛濶益善勢不可再減但底加面不加可面加底不加不可底不加而面加斷然傾覆凡城身第一石第二磚第三土若除垛外城身只高丈五尺者必不可守

有三宜

一曰高

王晏球不攻定州

愛民養兵以俟內潰

高峻未易急攻

城有三宜

一曰高後五代唐明宗以義武節度使王都篡父位惡之詔王晏球發兵會討定州遣使者促晏球攻城球與使者聯騎廵城謂之曰城高峻如此非梯衝所及徒多殺精兵無損於賊不若食三州之租愛民養兵以俟之彼必內潰從之定州將馬讓果開門納官軍都舉族自焚初晏球知州城高峻未易急攻朱宏昭張虔釗宣

二曰堅夏王勃勃蒸土築統萬城以錐試土

周世宗取虎牢土築京城

三曰厚朱序母築

言大將畏怯有詔促令攻城晏球不得已攻之殺傷將士三千

二曰堅　夏王勃勃蒸土築統萬城以利錐試之若錐針入一寸許即斬蒸土者於是堅如鐵石

周世宗築京城取虎牢土為之堅密如鐵及蒙古攻汴受砲所擊惟凹而已

三曰厚　晉朱序鎮襄陽符丕圍序序母韓氏

襄陽西北角城

夫人城

謂西北角當先受敵薄故也西北角跡鎖百餘婢并城中女丁于其角斜築二十餘丈賊攻西北潰便固守新城襄人謂之夫人城

春秋晉侯使申公巫臣如吳假道于莒與渠邱公立於池上曰城已惡莒子曰辟陋在夷其孰以我為虞對曰夫狡焉思啟封疆以利社稷者何國蔑有勇夫重閉況國乎楚子重伐莒圍渠邱渠邱城惡衆潰奔莒戊申楚入

急着眼
莒子便是
樣子

渠丘楚師圍莒莒城亦惡庚申莒潰楚遂入鄆莒無備故也君子曰恃陋而不備罪之大者也備豫不虞善之大者也莒恃其陋而不修城郭浹辰之間而楚克其三都無備也夫詩曰雖有絲麻無棄菅蒯雖有姬姜無棄蕉萃凡百君子莫不貸匱言備之不可以已也

濠所以衛城也濠之廣狹城之存亡係之孟子策滕不過曰鑿斯池也宜備

池有三宜

一曰深

聽居民城壕取土

徒夫托坯

池深愈助城高

池有三宜

一曰深　深則不易塡大約以三丈為度淺者許城内外居民修蓋房屋托坯燒磚和泥聽於城壕取土官府修理公衙責令徒夫托坯減日帶鐐作工小民犯罪輕則量罰推土若干車内培城腳免其笞杖務令數月間池深及泉雖旱不乾方為長計諺云池深一丈城高十丈池深及泉城高觸天是池深愈助城高也

二曰闊 盤根宿草 三曰暗穽 十步一井 重淵

二曰闊 闊則不易越大約以十丈爲度而底以闊五丈爲度凡作池寬狹以城上鳥銃之彈得到其外岸方爲適中太遠則銃力不及敵得任意出沒矣沿池兩岸宜多栽盤根宿草以耐崩坍

三曰暗穽 有暗穽則不易偷渡須於池底每十步鑿一圓井口闊一丈深一丈謂之重淵及泉爲度復外引河水內引城中霖潦之水以助

暗識淺處

掘高下坑坎

重險

其深可也又當於中設置數道淺處暗爲表識以便遣兵渡水擊賊賊必效我徑渡必墮深淵矣

掘坑坎

山城無池以地不可池也須離城二丈許掘爲高下坑坎或空闊安置石條以拒臨衝呂公車翻梯踏雲車即有池之城内外岸上亦宜如此布置是謂重瞼險

品字樁

吳權海口置大杙 杙音亦木段

李黼長木鐵錐置水

用品樁

壕水可通舟楫者釘品字樁木百餘根於水中高出水面尺許防樓船衝我城也

五代晉交州亂漢主龔遣其子弘操將兵攻之吳權引兵逆戰先於海口多置大杙杙橜也銳其首冒之以鐵遣輕舟乘潮挑戰而偽遁宏操逐之須臾潮落艦礙鐵杙不得反大敗溺死

徐壽輝攻九江李黼出戰大敗賊兵黼曰賊不

中

馬燧引晉水注城

利於陸必以舟薄戒乃令以長木數千冒鐵錐於杪暗置沿岸水中賊舟數千艘順流鼓譟而至遇木樁不得動黼發火箭射之焚溺無算繇此觀之與其明用品字樁於水上不若揞用鐵栈於水中從來利器有形則賊易防無形則賊必陷也

唐馬燧鎮太原以晉陽王業所基度都城東西平易受敵時邊警數至乃引晉水注城東瀦為

決汾水環之

植栁固堤

孟宗政瀦水限騎

余闕三塹

浚隍增障引江水

池寇至討省守陴者萬人又決汾水環城多爲池沿植栁固堤

宋孟宗政知棗陽以金人迫濠而陳易於馳驟乃於西北濠外瀦水爲滹以限騎

元余闕守安慶抵官十日而寇至乃浚隍增隅隍外環以深塹三重南引江水注之時羣盜環布四外闕居其中左提右挈屹爲江淮一保障

敵臺宜備

敵者敵也以殺敵爲義不能殺敵無

爲貴臺矣

城墻正面不使俯視不敢眺望者恐其矢彈正面對攻易於被傷也是以賊得竟逼城下任意施爲如今之城不必矢彈對攻雖鎗筅亦上刺有餘矣全仗高臺兩邊顧視夾擊使賊不敢直前衝挖是人視城以爲衛城又恃臺以爲衛也故有城無臺同於無城有臺無制同於無臺全在制度盡善方能制賊其法貴長出不貴横闊

品

百子銃眼

左右墻之下焰品字形開成銃眼以便放打佛狼機百子銃等火器　上留馬眼　以便焰看取准銃眼之制内狹外闊　以便左右取准上蓋瓦臺使兵夫得以安身火器得蔽風雨也各臺地步相去不宜太近太近恐對放神器自擊其城更不宜太遠太遠恐矢石無力鉛箭火藥須備百倍兩敵臺交相射打則兩敵臺之間雖守堞無人而賊亦不敢登矣

虛敵臺

築實敵臺不如築虛敵臺　其法用大石厚砌臨壕一面而虛左右之中中有二層以木板為樓用梯上下每層多置空眼眼制如前以便窺覘放鳥銃火箭之類賊不知箭矢出自敵臺內也凡賊攻城但顧上擊不虞旁攻轒轀尖頭木驢旱船之類皆防上而不防下守城者每每無如之何任其挖掘以致失事若有虛臺之制從左右夾攻城可保無虞矣

二小門

門口陷坑

臨壕一面獨不宜空者恐賊對面得用神器攻擊防有疏虞也故不取郭青螺先生舊制特改正之

兩敵臺之間平城之下當留二小門如斗口大週圍用極巨堅石砌之僅容一人扁身出入其厚約五尺門口設一陷坑内鋪釘板賊入即陷方為萬全門中豫備大砲一二十門若賊駕行天橋折疊車之類必抵城下始得施展吾以大

砲直對來路更裝跌放賊必敗走

此法極妙青螺虛臺即是此意真發古人所

未發矣且用此為門實一舉而兩利也

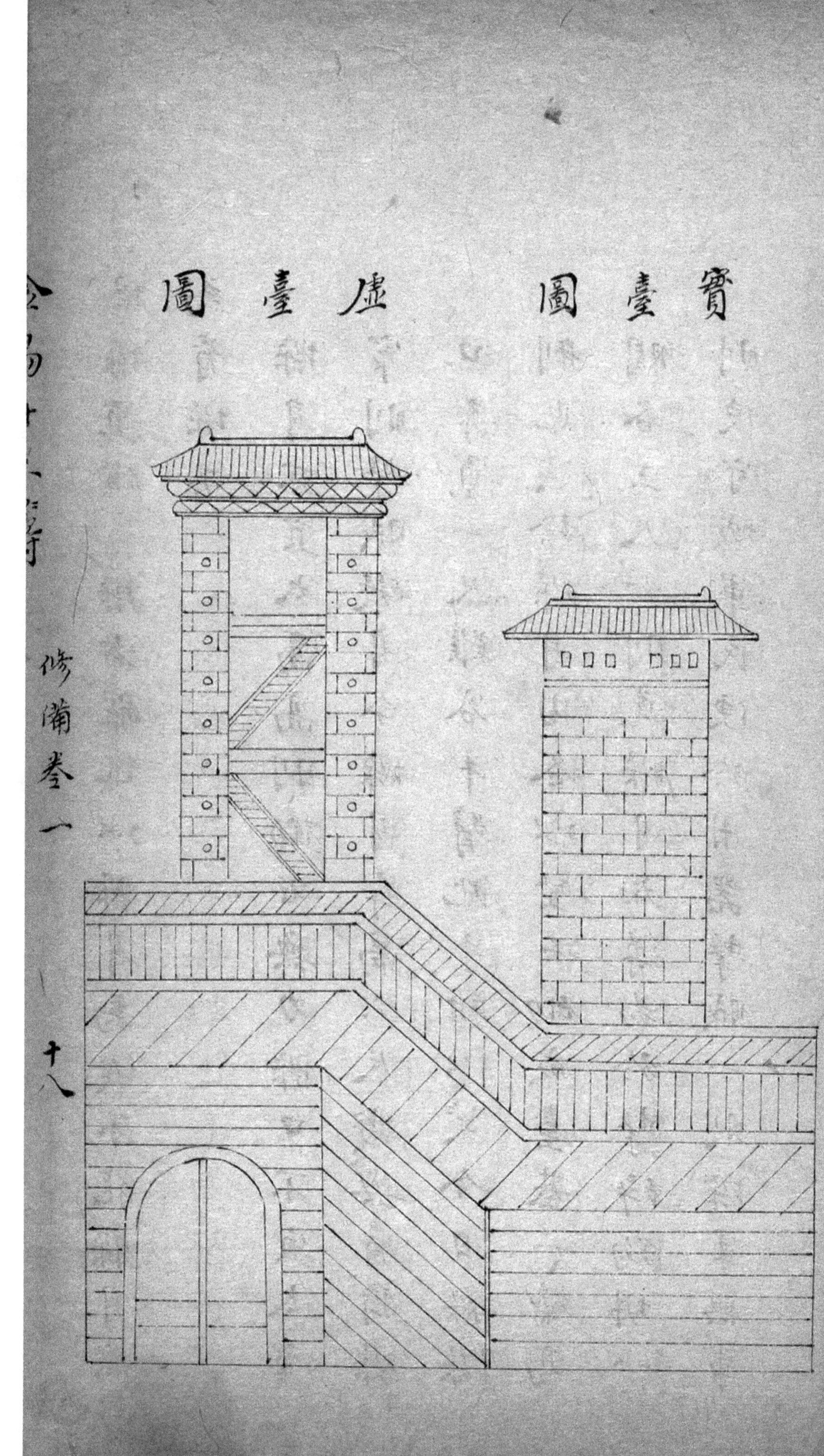
實臺圖
虛臺圖
修備卷一
十八

城垜宜備　垜者躲也以躲身為義不能躲身無為貴垜矣

垜身不宜太高高則擲石無力垜口不宜太窄窄則擊賊礙身今垜身率高六尺幾與肩齊垜口率寬一尺難容半臂此予所以笑今日無垜制也須於垜身內各以壁石砌成臺基一層高闊各三尺一則免垜身太薄易於擊碎鉤坍一則使守城軍民便於用器擊賊一則垜軍無事

可以坐憩息力

懸眼　每垜當中自城面平為孔高九寸約磚

三層磚厚用二層平面以下兩方磚對中為彎

漸漸下縮每磚一模編成層數字號燒於磚上

臨用只照號垜成如尋常甃砌相同庶磚皮不

削則可以磚彎不鑿則工省約用幾丈尺深計

為若干層今圖內只六層每磚三寸只得一尺

七寸亦其大略耳或二十三十等層以盡為度

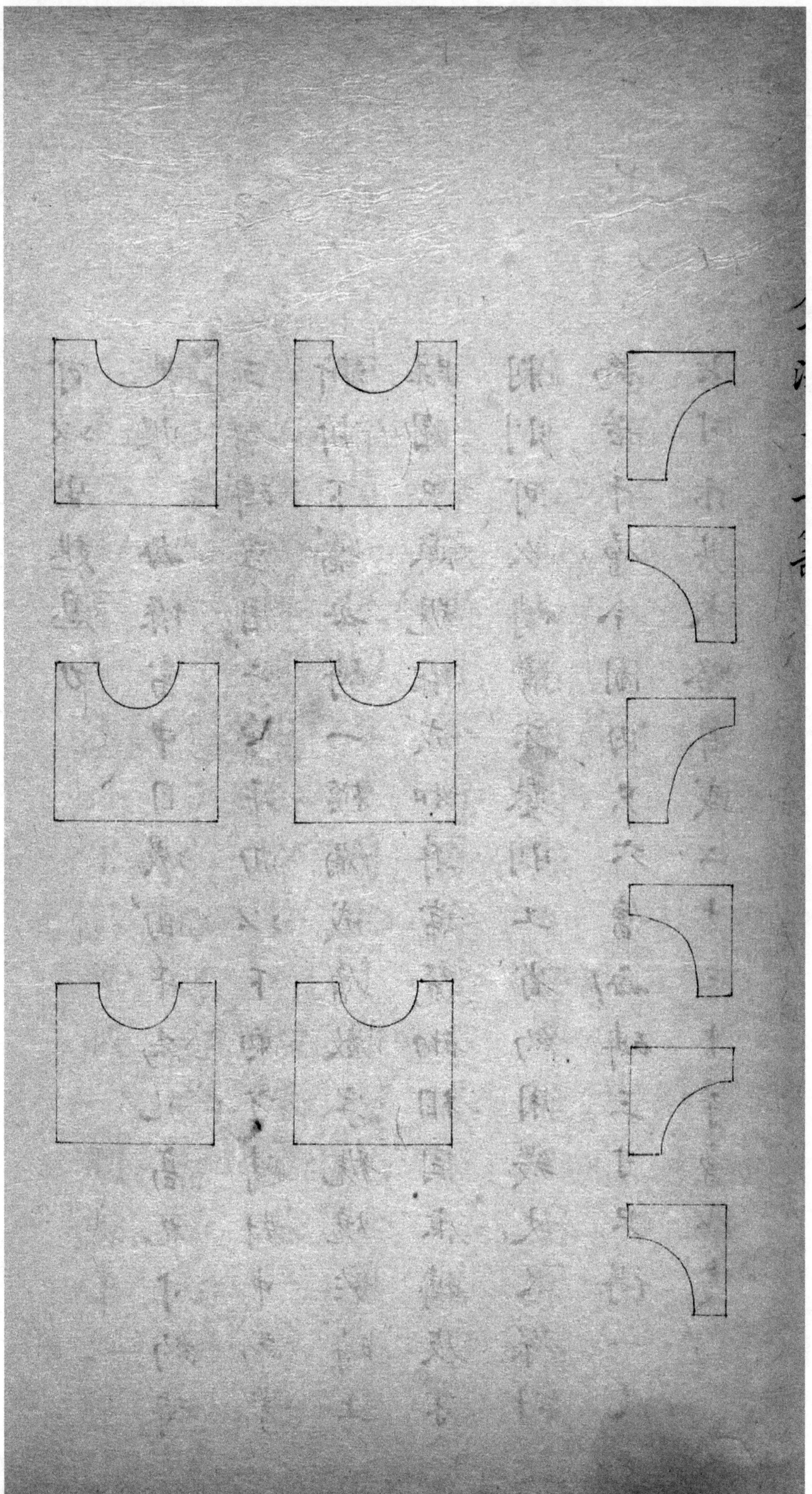

倭每叢銃與矢傍每叢矢伺我守城者一伸頭往外視即叢射之無有不中使我身不敢當垛目不見外賊即以鈎杆攻城等器直奔城下我兵既不能伸頭出手下擊任其掘坎布梯直登莫禦必有此懸眼賊遠則瞭之垛口銃矢射之賊近我兵不出頭以身藏垛下於懸眼內下眼攻城者雖有銃矢無所施若到城下一見無遺即將矢石銃子火桶擲之無不可者賊安能樹

梯駐足哉若對垛而登則垛上可禦矣每懸眼上加木蓋一箇以防銃矢尤妙

垛磚　常見城有自垛根砌成山字形者失之太濶賊登不可禦身無可庇矢石不能當若垛口內外平直太則人身可入小則不能左右射必炤今式將口磚削為脊此磚不可臨時砍尖一則易朽一則費工須於造磚時即用尖模長短二種以便砌手其垛下身高三尺口上高三

尺共六尺

磚製長若干橫可得長之半橫若干厚可得

橫之半庶縱橫六面甃砌皆成方乃可久共磚

自共作尺寸

城門宜備詳見設防篇

磴道

城內附墻多留磴道半里一座以便急時往來今各處城內止有四面四路甚為失計每磴道須留一門嚴司啓閉一防賊入登城一防守城

內欄墻

人夫偷安竊下城上用內欄墻高與心齊以防有賊進城便於遮護可施擊殺

田舍翁多挾白鏹尚知堅其門閭謹其關鍵況闔城數萬生聚止係一門是宜何等慎重

牛馬墻

尹子琦築三重壕

張巡築内壕

内壕宜備

凡城之内皆設内壕一重其深廣制度大約與外壕相配内岸週遭作牛馬墻派人守之賊即入城墻内之人與城上之人互相夾擊賊必敗走城内仍保安全矣昔尹子琦圍睢陽於城外築三壕重立木柵以守巡巡亦於内作壕以拒古人所師也不然藩籬單薄賊一入城更無限域與敗道耳

牛馬墻宜備

墻在城外壕岸上壕岸不拘寬狹狹即一丈或八尺皆可寬不可過二丈其外為墻磚石土皆可三合土亦可墻身每對一雉下底開一大將軍銃眼以人身不能鑽入為度墻每高三尺平過五尺為一小銃眼可容佛郎機每眼上加一直縫三寸高二寸闊以便眼瞭高下應賊自此眼高之再三尺又眼十層寬一寸止容手銃上

又開長眼三寸以便眼瞭墻脊用斧刀磚石使不可立賊對壕則用銃於小眼擊之賊衆則用大將軍於地眼擊之賊登墻用長柄大斧大棍一擊而落再無偷襲之虞矣或一時收斂不及或昏夜難辨不敢開門一應避難之人牛馬之類皆可暫於墻内收避墻恃城為險城又恃墻為衛緩急有城上人可以助力張威若守墻人不用命城上衆目所見徑可擊死也此牛馬墻

所以為有用施之水深河寬之城尚不見其力施之無濠處萬分倚賴此墻

牛馬墻圖

巷戰宜備

數賊入門闖城縣沸聽憑焚戮惟謀奔避者巷戰之法不講故也若能援巷設伏步步陷賊入於死地雖開門揖盜不敢前矣縱不能一城盡然且於近城要路如法施行賊亦安能為害哉有堅城有內壕有巷戰藩籬三重可以全民可以制虜可以殺賊

許逵守樂陵

許逵令樂陵期月令行禁止時流賊勢熾逵預

築墻開竇

設伏巷中
洞開城門

築城濬隍貧富均役踰月而成又使民各築墻高過屋簷仍開墻竇如圭僅可容一人家令一壯丁俟于竇內其餘人皆入隊伍令日守吾號令視吾旗鼓違者從軍法又設伏巷中洞開城門未幾賊果至火無所施兵無所加旗舉伏發盡擒斬之

設門穽

城內兩邊馬道口頭壘砌墜墻直與街房相接

掘塹坑

墻下留門以便百姓出入各家備鉤鎗短刀賊一入城橫鉤直截又去城門一丈遠掘塹坑一道寬五尺深一丈長通街之兩邊坑底用鋒利槍頭長一尺釘於板上滿坑鋪之坑邊釘小橛以蔴繩往來絡之上布以席席上浮土務與地平不可辨認待攻門開時一擁爭進自陷坑中城上以檑石亂下彼不敢再進百姓若要行走則於塹坑兩頭鋪連三大板仍出欄杆當之恐一

失脚入塹不可活矣

塡閤卷

松柏榆栁棗棠椒枳等枝梢俱將枝頭削尖迎梢向外堆羅卷中高可丈餘厚可十步賊若進城馬自難前又須防火浸水令透可也

鐵釘板

用連三大板長通兩街寬可一丈釘長三寸四指一釘板臨地中釘與地平上鋪蘆蓆覆以薄

土人馬蹈者兩受其傷

陷馬坑

陷馬坑長五尺闊三尺深四尺坑中植鹿角槍竹簽二物皆削尖入火令堅覆以蒭草或上種草苗令人不覺凡敵來路及城門内外皆設之守城之法使賊可入門手忙脚亂矣且所拒有數安能盡殲滅哉或别有方略上四款爲巷戰之助可也

暗門宜備

凡城內器械已備守禦已堅當出奇用詐以戰代守以擊解圍先為暗門於兵出入便處潛鑿城為門外存尺餘勿透以備出兵襲敵其製高七尺闊六尺內施排柵柱上施橫木搭頭下施門或因賊初至營陣未整或暮夜乘賊不覺或賊攻城初息或賊圍久已怠潛出精騎銜枚擊之擊敗亦不遠襲賊自疲而遁矣仍於城上多

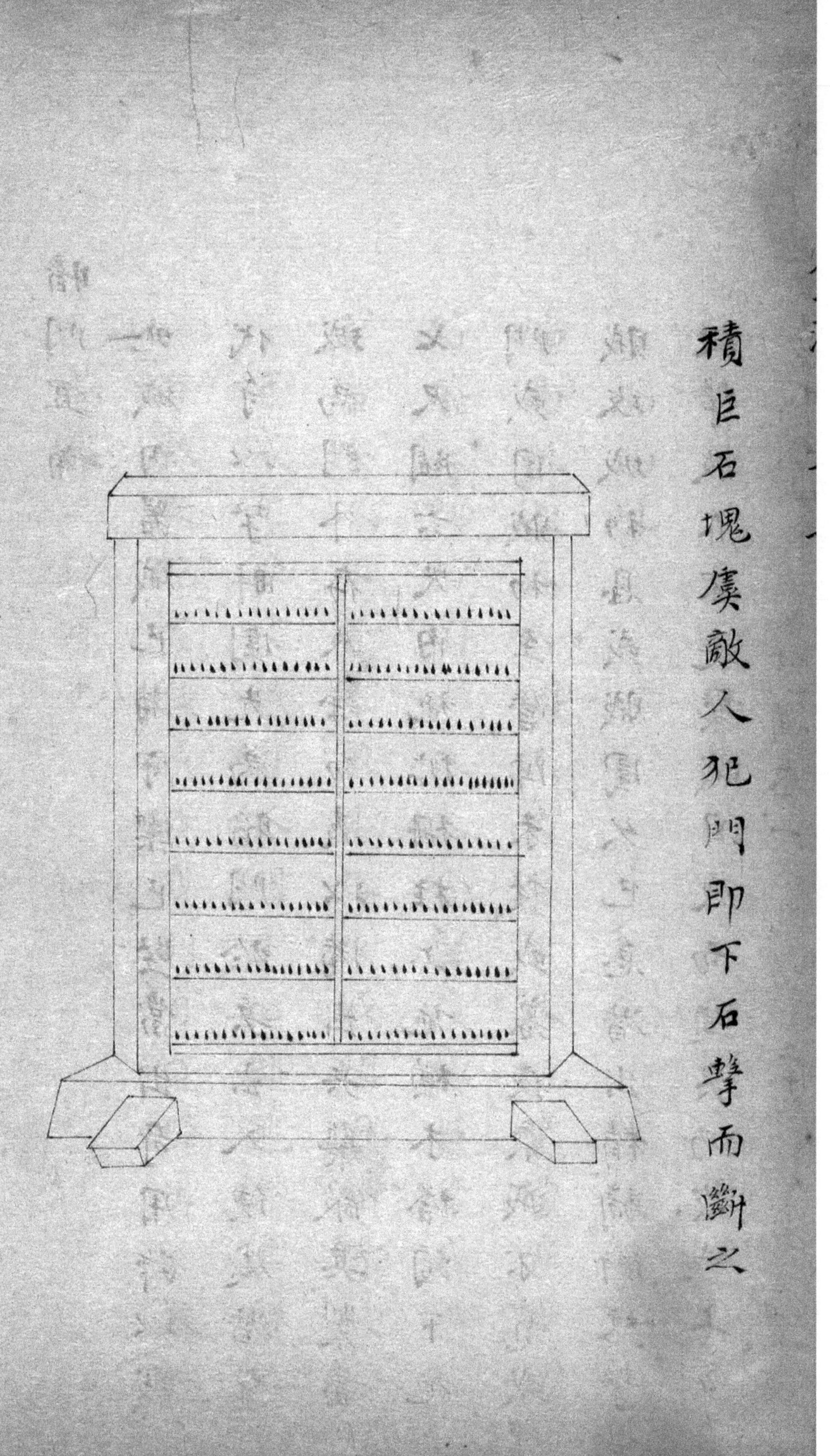

積巨石塊虞敵人犯門即下石擊而斷之

張賓孔萇

鑿突門二十餘道

王浚遣都護王昌及鮮卑段疾陸眷與弟末柸等部五萬之衆以討石勒勒兵出戰皆敗諸將勸勒堅守張賓孔萇曰鮮卑之種段氏最勇而末柸尤甚其鋭卒皆屬焉今刻日來攻北城必謂我孤弱不敢出戰意必懈惰宜且勿出示之以怯鑿北城為突門二十餘道俟其來至列守未定出其不意直衝末柸帳彼必震駭不暇為計破之必矣末柸敗其餘不攻而潰矣勒從之

石勒密為突門

孔萇從突門出擊末柸

密為突門既而疾陸眷攻北城勒登城望之見其將士或釋仗而寢乃命孔萇督銳卒從突門出擊之不克而退末柸逐之入其壘門為勒衆所獲諸將皆退走萇乘勝追擊枕尸三十餘里

藏於九地之下為暗動于九天之上為突其法稍異而意則同總之欲以戰代守以擊解圍所謂善守者敵不知其所攻也暗門防姦細之逸出突門防敵人之襲入慎之哉

小紙牌

保甲宜備

一定編立之法　將各地方挨門順戶每十戶編為一甲每十甲編為一保每戶各置一小紙牌不拘軍民親族人丁多寡逐一填寫籍貫年貌生理如係已房即填註已房係典賃房即填註典賃某人房係外省州縣人即填註某省州縣人典賃某人房又如村落中止有十三四戶准共編一甲止有六七人戶亦編作一甲如孤

横長牌

村三四五家亦編作一甲不必取盈於数除每户各置紙牌外每一甲仍共置一横長牌總書十户長年貌籍貫并十户人口数目俱送正官親標印記如有出入存亡增減姓名本户至甲長處說明改註紙牌上日記簿内朔望日甲長同保約正類報正官改正底冊

一編立要公平　各保甲在城者俱以府縣衙門為主分别東西南北四至以天地元黄四字

分為號数編之或炤原坊原鋪編之在鄉者亦
炤里内都鄙挨次編之不分紳士軍民一體挨
編此係排門保甲無事互相保守有事逐户挨
查非有棲應差遣之苦若優免使生規避且伙
盗生發富貴與貧賤雖均有之還是富貴家干
係更大如富貴家優免晏安止責貧賤者守望
救助其誰甘之
一編互要周遍　各處寺廟菴堂多停留遠方

僧道不明之人或倡行邪教惑衆騙財或盜財
隱名懷姦窺伺為地方害不小須一體編入保
甲册內樂户家尤姦盜藏匿之所每月俱令隨
行鄉約以便稽查不便與良家同編另置一牌
勿得遺漏

一廵行要親到　州縣正官每月除在城朔望
舉行鄉約外仍量抽一二日乘肩輿省騶從廵
行村落講解鄉約覈核善惡公行賞罰即家道

振鐸

之貧富錢粮之完欠亦可一覽無遺不許多帶人役騷擾地方須大書禁約示衆仍查點鄉兵令其習練稽考社學令其訓讀即窮鄉僻壤一歲必須周遍不許遺漏一處致有向隅之泣

一火盗要救護　每甲置木鐸一個以便傳宣孝順父母六言置銅鑼一面以便臨時鳴號每户各置刀鎗鈀棍等器械以便臨時防護每一甲每日挨輪一人蚤間振鐸宣傳六言及勸戒

執牌　擊梆　鳴鑼

條目晚間執牌往各户門首查問有無出入入户及面生可疑之人隨即傳報甲長登日記簿内夜間在十家門首往來擊梆以備不虞遇火盜諸警即鳴鑼爲號一傳十十傳百齊執器械併力救護不許畏避不出九不許乘機搶奪事畢聽甲長會同保長收牌查點不到者即登日記簿馳報府縣以憑拿究如甲長保長查點含糊不行實報及各户不服查點互相推避者一

甲長

保長

令衆人公舉爲妥

併連坐

一保甲長要得人 每甲即於十戶內按糧冊選有家有行者編爲甲長 每十甲即於百戶內按糧冊選有家有行者編爲保長 須四十歲外五十歲內者方有精力幹旋 若六七十歲則觔力衰耗且易犯多淂之戒 編定州縣正官即將保甲長年貌籍貫親註冊內 仍各置油腰牌書給之上令朝夕專心化導鄉民 其迎送及大夫

等雜差俱免平時止聽正官調度稽查不許委
佐貳処捕等官查點生擾
一保甲長要優禮保甲長專爲化導鄉民而
設差役既免即地方有事勿擅行拘喚傷體一
年内化導無怠舉報善惡公實者正官申報道
府許戴四方平頂巾青直身博帶仍記名旌善
亭三年内無怠者道府申報兩院給劄付冠帶
送偏旌其家見道府州縣行兩跪一揖禮起立

旌善亭

癉惡亭

日記簿

答之如奉行不勤舉報不實查確究革仍記名

癉惡亭另選有家有行者補之

一登報要公實　勸戒諸條遵行無犯者各甲長每日查明即於日記簿內公同衆目註遵法二字違法者初犯甲長約各戶同戒諭之不聽再同保長戒諭之又不聽方許登簿報官懲治簿內要明註某月某日某戶聽戒息訟某戶不聽戒於某月某日到某衙門興訟情繇其善惡

月記簿

最大而着者每月十四與二十九日甲長會同保長覈實登寫月記簿内送正官查行正官查確擇其最大者每月類報府正官府正官申報院道公行賞罰大昭勸懲甲長與保長有無遵記亦自註簿内事小准自首免罪如隐匿不記與登記各户善惡不公不實者地方各自有口事發從重究革各地方人户告狀干証止許用本户左右鄰與本甲長不許另用私交親友違

約正

者即係誣告

一講會要舉行　番編既定即移文該學請鄉士大夫數位為約正無則推高年耆德者選生員五六人贊禮鳴鼓二老人擊鐸并置辦會事講會不拘何所止尋空闊可容人處願聽講者不論貴賤依次站立不許喧譁講會日保約長同甲長老人寅時先至會所掃除陳設香案安聖諭牌於上布凳椅於兩傍設講案於僧臺置

鄉保條規改節改過簿於案上總甲持牌統率
地方人赴會所各要嚴肅靜聽教戒初至擊鼓
三聲唱禮四拜五叩頭分班序立圓揖唱聽宣
聖諭二老人對立左者振鐸高聲逐句宣畢右
者振鐸高聲問曰這其間有不孝順父母的衆
齊聲應曰不敢又問第二句以次如前問荅畢
即唱鳴講鼓在府城則府正貳官坐東傍第一
班縣正官下一層坐第二班士夫位高年尊者

坐西傍第一班位畢者同府縣教官坐第二班餘兩傍分立如在鄉則照尊畢長幼分班坐之司講者至講案僧臺高聲朗宣各講章講畢司贊者高聲唱聽講畢隨唱各甲長出班言事每一保一起向牌前立將日記月記簿上最著善惡據實公同呈稟某人某日行某善惡事某人証聽府縣官提審確實不善者分別重輕戒責仍令保甲長具保狀保出省改一月內不改者

仍註簿內講鄉約時即提究於鄉約所能改者
令保甲長於鄉約所具保釋放仍於簿內註改
過二字若干礙倫理難以緩縱者不時公舉呈
究不必拘定講約日期總揖而退

一善惡要旌癉　無論在城在鄉俱設旌善癉
惡二橫牌大書姓名用昭懲勸倘有改節即於
旌善牌上去其姓名另置改節橫長牌大書其
姓名倘能改過即於癉惡牌去其姓名另置改

旌善牌

癉惡牌

改節牌

改過牌

有司辦全副精神行保甲為治之道思過半矣

過橫長牌大書其姓名庶為善克終改過不吝其於化民成俗之法尤大裨益云

十家牌法

凡置十家牌先將各家門面小牌挨審的實如人丁若干必查某丁為某官吏或生員或當某差役習某技藝作某生理或過某房出贅或有某殘疾及户籍田糧等項逐一查明十家編排既定照式造册一本留官以備查考過勾攝差

調等項按冊處分更無閃躲脫漏一邑之事如視諸掌每十家各另挨報甲內平日習為偷竊及喇唬教唆等不良之人同具不致隱漏重甘結狀官府為置舍舊圖新簿記其姓名姑勿追論舊惡令其自今改行遷善能改者除其名境內或有盜竊即令此輩自相挨緝若係甲內漏報并治同甲之罪又每日各家烙照牌輪流沿門曉諭覺察如此則奸偽無容身之所而盜賊亦

可息矣十家內有爭訟等事同甲即時勸解恃
強不聽者相率稟官責治省發不必收監淹滯
凡詞狀涉誣告者仍究同甲不行勸稟之罪又
每日各家照牌互相勸諭務令講信修睦息訟
罷爭日漸開導如此則小民知爭鬬之非而詞
訟亦可簡矣其法甚約其治甚廣果能實實舉
行不但盜賊可息詞訟可簡因是而修之補其
偏而救其弊則賦役可均因是而修之連其伍

而制其什則外海可禦因是而修之警其薄而勸其厚則風俗可淳因是而修之導以德而訓以學則禮樂可興凡有司之高才遠識者不必更立法制其於民情土俗或有未備但循此而潤色修舉之則一邑之治真可不勞而致也已

定里甲法

天下十五省省各有府府各有州縣州縣有里里有甲甲有戶省有衆有司分理之院司道府

人知百姓受不良有司之害不知里老地

方爲害百
姓更甚

統治之州縣一小天下也里一小省也里有里長焉一里之小撫院也有老人焉一里之小藩司也有地方總甲焉一里之小按院也有鄉約保正副諸人爲一里之小提學掌風化諸職也國初制極盡善凡里老地方諸人各舉德行著聞通明道理者使爲一里模楷此即古重德重齒之意邇來不問德行年齒何如惟於一里中頭甲第一户使爲里長老人以至十甲皆然類

皆貪暴無恥棍徒日以蠶食弱戶為計無以不
才有司刁惡衙役需索里老里老因一科十民
之呼天籲地誰復恤也一應錢糧妄其收納民
之憔悴正供猶難而里老需索百至姓力後之征
聽其出入願當者不報其名不願者故荒其業
惟孔方入橐百無事矣且差徭重輕係人存亡
生死往往有身無立錐而重徭迫死者有家資
千萬而幸免者生死盡在里老之手誰為

弱户一畝永覆之益竊嘗思之謂當里老爲利也此十户之祖宗未聞有大功德於生民使其子孫世享永利官至三品有功無過方蔭一子一世而里老反世世承襲此不通也又謂當里老爲害乎此十户之祖宗亦未必皆有大惡於世使其子孫世世負累大辟罪人止及其身而里老世世抱苦又不通也至於地方鄉約保正諸人類皆半丁不識貪鄙棍徒有司任意作践

彼等彼等任意橫行鄉里欲化行俗美惡可得乎竊意一如國初之制於一里百户中許高年有德通曉文理者數人擇其尤賢者爲里長有司以禮相接免其差徭次者爲老人或本里致仕士夫舉監生員山林隱士德行可爲人範者有司禮聘使爲鄉約正副里人咸令師之又選公廉識字百姓使爲地方總甲每里擇寬閑處所爲羣講之地每月約正副里老地方並本里

人戶咸許入會聽講格言善行有關世教諸書
善惡皆有簿籍一如前式當事者更酌時勢而
實行之三代之治不難見矣

鄉村緝盜法

編十家牌不立牌頭者防脅制侵擾之弊然在
鄉村遇有賊警不可以無統紀合立保長督領
庶衆志齊一於各鄉村推選才行為衆信服者
一人為保長專一防禦盜賊平時各甲詞訟悉

高樓置鼓此薛季宣法也

炤牌諭不許保長干與因而武斷鄉曲但遇盜警保長統率各甲設謀截捕其城廓坊巷鄉村各於要地置鼓一面相去稍遠者起高樓置鼓其上遇警即登樓擊鼓一巷擊鼓各巷應之一村擊鼓各村應之但聞鼓聲各甲各執器械齊出應援供應保長調度或設伏把隘或并力夾擊後期不出者保長公同各甲告官罰治若鄉村各家皆置鼓一面一家有警擊鼓各家應之

尤為快便此則各隨才力為之不在牌例有司仍不時稽察務臻實效毋事虛文

地圖法

地圖一法可以簡田畝聯伍保助守望可以知險易障塞水陸襟喉之所在昔人所謂視都知野視野知國可考據而知焉者也政事之暇時往一二緊要村落特省農功而因以親驗其肥瘠險易與圖相參若此法立淂有下落自此以

後興徭作賦設備追胥不知省却幾多氣力絕却幾多弊端此惟實心為民者能行之不則徒增一番騷擾後日竟委之故紙無用耳

分方法

小民比屋而居貧富貴賤雖各不同總以四至衢巷分為一本[方]方中推年尊而衆服者一人為方司擇公而有力者二人為方保有心勤力壯上善承值官府下善采訪民情者二人為方甲

積玩之後人心頑鈍已久不重法事決難行

能舉數百觔手開四力弓者六人為方卒此以八人各有代耕之祿願充者聽司保得以役屬之本方奸細之有無丁壯之多寡身家之貧富責令司保等人從公確報如受賄賣免或乘機報復或借端索詐定以軍法從事若如今日吏老則用龍鍾老疾之人保甲則用貧窮尫羸之輩欲清奸而奸不清欲核戶而戶不核且此坊牽連彼坊牙錯絲紛難為清理毋惑乎法屢行

而輙阻也如此法行之每方不過數十家每家
不過數人出入閭里朝夕相見面貌姓字尚可
一見而决孰良孰奸孰貧孰富自不可得而掩
矣一值兵荒之日即以本方之富而賑其本方
之貧則數少易給不以難繼為憂因以本方之
貧而傭於本方之富則計功受值不以冒食為
愧即有疲癃殘疾老弱婦女安坐白食數亦
無幾富者亦可作功德想不必屑屑計之矣

分方法出自臺公其利有三清查時奸豪不得隱漏一也賑濟時本方自濟本方更無一人得攙越擠塞諠閙紛爭二也有警時富者捐財貧者效力彼此相資不為浪擲且貧民得生內變不起三也昔熙寧就村賑濟張詠炤保糶米徐寧孫遂鎮分散朱文公分都支給皆用此法

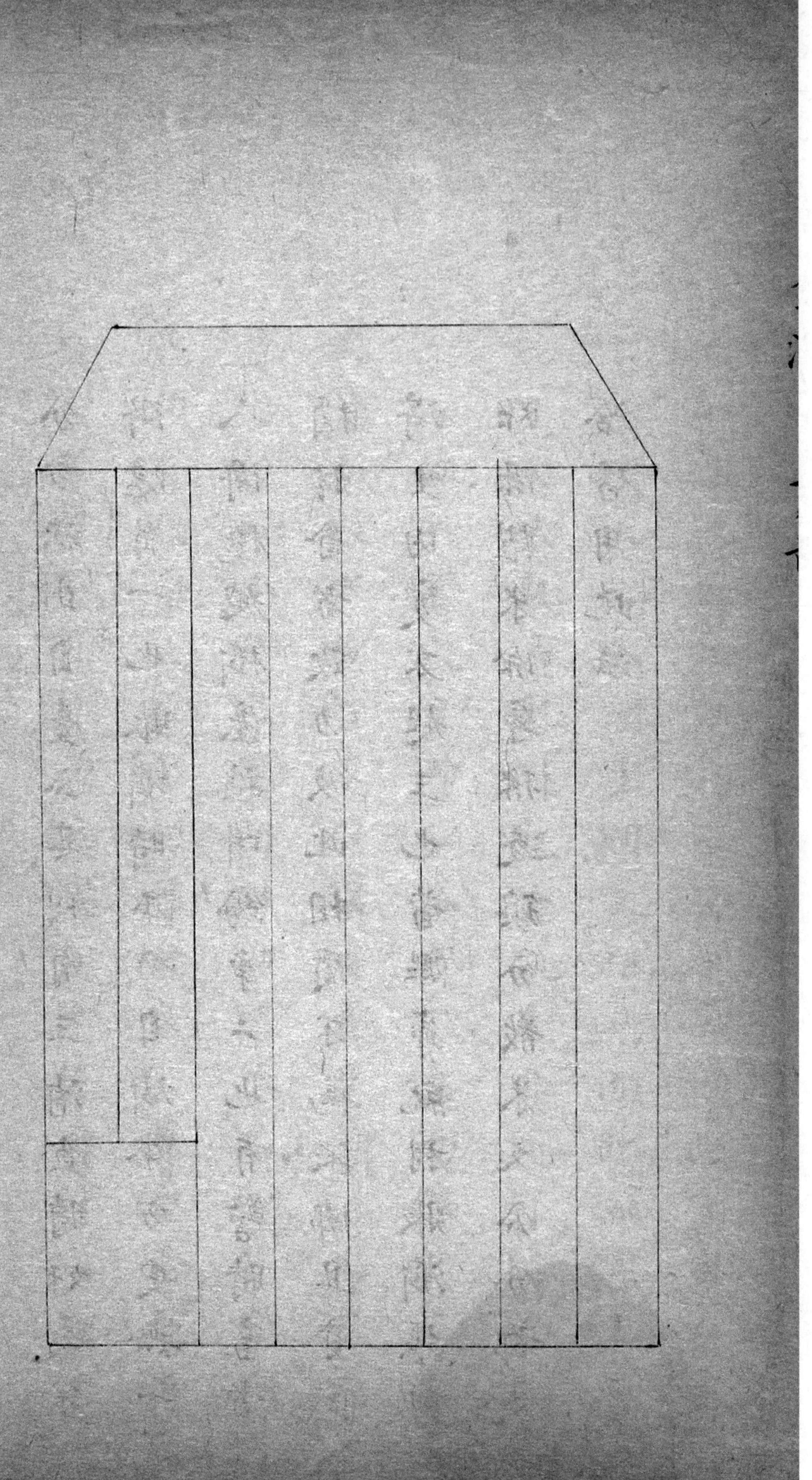

右牌稽縣籍者何辨流寓也

稽生理者何辨游民也

稽職役者何辨貴賤也

稽田產者何辨貧富也

稽銀數者何防欺隱也

稽六親者何防介特也無所係屬之人易為奸盜

稽鄰舍者何嚴保結也

稽丁男者何使差役也

稽口数者何計廩給也

前已有始坊鋪排編之法立甲長保長又里長老人鄉約總甲等項矣今又載分方法併方司方保方甲方牢者總以備當事者之察攷也天下郡邑南北異地風土異宜廣狹異制均之一法或用之此邑則安用之彼邑則擾有未可一律拘者惟在臨期相機通融斟酌而行之耳

粟宜備詳見積貯篇

守城賴民養民賴食是以神農之教曰有石城十仞湯池百步帶甲百萬而亡粟弗能守也况賊寇臨城之日四方援兵集此避難百姓萃此萬口待哺急於平日一日不備不待外攻内變先起歷觀往牒有兵精將勇城高池深但坐無食自破者十居八九歷引前車筆之於左以見食為民天乃守城第一要務

也

漢車師與匈奴共攻耿恭數月食盡窮困乃

食鎧弩

煮鎧弩食其筋革死亡餘數十人

梁臺城被圍日久軍人或煮鎧熏鼠捕雀而食

之膳馬於省殿間雜以人肉食者必病梁主嘗

食鷄子

蔬食至是蔬茹皆絕乃食鷄子

唐尹子奇久圍睢陽城中食盡士日賦米一勺

齕木皮鬻紙而食茶紙盡遂食馬馬盡羅雀掘

殺妾殺奴

食婦人男子老弱

一鼠錢四千

采蕪菁根

鼠雀鼠又盡張廵出愛妾殺以食士許遠亦殺其奴然後括婦人食之繼以男子老弱城破僅餘四百人

唐郭子儀等九節度使圍鄴城自冬涉春安慶緒食盡一鼠值錢四千

唐奉天攻圍經月資糧俱盡供御纔有糯米二斛每伺賊休息夜縋人於城外采蕪菁根進之

元阿术攻揚久而無功築長圍困之時李庭芝

守揚城中食盡死者枕藉滿道兵有自食其子
者
元褚不華扞禦淮安賊摭壘圍之餉路絕元
帥吳德秀運米萬斛入河為賊所抄攻圍日急
城中餓者仆道上人即取啗之草木螺蛤魚蛙
鳥燕及靴皮鞍韉草廂敗弓之筋皆盡而後父
子夫婦老稚更相食城陷

父子夫婦老稚相食

以上數條觀之無食之害至於如此凡有守

士之責者宜於平居無事時講求積糧之法然保甲行而積糧易易矣

水宜備

耿恭　笮馬糞汁　拜井

漢耿恭以疏勒城傍有澗水可固引兵據之匈奴來攻於城下擁絕澗水恭穿井十五丈不得水吏士渴乏笮馬糞汁飲之恭歎曰昔二師將軍拔佩刀刺山飛泉湧出今漢德神明豈有窮哉乃整衣向井再拜有頃水泉犇出衆呼萬歲

於是令士卒且勿飲先和泥塗城并揚示之虜以為神引去

宋李允則還知滄州濬浮陽湖葺營壘官舍間穿井未幾契丹來攻老幼皆入保而水不乏斲冰代砲契丹遂解去

李允則

濬湖穿井

斲冰代砲

高歡攻玉壁城中無水汲於汾歡使移汾一夕而畢

高歡

移汾

漢姜維寇雍州依麴山築二城使句安李歆守

聚雪

之魏陳泰圍麴城斷其運道及城外流水將士困窘分糧聚雪以引日月維救不及安等孤絕遂降

洩井

北魏攻宋虎牢不能拔乃作地道以洩虎牢城中井井深四十丈山勢峻峭不可得防城中人馬渴之被創者不復出血遂破之

摩訶池泥汁

西川民聞蠻寇將至爭走入城都時又乏水取摩訶池泥汁澄而飲之

荀金龍妻

北魏梓潼太守荀金龍病梁兵至不堪部分其妻武氏帥氏衆城拒戰百有餘日井在城外為梁兵所據會天大雨武氏命取公私布絹衣服懸之絞取水而儲之梁兵退

絞衣服水

薪宜備

初臺城之閉也公卿以食為念男女貴賤並出負米而不備薪至是壞尚書省為薪

壞尚書省

元褚不華圍淮安芻餉皆盡撤屋為薪人多露

撤屋

處坊陌生荊棘力盡城陷

積薪不如積炭積炭不如積煤以炭可免延燒煤更堪露積也

芻宜備

臺城之閉男女貴賤並出負米而不備芻至是撤薦剉以飼馬

剉薦飼馬

唐鄭子儀等九節度使圍鄴城自冬涉春城中芻盡淘墻穰及馬矢以飼馬初以麥雜土築墻至圍急乏芻故淘

淘墻穰馬矢

身腫氣急

攣腫

之以飼馬

鹽宜備

臺城之閉不備魚鹽被圍既久人多身腫氣急

死者什八九來城不滿四千人

魏王思政守潁川士卒八千人東魏太尉高岳

來攻被圍既久城中無鹽攣腫死者十六七及

城陷僅存三千人

守城必用之人宜備

鐵匠　弓匠　箭匠　弩匠

木匠　火藥匠　甲匠　石匠

銀匠　鑄冶匠　泥水匠　裁縫匠

銅匠　皮匠　竹匠　油漆匠

紙劄匠　窯匠　畫工　醫士皆係必用之人各用

設局處之

守城必用之物宜備

弩箭　弓矢　鏟斧　檑木

齊眉棍　長鎗　神砲　鳥銃

火箭　三眼鎗　搥衣石　磨磐石

杵頭　鐵鉛子　斑猫　焰硝

毒烟　柳灰　石灰　大小碎石塊

水缸　水絮袋　醋盆　蠟燭

香油　葦席　雜柴　雜糧

麻　燈籠　草苫　筆硯墨

高牌紙　紙　條條桶

卷之一終

金湯借箸十二籌卷之二目録

籌訓練有引

訓兵

總論

一忠愛　一敢戰

一守法　一勤習

一敦睦　一信義

練兵

總論
練膽　練心
練耳目　練手足
練技藝　練行伍

額兵

總論
范仲淹大閱州兵　張栻簡閱州兵
孟宗政忠順軍　蘇軾部勒戰法

孟珙寧武軍　辛次膺治兵設險
魏了翁較閱軍士
士兵
總論
韓愈名募士人
韓愈論淮西土人召募成軍
蘇軾論練軍實　續鬳藉民爲義勇
薛季宣弓箭手保甲法

辛棄疾招丁補額

鄉兵

總論

崔銑鄉兵論

趙完璧鄉兵奏

趙懷玉鄉兵疏

呂坤鄉兵救命書

鄉兵勸諭

鄉兵約束

鄉兵習教

民壯

總論

騎射

總論

武弁射　武士射

文士射　考試射

蘇軾弓箭社

范仲淹韓稚圭弓箭社

攢射法　攢射圖

李悝令訟者射的　神世衡以銀為射的

才能

總論

唐彬聘處士　趙方用名人土豪

余玠築招賢館　評

精勇

總論

李崇臥彪　徐商捕盜將

高崇文練卒五千　馬燧教廝役為精騎

楊慶復突將

校藝

總論

李光弼用錢工三穿地道

宇文泰用韓果看翅人

目錄終

金湯借箸十二籌卷之二

淮南李盤小有 原名長科

京口周鑑臺公

古絳韓霖雨公

籌訓練

周官春教振旅夏教茇舍秋教治兵冬教大閱何若是四時之圖閒也穰子曰生民之患在於知安而不知危能逸而不能勞先王知

兵之不可去也天下雖平不敢忘戰天平且不忘戰況或寇交訌之日而忘之乎法曰無制之兵有能之將不可勝也有制之兵無能之將不可敗也輯訓練

訓兵

孫子云約束不明申令不熟將之罪也則三令而五申之矣司馬法曰教惟豫戰惟節將軍身也卒肢也伍指拇也守令何獨不然故必諄諄

開導勸誨如父之訓其子兄之訓其弟師之訓其徒使之忠義發動利害分明而後身使臂臂使指如一人焉越之圖吴必十年教訓則非一朝一夕之故也閱訓兵六章字字激切當爲練兵之首務

一忠愛

諭爾衆兵第一要忠愛如何叫做忠愛忠是忠君愛是愛國凡大小人家供奉必曰天地君親

可見君與天地覆載一般與父母生身一般若
不忠君與不敬天地不孝父母何異蜂蟻尚知
君臣何況人類就是天地生人多有啼饑號寒
的父母生身亦多有賣男鬻女的你們日食月
粮安享豢養比天地父母恩更大你再看世間
人耕田的完粮做工商的納稅就是遊手遊食
的也當丁差都是那忠愛的道理 朝廷將百
姓點點膏血都破費在你們身上這是為何就

髮膚盡捐尚不能圖報萬一奈何口食粮餉只
做自己買賣貪懶偷閑全無報効念頭說起操
練便道辛苦一旦有無又只顧身子不顧國家
如此忘恩背義的人鬼神也不容況國家有事
連你身子置在何處試清夜捫心渾身汗下你
們都是有血性漢子只是不提不醒試時刻提
醒一副忠愛心腸精神自然震發筋骨自然抖
擻遇有警報就是切身痛癢便赴湯蹈火怎肯

退轉你看從來忠臣義士烈烈千古誰人不景慕亦誰人做不來岳武穆從軍士起家背上刺精忠報國四字你們須切切記着

一敢戰

諭爾衆兵你們既發了忠愛念頭切須要敢戰如何叫做敢戰是不怕他便是敢這一敢字若去做不好事便是亂臣賊子若去殺賊便是忠臣義士如何不怕賊只要拚得性命今日你們

安安穩穩受享口粮原說我是拚命殺賊的好漢　朝廷竭百姓的膏血養你們原說這都是我拚命殺賊的好漢及至上陣卻便畏縮究其病根只是一箇保性命的念頭不覺手忙脚亂被他一刀砍來反斷送了性命豈但斷送了一人性命衆人見了不覺慌張連衆人性命被你斷送了就走得脱時軍法臨陣退縮者斬箇饒得你過豈不是要性命反失了性命況性命是

閻王注定的若是命該死一場傷寒便死了人
自古真正好漢從百萬軍中揮戈策馬只是一
點不怕死的心腸奮激出來班超三十六人橫
行鄯善諸國謝元八千兵破符堅八十萬這是
何等氣魄切須聽着

一守法

諭爾衆兵你們既要敢戰又要不敢犯法這部
大明律是

高皇帝苦心要保全人性命身家做出來的假如
沒有這法殺死人的不償命你這性命留得麼
搶奪人的不問罪你這衣服留得麼況在軍中
衆軍士性命所關如一人退縮不斬人人効尤
被賊趕上豈不送了全軍性命如一人犯令不
斬人人効尤一遇交鋒豈不把全軍性命交付
與敵人古大將有軍士取民一菜立斬以狥者
這菜值得多少正怕人人効尤既取得菜便取

得別樣物件搶奪成風地方不怕賊而怕他不恨賊而恨他反思順賊做賊細作豈不害了全軍性命昔呂蒙麾下士取民一箬笠泣而斬之這麾下士是呂蒙同鄉蒙為軍法便沒奈何且莫說同鄉齊有穰苴請莊賈監軍賈失期苴立斬之這莊賈是齊君幸臣苴為軍法便沒奈何且莫說幸臣漢蕭何薦韓信築壇拜將蕭何闖轅門韓信立斬其馬這蕭何是韓信恩主只為

軍法使沒奈何且莫說恩主漢文帝夜至周亞夫營守門者曰只聞將軍令不聞天子詔及天明入營文帝要馳馬主令者曰軍中不馳文帝只得按轡徐行可見這軍令憑他甚人犯不得的我今日與你們便是父子一般到犯法時節便是親兒子也顧不得了只為上陣時節單看這法來保全你們性命思之慎之切須聽看

一勤習

諭爾衆兵前教你們敢戰只是不怕須有實實
落落不怕人的手段這手段那有天生成的須
是要勤習古人云習慣自然如何不習又云三
日不彈手生荊棘如何不勤習你習得手段高
强決能殺賊若是不如決爲賊殺不勤習武藝
使是不要性命也殺得賊時有無限好處古人
如兵王原從小卒做起可見這武藝不是荅應
官府的公事是保性命立功名取富貴的勾當

須是着實勤習又須勤習那臨陣時實實落落殺賊的武藝不要習那花法欺瞞官府臨陣却用不着如射箭須學大架射搭箭要快眼專視賊前手立定後手加力前手把弓如月出箭穩疾如鳥銃手須要眼看兩照星銃去時不動手不轉頭纔會中圓牌又要遮得身過低頭進前只砍馬脚人脚步步防鎗牌向鎗遮刀向人砍方妙又如長鎗用短法短刀用長法諸如此類

總要認定這是保性命立功名取富貴的勾當決然虛應故事不得官府操演猶有限期須時時刻刻如敵在前眠思夢想定要一日高似一日憑他倭賊怕不殺盡他從來兵法有目習耳習心習手習足習韓世忠置背嵬軍五百人朝夕操練一可當百順昌之捷金兀朮望見旗幟便走岳飛每休舍即令軍士穿重甲學跳壕法所向無敵你們聽着

一敦睦

諭爾衆兵如今你衆人相聚在此最是要敦睦如何叫做敦睦敦是敦厚睦是和睦世間有等刻薄的人談人之短利人之災凡事只知有已不知有人人人怨他恨他又有一等乖戾的人動輒使性一言一合怒氣相加如此天空地濶世界沒一處安頓得他人生在世何苦如此你們今聚在一處便是前世緣分主將就是父親

一般你們長者為兄幼者為弟要如親生一般你不見那中舉中進士的東西南北各處人一時同榜便叫年兄年弟你們同營做兵與他總是一樣今日各行各坐各衣各食你不靠我我不靠你便不敦厚和睦似覺無妨到那上陣厮殺的時節性命只爭呼吸那時得箇人來一臂相助不但保全性命更可殺賊立功如此關係甚大不時平日相好安得有此所以勸你們敦厚

和睦有無相通患難相救衣食相照顧疾病相扶持小便宜莫計小口舌莫爭有酒同飲有肉同喫手段高似我的敬他學他莫妬忌他手段不如我的愛他教他莫非笑他口口相約心心相念只是回顧那上陣時一看我性命須索你救你性命須索我救安得不如膠似漆況這良心何人不有你敬他他還你敬你你愛他他還愛你這狼心亦何人不有你罵他他還罵你你

打他他還打你所以做好人只好了自家做惡

人只害了自家平日一團和氣上陣時自然我

救你你救我守則同固戰則同强試開劉關張

以異姓三人桃園結義便做出許多事業至今

關王英靈人人敬仰你們聽着

一信義

諭爾衆兵你們與人既要敦睦自已做人又要

信義天地間只有信義兩字是立身根本如何

叫做信心裡念的如此口裡說的如此今日說
出這話終身守看這話不指東說西不將無作
有不一見利害便改頭換面使人人都信得你
過這纔是信如何叫做義守自已道理盡自已
職業視君上如父母視同輩如兄弟視家國的
事如自已的事一切負心忘恩的事斷不肯為
一切犯名分壞綱常的事斷不肯做這纔是義
這樣人平日人人都敬服他上官也愛重他還

有事時心腹可相託緩急可相倚　朝廷也仗賴他自然立成功名人若無信變詐欺誑就是父母妻子也把做個騙子看待人若不義轉眼負心就是至親骨肉也把做個没行止的看待試看古人如晉解揚晉君使傳命於宋楚人拿住他賂以重貨決不改口何等有信又如靈輒感趙盾一飯之德遇難竭力捍禦得免其死何等有義至今名揚千古你們聽着

練兵

今天下兵弱極矣兵非自弱弱於守令視武備爲虛文耳能嚴加訓習校兵課能毋徒以擺陣爲常法以吶喊放砲亦虛聲轟其能否時行賞罰不出半載而技能漸熟人人可鼓不則泄泄皆皆日復一日名爲操而所操者果否健兒名爲練而所練者是何武藝猝然聞警僅驅孱孱備保市井子以出非聞敵而傷膽則見敵而隕涕

曾莫得其一手一足之力吁可慨哉故强兵之說誠固國之金湯馭遠之樓櫓也

一練膽

練兵必先選兵或選豐偉或選武藝或選伶俐或選大力然貌偉而膽不充則緩急之際不能疾趨此豐偉不可恃也藝精而膽不充手足倉皇倒執矢戈此藝精不可恃也伶俐而膽不充則未陣之先預思自全之路臨事之際既欲先

奔後以利害恐人爲已避罪之門此伶俐不可恃也力大而膽不充則臨時呼之不聞推之不動是力大不可恃也是以選兵者必以膽爲主練膽之術在信賞必罰而尤以罰爲先夫使士卒畏將甚於畏敵進未必死退必不生則士卒之膽固有不習而壯者說在蘓老泉之諫論也今有三人焉一人勇一人怯一人勇怯半有與之臨事淵谷者且告曰能跳而越焉其勇怯半

者與怯者則不能也又告之曰跳而越者與千金不然則否彼勇怯半者奔利必跳而越焉其怯者猶未能也須臾顧見猛虎暴然廹逼則怯者不待告跳而越之如康莊矣然則人豈有勇怯哉要在以勢驅之耳嗟呼明此喻者可以知練膽矣然練膽之說施之少年易施之中年難蓋少年氣銳易於鼓舞是以用壯不如用少也

一練心

勝敗無異術也在士卒之心而已矣心畏敵甚于畏將即敗心畏將甚於畏敵即勝欲其畏將亦無異術也千金之賞懸之于先猛虎之威廹之於後雖市人不可驅而戰乎古之善用兵者揮金如揮土殺人如殺草綽有至意至如今日銖兩以為賞鞭貫以為威欲其畏我侮敵以講練心之術也難矣哉雖然必司民社者一心從安民報國上起念故曰有將才而無將心具將

也將有心士卒誰獨無心恵以結之法以惕之忠義以激發之而千萬心可練為一心矣

一練耳目

練耳專聽金鼓練目專視旌旗二者皆有號令存焉治軍之要務也不熟於此謂教練何兵法曰刑威于心耳威于敵目威于色曰大將所司惟旗鼓曰晝戰多旌旗夜戰多火鼓今惟鼓尚用之行軍喇叭尚用之掌號其餘雜施宴會而

旌旗復為迎送前驅之具矣今凡有聲如鉦鼓有色如旌旗罔不有號令是以古人行師曰祭旗曰釁鼓者此也若金之不退鼓之不進麾之不移指之不解雖有百萬何濟於用哉戚將軍諭軍士云你們耳只聽金鼓如擂鼓該進就是前面有水有火也要進如鳴金該退就是前面有金山銀山也要退你們目只看旗幟夜裡只看雙燈如某色旗豎起燈點動便是某營

兵收拾聽候號頭出戰若旗燈不動就是主將口說要如何也不許依從就是天神來口說要如何也不許依從如是而後大家共作一箇眼共作一箇耳共作一箇心何賊不可殺何功不可立乎

一練手足

練手使之屈伸便利提挈敏快練足使之進退合宜往來合法然非徒手空足而練也手足便

技全繫于器械輕利古法云器械不利以卒予敵也手無搏殺之方徒驅之以刑是魚肉士卒也器習利而無號令以一其心金鼓以一其耳目雖有藝與徒手同三軍既悉吾令則當精夫藝藝與法令並行則陣而方之坐而起之行而止之左而右之別而合之聚而分之何手足之不指揮如意哉天生飛潛之物授以爪牙鱗甲蹄鬣人而無此故畀五兵代之夫天有五行以

千古名言

應五兵長短相救勢所必至制器篇詳哉籌之矣

一練技藝

教兵之法練膽爲先練膽之法習藝爲先藝精則膽壯膽壯則兵强技藝之中有虛有實有陽有陰有起有伏有後人發先人至之形有致人而不致於人之巧有一二勢變出百千勢有百千勢歸於一二勢有一二言括有餘有百千言

形容不盡詎可謂其無精微之理而易言之乎為將者苟未之學則天下技藝之師皆得以虛文之套欺之而我兵之習於藝者亦惟以虛文之套為尚故終年練習而竟無精兵無恠也是今之技藝花法勝而對手工夫全迷只要盤旋上下滿片花草試問弓矢踈發之法叉鈀奮搏之法刀鎗擊刺之法藤木二牌起伏之法諸如此類不可枚舉皆忙然不解矣安望其對敵不

怯而走哉

一練行伍

練兵須求實用十人可用勝百千人無用者然
欲得實用不過伍法精熟奇正相生而已陣隊
之法即一人所習之法也一人之鬪有五體焉
身爲中二手二足爲左右前後五者變化不可
勝用矣引而伸之觸類而長之五人五十人以
至於五萬五十萬人之鬪同一法也有人問俞

大猷兵法孰為最要曰節制二字兵法之大要分數分明步伐止齊八字節制之條目也書千萬言八字該之矣明此八字之義於兵思過半矣靜亦靜動亦靜後人發前人至致人而不致於人隨機運用微乎神乎今日操練皆是虛套營陣但要周旋華彩如同戲局就操一千年何用人馬如何調度對陣如何廝殺賊據山岡我在平原如何攻圍賊在平原我臨川澤如何敵

鬪賊伏山谷忽然邀截如何衝鋒策應之兵如何疾如風雨追逐之兵如何勇如狼虎誘敵之兵如何伏如狐鼠避敵之兵如何藏若鷹鸇號令如何習熟坐作如何齊一初戰如何命衆戰罷如何收兵險隘如何設伏要害如何隄防消息如何探聽倉卒如何應酧實實講求是在司閱者加之意焉爾

額兵

范仲淹大閱州兵

額兵者各郡邑額設之兵也國初額設衛以五千計所以千計以百計州縣又有常兵機兵城守之兵何處無兵而其如吏不習兵士不學戰冊中白羽呼之不靈惟坐縻廪餼而已一旦有急如驅羣羊而當猛虎寧有濟乎故練之不可不亟也

范仲淹知延州大閱州兵與營田以息信懷來羌漢之民相踵歸業所得上賜悉給分諸將君

士勇邊實

二年士勇邊實恩信大洽乃决策謀取横山復靈武元昊大懼遂稱臣請和又分州兵為六將三千人分部教之量賊衆寡使更出禦賊不敢犯既而諸路皆取法焉

張栻簡閲州兵

汰冗補闕

申嚴保伍之法

張栻知静江府所統州十有五邊夏荒殘故多盜賊徼外蠻夷俗尚仇殺間入塞侵掠而州兵皆脆弱慵惰栻至則簡閲州兵汰冗補闕籍諸州縣卒伉健者為效用日習月按申嚴保伍之

孟宗政知棗陽忠順軍

孟爺爺

名將循吏

蘇軾知定州

法諭溪峒酋豪弭怨睦鄰毋相殺掠於是羣蠻帖服

孟宗政權知棗陽軍民從而復歸者以萬數宗政發倉贍之籍其壯者號忠順軍俾出沒唐鄧間宗和繇是威名振于境外金人呼為孟爺爺信賞必罰好賢樂善為一時名將循吏云

蘇軾知定州定久不治軍政尤弛武衛卒驕惰不教軍較蠶食其廩賜不敢問公取其貪汙甚

修營房

部勒以戰法

舉舊典

韓魏公後乃見此禮

孟珙爲寧武軍

者配隷墝地然後繕修營房禁止飲博軍中衣食稍足乃部勒以戰法衆皆威服會春大閱軍旅久廢將吏不識上下之分公命舉舊典元帥常服坐帳中將吏戎服奔走執事副總管王光祖自謂老將恥之稱疾不出公召書吏作奏將上光祖震恐而出定人言自韓魏公後乃見此禮云

孟珙爲四川宣撫使兼知夔州節制珙至鎮招

◎

李庭芝訓農兵

集寧武軍曰不擇險要立砦柵則難責兵以衛民不集流離安耕種則難責民以養兵乃立賞罰以課殿最以李庭芝權施州庭芝訓農治兵選壯士雜官軍教之期年民皆知戰守善馳逐無事則植戈而耕敵至則悉兵而出珙下其法於所部行之

辛次膺令蒲城治兵設險

辛次膺令蒲城比至寇已焚其邑次膺披荊棘坐瓦礫中安輯吏民治兵設險賊不敢犯境一

魏了翁知
瀘州

邑吏生

魏了翁知瀘州奏葺城堞精器械出則較閱軍士入則與諸生橫經課業夷人望風而遁

土兵

土兵者自募土著之兵也市井負販之夫田野鋤耰之子今日麗名於官明日驅以應敵是惡可為兵哉募之宜蚤練之宜勤吾氏即吾兵矣從來難馴而易潰者皆客兵耳必土

著之兵根脚立定然後可以懾服客兵而盡

為我此輩有籍貫有親友有父母妻子雖欲

逃無所逃食以厚糈激以重賞予以器甲又

可省轉餉之煩較之徵調召募何如哉

韓愈與鄂州柳中丞書曰天下之兵乘機逐利

四出侵暴屠燒縣邑賊殺不辜環其地數千里

莫不被其毒損兵之將熊羆貔虎之士畏懦蹴

蹜莫肯仗戈為士卒前行者夫遠徵軍士行者

有覊旅離別之思居者有怨曠騷動之憂本軍
有餽餉煩費之難地主多姑息形迹之患急之
則怨緩之則不用命浮寄孤懸形勢銷弱又與
賊不相諳委臨敵恐駭難以有功若召募土人
必得豪勇與賊相熟知其氣力所極無望風之
驚愛護鄉里勇於自戰徵兵滿萬不如召募數
千可上聞行之否
韓愈論淮西事宜狀曰諸道發兵或三二千人

勢力單弱覊旅異鄉道路遼遠勞費倍多士卒
有征行之艱閭里懷離別之思今聞陳許安唐
汝壽等州村落百姓悉有兵器小小俘刼皆能
自防習於戰鬭識賊深淺俱是土人護惜鄉里
比來未有處分猶願自備衣粮共相保聚以備
寇賊若令召募立可成軍兵數既足加之教練
三數月後諸道客軍一切可罷比之徵發遠人
利害懸隔

蘇軾論練軍實策斷曰三代之兵不待擇而精其故何也兵出於農有常數而無常人國有事要以一家備一正卒如斯而已矣是故老者得以養病疾者得以為閑民而役于官者莫不皆其壯子弟其無事而田獵未嘗發老弱之民兵行而饋糧未嘗食無用之卒使之足輕險阻而手易器械聰明足以察旗鼓之節强鋭足以犯死傷之地千乘之衆人人足以自捍故殺人少而

而成功多費用少而兵卒强及至後世兵民既分兵不得復為民於是始有老弱之卒拱手就戮百萬之衆見屠於數千之兵者其良將善用不過以為餌委之啖賊嗟夫三代之良民之無罪而死者其不可勝數矣

籍民為兵

紹興三十一年虜入寇詔淮漢等郡籍民為兵續觱守荆南請籍民為義勇其法取于主户之雙丁十户為甲五甲為團皆有長又擇邑豪為

總首農隙教以武事官給其粮至乾道間舉七縣之籍得義勇八千四百十九人淳熙初張栻為帥益修其政義勇增多至萬五百人分為五軍軍分五部後四年趙雄又增三千三百人時十一年冬通為萬三千八百餘人

紹興末武昌令薛季宣求得故陝西河北弓箭手保甲法五家為保二保為甲六甲為隊據地形利便則為總不限以鄉總首副總首領焉諸

弓箭手

◎

辛棄疾苦心

備安庫招丁補額

總皆有射圃而旗幟亦別其色紹熙四年冬凡
萬五千二百一人荆鄂二郡率四五家有一人
爲兵
辛棄疾知福州福州前枕大海賊藪也俗悍易
亂無積貯棄疾苦心期歲積鏹至五十萬榜曰
備安庫招壯丁補軍額訓練有方四境清閑卒
以抗直坐劾去士民塡哭巷滿

鄉兵

兩難

鄉兵者各鄉村團結之兵也周官比閭族黨之制為鄉兵之始管子因之作內政而寓軍令桓公以霸漢唐後宋有河東河北保毅護塞諸兵利病半焉邇來虜寇猖獗在在議鄉兵未見成功先貽騷擾蓋有兩難其一則有司率皆逢掖之儒未學軍旅能必文人之吉甫其一則才堪長子權不在焉亦未易成節制之師也夫善用兵者能教士卒之半今之率

鄉兵者敢殺一人否雖千金之賞未必得勇夫之用矣惟權歸有司而知人善任專天下而民從之吉又何咎唯在擇任守令哉唯在擇任守令哉

崔銑鄉兵論

嘉靖癸未山東盜王堂起議調邊兵崔銑著論曰國家有漢之全盛亡其疆無宋之茍安類其弱蓋緣士業章句登仕太易鮮知經世之學官多牽制選代太數不予專斷之權弛而莫支莫

甚於兵舊制縣僉民壯即古土兵近年增減靡定多以傭奴充之使之擒賊如驅羊入屠門也宜制大縣四五百人次三百人又次二百人兩戶醵出一人分為兩班練技悍勁操習武事登其材武者為隊長直者守城緝盜休者力田樹桑平居譏察逋裹小警團結以守夫民貧為小盜應倡而聚然後大每鄉嚴則縣靖縣嚴則府靖推之天下皆然大司馬彭公如銑策奏行不

趙完璧鄉兵奏三利五擾之論確切不移

五擾

数月王堂平

萬曆二十五年趙完璧奏鄉兵之利有三擾有五嚴法其五獨存其三法斯善矣何謂三利民無轉餉之勞士免征調之苦一利也倏忽緩急禍起變生枹鼓一鳴倉卒可集二利也人自為兵家自為敵有兵之實無兵之名三利也此三利人人能言而利中之害法中之擾非目擊其弊者不知何者兵農之分已久一旦驅而為

兵誰應之者勢不得不計丁報派里胥乘奸索賄富者以錢神而漏貧者以閻左而役其擾一也派有名籍矣器械所需官不給予責之自備奸貪掾吏又駕爲查驗之説百方刁勒其擾二也器械驗矣例應造册報上紙工之費官不肯出而責之吏吏復稟官而派之兵及其轉上之府府吏又索賄後收其擾三也册已申矣定期而操有司隨意晏蚤或恃兵日午而待不至或

晨夜已散而忽點查不到有罰不中有贖使民賣田鬻子而償其擾四也操有期矣訛言或至不查的實張皇四顧輒集城守露處宵立曠日糜工其擾五也民間囂然喪其樂生之心者皆緣於此不北走胡則南走越是可不爲之慮哉故欲練鄉兵先去五擾欲去五擾莫如寬厚之意多而束縛之政簡富家大姓計。分充單丁猶户者可免也應用器械官爲給予近日募兵之例可比也冊足以記名籍紙字美惡格式合否不必太拘官為之可也定操有期蚕暮勿奕有司勿忌玩視之餘日放之歸農勿故為牽制可也中者有賞不中者必示懲戒薄其鞭朴勿迫之贖可也去此五擾然後民不稱病而鄉兵之法可行

趙懷玉鄉兵疏

崇正四年趙懷玉疏曰城守無如練鄉兵矣以父兄子弟之兵守桑榆父母之邦誠便計也愚

以為練鄉兵必挨舊兵今摟括已窮豈能於原
額外再征鄉兵之餉或曰使貧者出力富者出
財不費官一鏹然好義樂輸之人甚少勢必報
富户派之不給者勢必以鞭朴强之騷擾不可
勝言臣居鄉時亦嘗勸富户養鄉兵矣沿門求
之竟不肯出臣為理時亦常奉委查鄉兵矣不
過保甲牌中輪流而出以應操耳何曾有兵何
曾堪用哉夫鄉兵驍壯者不少能使其枵腹荷

戈乎能使其裹粮聽用乎上之人惟美其名而行之下之人亦承其令而應之隨造花名册籍而進之輒云某州某縣有鄉兵若干有其名無其實也有其籍無其人也即有其人皆賣菜傭耳不待旗鼓相當而已披靡矣愚以為當選鄉兵之驍壯者而狀額設之羸弱者以其餉餉之庶幾可行乎

吴坤鄉兵救命書

吕坤鄉兵救命書曰方今天下無真兵人人不

性命會

知兵纔說練鄉兵個個氣慨死不管他日死活且恐眼前騷擾守土者離任之後各有職業只我鄉井人家墳墓親戚房舍田土在此千年離不了故園奈何不為久長之計也自今以後務要各鄉立個性命會十月初一以後三月初一以前共四個月除六十以上十五以下殘疾衰病之人外每一保甲務選強壯百人或長鎗火鎗鏟斧骨朵盾齊棍弓矢腰刀火銃繩鞭鐵梢

輸贏賭酒

之類各認一件每日早晚習學遇酒席以此為輸贏賭酒如猜枚投壺一般旅作一番如有武藝精通能為頭袖者公擧到官給帖獎賞如此雖三五十强盜不敢打家截道縱使流賊攻城亦知此處兵强人練不敢生心就來臨城亦自膽怯不敢持久而去矣此事民間可以自為有司每月試聚較藝行賞罰以鼓舞之可耳

鄉兵勸諭

凡我居民聽我勸諭目下歲飢盜起却不商量一個擒拿盜賊保護身家性命的方法只要聽信小人故意搖惑喧傳的虛聲先自家謊做一團把婦女衣物粮食頭畜亂行遷移逃躲無論貧民乘機搶奪只說為甚麽便輕易離了鄉井今有一法只是四個字叫做大家齊心從今大家立誓日日整頓器械操演弓箭鎗刀神鎗火砲等件才是備禦事體小人虛張聲勢揑造訛

言正要我們亂動他好搶掠略有識見的怎肯
墮他術中若是大家齊心守護大家齊心救援
大家齊心擒捉着他如何搶掠俗語云强龍怎
敵地頭蛇我們土著居民道路熟便他們就是
强壯道路生疎終怕我們四面圍捉倘家家相
扶持村村相聯絡遇一賊來便都出門大家齊
心向前難說賊頭都是好漢他馬是沿路搶的
人是沿路隨的真正賊徒不多古語道得好射

入先射馬擒賊先擒王只用百十個好漢手拿百十條棗棍打他馬腿馬倒了個個成擒如賊到街衢兩傍只暗用絆馬索他馬如何敢走若搶入人家居住如前日某村擄掠財物污辱婦女光景就該搶了幾間房一把火燒個罄淨若在村鎮外也住晚間暗堆柴積草周圍放火不怕他不勦滅何故只聽虜發便都逃躲讓路讓屋讓酒飯與他骨肉拆散親戚飄零家業被搶

妻子遭辱就中自守的反保全無恙豈不是勇敢當先者可護守身家性命而慌怯迯躲者反辱身喪家之一明驗哉如今道院父母為地方費盡心力募兵請兵護守城池催督我們團練鄉兵且懸重賞我們大家齊心奮勇保固一方奏聞九重名留千古至一切功令賞罰公祖父母自有不測之妙用也先以此約轉相勸告

鄉兵約束

鄉兵者，鄉自為兵，共守一鄉，不隸於官者也。官兵餉官粮，憑官調遣，聽主將統率，方可策應殺賊。四鄉離城窵遠，賊來先被搶掠，就使官兵出城迎戰，未免延遛時日。况官兵那有許多，只好防守城池，安能一時四鄉策應？目今盜賊蠭起，我們鄉村不自家齊心保守，指望官兵剿賊，恐官兵未到而身家性命已難保矣。為今之計，我們鄉村約在五七里內可聯為一社者，大家立

誓同心自相約束每村各擇立一總一總下各
挑簡精壯好漢或用弓箭或用火砲或用鎗刀
或用悶棍或用礮石絆索務要有膽氣有力量
或有謀略能隨机應變者酌量村之大小大村
四五十人中村三二十人小村十數人各立花
名文冊村村相合多則七八百少則四五百如
兵止五百則火砲手一百弓箭手一百長鎗手
一百礮石悶棍絆索雜兵共二百如多至七八

百倍之可也各村各家炤地畝粮石派銀公貯
聽用時嘗合操訓練遇臨陣時每名給銀五分
如有仗義疎財願多出者聽貧者免派止令跟
隨衆人出陣可也臨陣大家齊心能鼓勇爭先
殺奪賊人首級財物者大家湊禮稱賀記姓名
功績於冊稟官旌賞臨陣立腳不定先自退避
者記姓名退避於冊仍追銀入官公用衆人稱
賀有功之人時還着他跪送酒食以示辱兵至

五百五一勇敢當先信義孚衆者為正四人為
副管兵若干俱聽約束指揮用鼓八面聞鼓則
進用鑼八面聞鑼則止相機施行不可違悞
鄉兵教習
教者教之以孝弟忠信鼓動親上死長的肝腸
習者習之以武藝行陣練熟護身殺賊的妙法
鄉閭村夫久不知兵未免驚詫推諉況無官長
催督誰肯帖然遵依我想人雖村野那個沒有

好勝爭強的念頭如今被賊搶掠家資淫虜婦女何故讓他逼不與他賭鬭只因平日不曾習得護身殺賊真武藝真本事一見賊先自膽怯常言道藝高人膽大可見真武藝真本事是你們安身保命的實受用何待上人督催然後習學哉今各齊本村有名鄉兵自行立會弓弩鎗棒火器陣法件件自相比試或攢銀錢或攢酒肉如賭博取勝的一般人人爭勝自然漸漸高

强然後這村與那村比試互相賭賽如此而村
村爭勝自然有好漢出來臨敵之際擒捉得勝
官府又有獎賞比那無益賭鬭豈不便宜百倍
或閗攢銀錢攢酒肉那有許多費用試問平昔
賭博極無益極犯法之事如何便不惜費此乃
保全身家性命極有益極守法之事反惜費乎
往年賽神時兩社爭强窮家小户無不竭力出
錢之徒求福於冥冥之中不可必得之數也人

倒樂意施財今於真本事立刻見効大護保全之福利事反悋惜而不為哉

民壯

衙門設有民壯机兵甲首等役原為守城禦侮之用其代耕之糈不欲坐縻也明矣近乃不程力伎徒備差遣致游手混入武藝茫如一旦有事尚欲召外兵練鄉兵反置本衙門壯於不用無乃倒行而逆施之乎民壯不壯健步不健弓

兵無弓顧名思義其謂之何即應捕固專設以捕賊者也而使之未聞賊於何捕不獨此也各役之設一衙門有數百人數十人者工食有十二兩七八兩者程工覈食第以列顏行執牌票止耳此與豢豺狼而使之噬也何異宜簡練以備緩急於本役工食內自備器械下班日赴演武場聽委首領官訓教有司官練閱之務要三月之內精熟如不熟即行革退另白精勇有技

之人充當

騎射

弓矢軍中之長技也近奉功令習者固多而穿楊落鵰之能寥寥未見緣文武武衰即介冑之子高者虛慕敦說畀者亦剿襲帖括與諸文士逐隊以馳而反置弓矢於不問一旦有事安能得橫槊賦詩磨盾草檄者而用之哉此巧力之所以鮮也天下降康四方多故

騎射萬不容已謹爲四條如左

武弁射　指揮千百户等官每遇撫按入境出廵官評冊揭其應薦獎戒大都不在弓矢是以繩文官之法繩武弁也夫武弁之放浪不簡有玷廉守者自應懲戒而武技尤其本等其職業之修不修一較射而知之矣今議每月各弁赴演武場較射一次如遇撫按應報冊揭內即以屢次之不中箭者盡行開報與放浪不簡者同

戒即有素行應戒者倘能射中多亦得宥免則
諸弁知所重在射必殫力習學而精射者多矣
武士射　武生主之以武學教授有官有士亦
既濟濟一黌矣查文士之試童生考取入學生
員有歲考科考月考不一而足武生何獨不
然今議亦如課文士法武學教官每月十日一
次課其弓矢分別等第報縣報府府縣亦以季
考文士法季一試之分別高下報之上臺上臺

亦每年發檄一考分別等第以行賞罰有能挽强命中矢不虛發者不次拔用民間子弟有能射者另冊送考亦如童生縣取送府府取送院之例考入武學某縣若干名以備訓練其荒廢考居下等者亦行學黜退則諸生知所取在射亦必殫力習學而精射者必多矣

文士射　古有鄉射令天下儒學皆有射圃其故可思也乃士子惟工聲悅竟不知弧矢爲何

物即射圃亦鞠為茂草矣無乃非立法初意乎今議每季府縣官亦以季考法親閱一次分別等第出案激賞其巧力俱全發輒破的者破格優禮不習者薄待之每年終查各學習射各募而教官官評亦即於此分優劣如是而教官必率其士子以競力於射矣

考試射　生員童生每當府縣考試求續告考者纍纍不可勝數夫諸生童之欲得者名耳今

議於未取童生再廣收以考射之法能射多中
者府縣盡行拔取另造一冊送提學收考文義
稍通者一例拔取入學夫前之武生是專以弓
矢進者也此之童生是以文義兼弓矢進者也
不既不同故入學各別若生員之考優等不願
射者無論矣其三等至六等發案後有自稱能
射及冊報屢能命中者提學再面試之果能於
八十步外中七八九矢者不妨破格拔等以示

熟户弓箭手

文武並用之意如是而諸生亦無不人人自相率以競力於射矣

蘇軾乞增修弓箭社條約曰慶厯中趙元昊反屯兵四十餘萬皆不得其用卒無成功范仲淹劉滬种世衡等專務整緝番漢熟户弓箭手所以封殖其家砥礪其人者非一道故元昊復臣今河朔西路備邊州軍自澶淵講和以來百姓自相團結為弓箭社不論家業高下户出一人

又自相推擇家資武藝衆所服者為社副社副
録事謂之頭目帶弓而鋤佩劔而樵出入山坂
飲食長枝與北虜同私立賞罰嚴於官府分番
巡邏鋪屋相望本土有盜不護其當番人皆有
重罰遇有緊急擊鼓集衆頃刻可致千人器甲
鞍馬常若寇至蓋親戚墳墓所在人自為戰虜
甚畏之向使州縣逐處皆有弓箭社賊豈敢輕
犯邊塞如入無人之境哉

范仲淹韓稚圭弓箭社

范仲淹韓稚圭經略西夏時令百姓自相團結為弓箭社宜採訪其遺法增損其約束在城者分為四社鄉鎮每鎮立一社村村庄相近者或三五村或十數村各自為一社聽從其便擇寬大廟宇一所為講習韜略處擇空閑平地一段為演習弓箭處在城四社各聘善射者一人為社長武藝超羣者二人為社副善書二人為社錄村鎮亦然不論軍民士商願入者聽古者士大

夫亦學射澤宮鄉相之子亦常戍邊所謂有文事者必有武備何耻之有每社置武經七書百將傳百戰奇法等書時時講習三六九日習射一次如膂力過人家貧不能置弓矢本社好義富家代置者給牌優獎社約既定每季有司親赴各社較射一次有射箭命中韜畧精熟者賞本人仍賞社長民間宴會即以射箭賭酒猶勝

賭酒

於行令遊食無賴即以射箭賭錢猶勝於樗蒲

賭錢

有犯罪當罰者即以射箭多寡減等射中九箭竟免罰有犯罪當責者即以射箭中否減數射中七箭竟免責是於尋常遊戲間學得一救命之方有事可禦外患無事可消內憂盜賊不敢生心奸細聞之遠避有利無害曷不舉而行之乎

攢射法

安人形把三箇顏色各異用鈸音响亮一人執

守城合戰俱當知此

法

一紅旗任其所指高叫射穿某顏色的人衆人一齊發矢俱射所指無不中者蓋賊有頭衆頭目只射殺頭目一人自然敗奔矣此擒賊擒王法也

訓練卷二　四十二

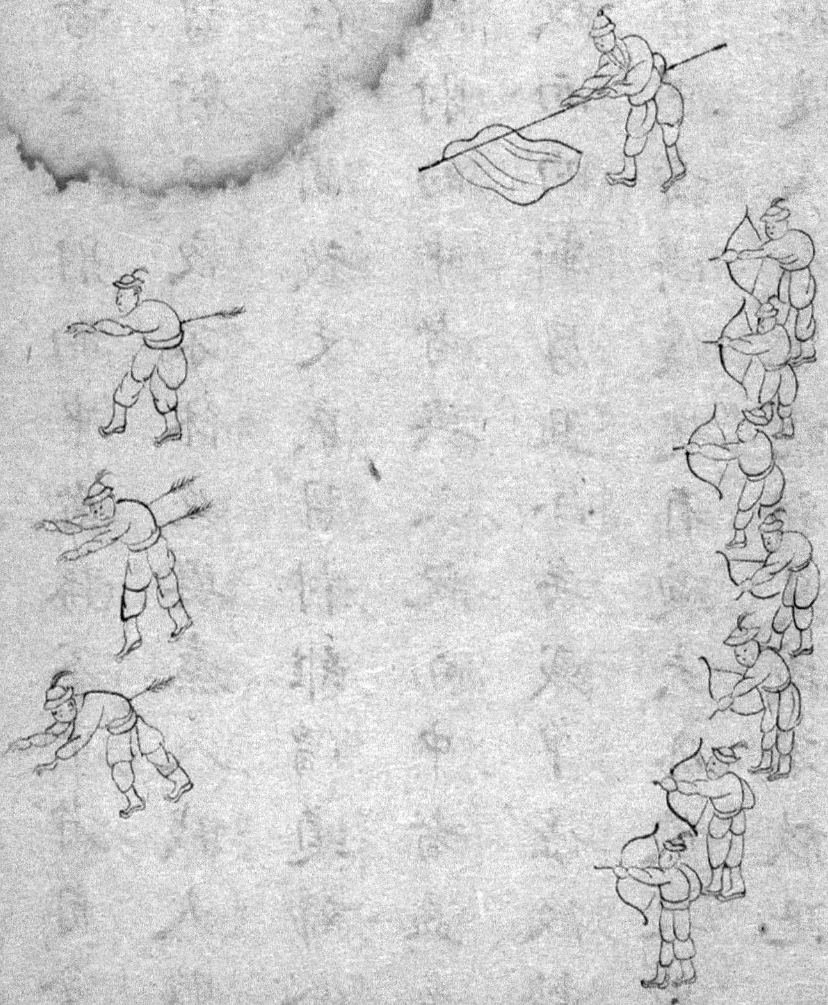

李悝令訟者射的

种世衡以銀為射者

魏李悝為上郡守欲人之善射也下令曰人有狐疑之訟者令之射的中者勝不中者負令下而人皆疾習射日夜不休及與秦人戰大敗之

宋种世衡在青澗教吏民習射雖僧道婦人亦教之以銀為射的中者與之既而中者益多其銀輕重如故而的漸厚且小矣或爭徭役輕重亦使之射射中者得優處有過失亦使之射射中則釋之繇是人人皆能射夏戎不敢犯

才能

大塊生才原無今古國家羅士不限雲泥方今時事多艱需桓桓赳赳之才最急練兵練射不過膂力技藝未有謀略出衆可爲一軍司命者應行博訪或精曉天文象緯兵法陣法三略六韜或精舟師車陣馬步戰法并工神火器械精妙入微或膽力過人舉百鈞開兩石走及奔馬力扼猛虎射可穿楊當加以

唐彬下教
勵處士

殊禮極用或高品殊才不輕來見有能知者舉報即禮聘之其舉賢之人并行録用延攬英雄廣捜奇杰今日最亟務也從來名將或起于吹簫屠狗或伏于耕樵販負十步之内必得豐草安得謂一郡一邑之内遂無人哉

唐彬刺雍州初下教曰此州名都士人林藪處士皇甫申叔嚴舒龍姜茂時梁子遠等並志節清妙履行高潔踐境望風虛心飢渴思加延致

幅巾論道

待以不臣之典幅巾相見論道而已豈吏職屈梁高規郡國備禮發遣以副于邑之望於是四人皆到彬敬而待之以次進用各任繁要州以大治

趙方以戰為守

官民一體

用名人

趙方守襄陽十年以戰為守合官民為一體通制總司為一家許國以忠應變如神隱然有樽俎折衝之風故金人擾邊淮蜀大困而京西一境獨全方能用名人陳晐游九功輩皆拔為大

任土豪

吏扈再興孟宗政皆自土豪推誠擢任致其死力卒為良將故能藩屏一方使朝廷無北顧之憂

余玠築招賢館

余玠知重慶時賢才淪棄法度蕩然玠至大更弊政築招賢館于府左供帳一如已居下令曰諸肯舊賢士欲以謀告我者徑諸公府士之至者玠懇懃款接咸得其歡心言有可用隨其才而任之播州民冉璡冉璞俱有文武才聞玠賢

待冉璡冉璞以上賓

謁之玠待以上賓居旬日請間曰某兄弟辱明公禮遇思少有裨益非敢同衆人也爲今西蜀計其在徙合州城治釣魚山乎玠大喜曰此玠志也先生之謀玠不敢掠以歸已奏聞于朝請不次官之

天下未嘗無士也官曰倨士曰卑能修布衣之交者誰乎

精勇

吴子曰一軍之中必有虎賁之士力輕扛鼎足輕戎馬搴旗取將必有能者若此之等選而別之愛而貴之是謂軍命穰子曰戰以勇為主以氣為決天子無皆勇之將而將軍無皆勇之士是故致勇有術致勇莫先乎倡倡莫善乎私天子必有所私之將將軍必有所私之士視其勇者而陰厚之人之有異材者其心莫不自異自異而上不異之則緩急不

可以望其為倡故私者天下之所惡也為已而私之則私不可用為其賢于人而私之則非私無以濟至哉言乎今邊將衝鋒陷陣必用家丁可思其故矣

李崇臥彪

北魏李崇深沈有將略在壽州十年嘗養壯士数千人寇賊侵邊所向摧破號曰臥虎

徐商捕盜將

唐山東道節度使徐商以封疆險濶素多盜賊選精兵数百人別置營訓練號捕盜將及湖南

遂帥詔商討之商遣捕盜將二百人平之

高崇文練卒

唐高崇文屯長武練卒五千常如寇至

馬燧精騎

唐馬燧為河東節度使河東承百井之敗騎士單弱燧悉召牧馬廝役教之數月皆為精騎

楊慶復突將

唐瀘州刺史楊慶復守西川揭榜募驍勇之士補以實職厚給糧賜應募者雲集於是列兵械于庭使之各試所能兩兩角勝察其勇怯而進退之得選兵三千人號曰突將慶復師突將出

虛心獨斷

戰殺傷二十餘人焚其攻具三千餘物而還

技藝

守城非臨時守之也未事之先搜奇募異凡巧思絕技之士靡不羅致麾下隨材任用周謀諮度虛心獨斷使羣策群力無不畢舉于是守法具備而賊無可攻之際下至遊棍俠徒鷄鳴狗盜罪犯之輩亦必收之使彼各思得當以顯其才効其力此用人為守城第一

錢工三

義也

史思明圍太原李光弼募軍中有小技皆取之人盡其用得安邊錢工三善穿地道賊宴城下令倡優居臺上仰而侮詈光弼遣人從地道中曳其足而入臨城斬之自是賊行皆視地

後周韓果性強記兼有權畧善伺敵虛實揣知情狀有潛匿溪谷欲為間隙者果登高望之所疑處往必有獲宇文泰以果為虞侯都督每從

征常鎮候騎晝夜廵察略不眠寢從破稽胡于

北山胡悍果勁勇趫捷號爲着翅人

金湯借箸十二籌卷之二終

訓練卷二

四十八

金湯借箸十二籌卷之三目録

籌積貯有引

積糧

公督私藏法　自積糧説

自積糧票　評二

派米限期　又評

常平倉

李悝三熟三饑　耿壽昌賤糴貴糶

評常平錢　蘇文忠出糶常平米

義倉

隋長孫平義倉奏　宋王琪擇便地置倉

賈黯義倉辯　劉行簡義倉狀

社倉

趙汝愚逐鄉置廒　朱文公夏貸冬收

建安社倉記　金華社倉記

勸農

素書稗逆說
神農養生拚形
管子富強生於粟
亢倉子先務農桑
淮南子天時地利人力
王符以一奉百說
晁錯開資財之道
韓麒麟計口授田
賈誼驅民歸農
龔遂勸民務農桑
召信臣出入阡陌
張詠拔茶植桑
高允言農事
張全義見佳麥良繭則笑

紀石烈良弼惟農是務
江公望大器以農為急
洪武課百姓植桑棗

儲穀

王制一年三年之食
積穀有四　贖鍰備賑
紙贖糴穀　詞訟出粟贖罪
鬻户絶田收租貯倉

州縣穀豆二萬石
興屯
趙充國屯金城　評
棗祗屯許下　羊祜屯襄陽
杜預修召信臣遺迹
韓重華墾田三千八百里
虞集築堤捍水為田
葉盛官牛官田法　徐貞明屯田七利評

救荒

救荒先先策　救荒先策

救荒正策　救荒權策

周禮遺人掌委積　周禮荒政十二

十二政解　胡傳救災之政

韓詩外傳大祲之禮

陳登救荒為典農較尉

范仲淹以有餘之才惠貧

富弼活流民五十餘萬

洪佛子活飢民九萬五千餘人

張詠何事不辦　趙忭救吳越旱疫

蘇軾救飢治病

劉彝收棄子日給米二升

葉夢得收三千八百餘兒

賑濟

汲黯矯制發倉　韓韶開倉無所坐

王望便宜出布粟　第五訪以身救百姓

鄭默比汲黯　員半千惠出一尉

范堯夫發常平封椿粟麥

滕元發以兵法部勒　評

徹里帖木兒大發倉廩

陶鎔擅發儲糧　王鉉好都御史

韓琦活七百萬人　評

韓維論賑飢四未盡

葉衡發倉爲糜　何椒立賑貸麥熟止

施粥法

平糴

吳及奏止閉糴　劉晏賤糴貴糶

范純仁籍賈舟

吳遵路航海糴米樵芻收直

史彌發米十萬石平糶

趙抃增價糴米

高定子發縣廩給富家

令狐文公庶梢獨語

周忱給諸大賈　董應舉官糴議

勸富

陳堯佐自出米為糜

趙抃解帶勸賑

二條以身先勸之

魏時舉糴米取半價

黄兼濟子孫青紫　宋祝染濟饑之報

三條以福報勸之

段十八閉穀雷擊　富兒祈藏增價驚死

二條以惡報勸之

邵靈甫發儲除道　陳天福經濟倉

二條以名譽勸之

程九屏太守勸富平糶諭

程九屏太守勝富捐助諭

破慳經

三條以利害勸之

金湯借箸十二籌卷之三

淮南李　盤小有原名長科

京口周　鑑臺公

古絳韓　霖雨公

籌積貯

唐書曰善治病者不使至危憊善救災者勿使至賑給言粟之不可不預備也周禮廩人掌九穀之數以歲之上下數邦用以知足否

積貯卷三　一

若食不能人二餔則移民就食詔王毅邦用蓋皇皇乎重之哉積貯為天下之大命未有一郡一邑無粟而可守者輯積貯

積糧法

先將闔城居民矢公矢慎挨巷分方細行查核其擁貲厚而占田多者為上戶僅能自食者為中戶恃作而食朝不及夕者為下戶中戶計口若干約積百日之糧平時不許浪費一粒封貯

中户自積自食
下户無告者計口賑給
下户强壯者任役受食
上户積米以備糴糶

以待有警下户計口若干分方造冊送官以憑臨時賑給除鰥寡孤獨朦聾殘疾得坐食公廪外其有膂力方剛足任驅使者每人米二升錢十文薪資受公值任公役不願者聽則上無虛糜之費下無匱乏之憂矣至於上户有上上者有上中者有上下者妄意室中難以為據田産多寡可以辨之不拘在城在鄉無分紳弁士庶逐一查明視力派積自千石以至百石數十石

公督私藏

而止令各照數積完各在本家收貯報官親詣
查驗務一一足數又一一實在城内查驗明白
其米仍係各家私物官不得取用半粒謂之公
督私藏一遇有警城門關閉許照未閉城時米
價稍增十分之一以償耗脚聽本方下户糴買
其有越方搶糴及有力之家冒充下户糴買希
爲奸利者即許糴户扭稟輕則決杖重則梟懸
官或因兵糧不足有時取用必照十一加增之

一先字一賒字深爲不肖有司防也

得賢明有司何事不了

價如數先給銀兩不許賒欠分文如此則于民
無損而於地方有益雖似無米而炊權宜之術
實則藏富於民制用之經也但須賢明有司能
以此意家諭戶曉又酌其土俗人情商同巨室
鄉耆議妥舉事行之有法如一家之人自爲生
計始善若張皇僨報致生疑畏更或借此行其
不肖人必不肯樂從使良法美意反成擾害旋
歸寢閣地方何所賴哉

城守莫要於積糧積糧莫便于自積益輸之
於倉雖顆粒亦有難色貯之于室雖崇墉誰
不樂從勿論有事時可飽父母妻子幸而無
事出其所藏亦可本利兼收此真先事預圖
有益無損者也宜定為條例坐以數目限以
時日嚴以稽查

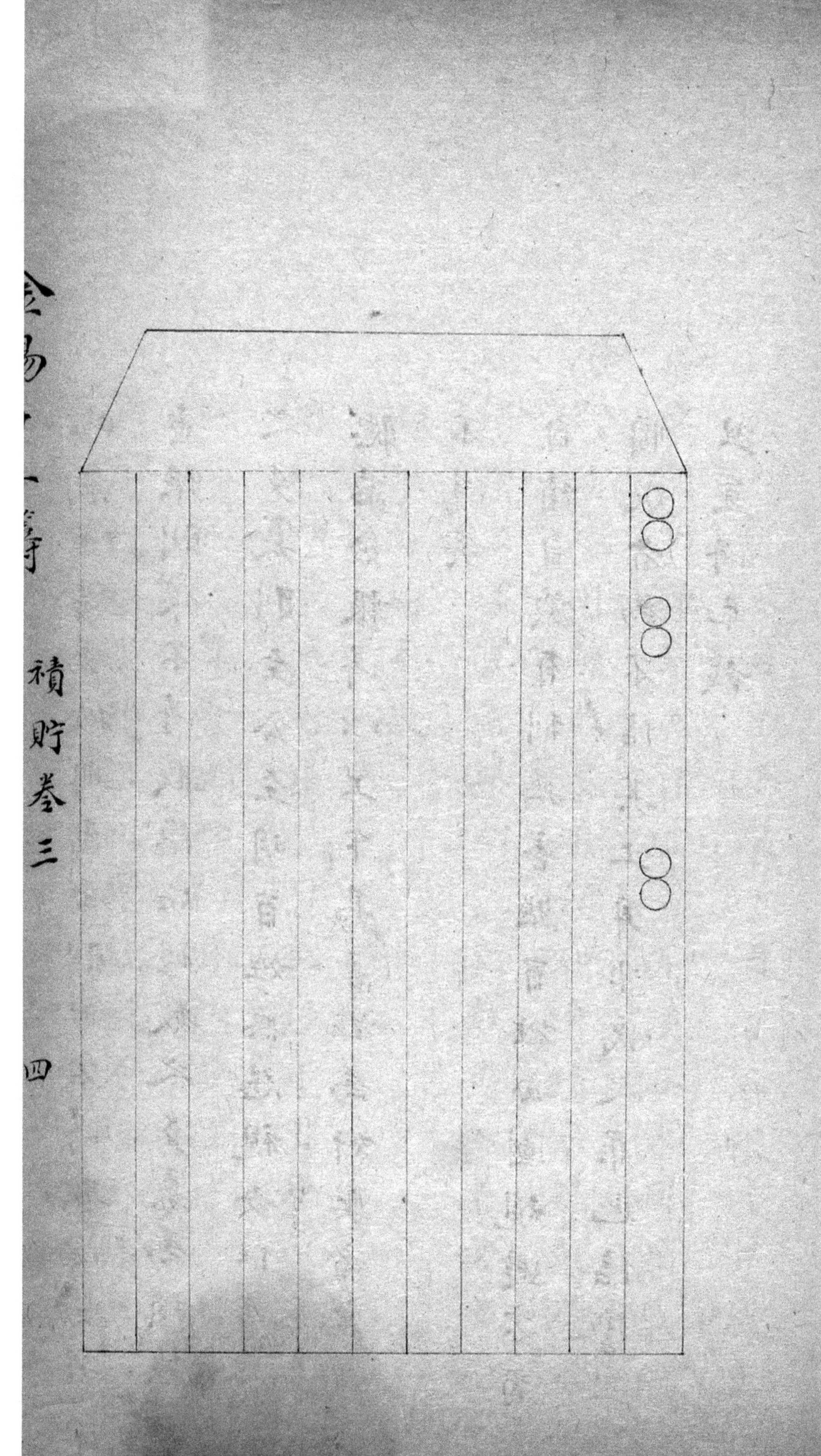
積貯卷三
四

此票極得法按冊查田則田不得欺隱驗契

查銀則銀不得欺隱紿銀數之多寡爲積數

之多寡則至公至明百姓無怨視委任羣小

聽憑僉報得以上下其手滋爲奸弊者萬萬

不侔矣

自積自藏有利無害然百姓每圖規避不肯

順從者爲不信其上耳非民之罪也信晳旦

旦豈得已哉

以上所派米若干石限十日百石限三日藏于
各家囤所即中户自食者亦須各家用籍盛貯
備期俟本州縣照票驗糧如有積不照數遲不
如限用不禀官者照所欠之數罰入義倉備賑
仍勒限催補完数

守城所最患者第一曰豪强不用命以五斗
縣令而欲尊貴鄉紳俯首聽命倡率小民勢
必不行秦晉楚豫州縣残破半繇鄉紳慳吝

不肯捐輸動掣縣官之肘也今使之自積夫復何辭然此不過為一時城守計耳置倉立社勸農興屯貴粟賤金抑末務本皆守土所宜預籌者故附載於左

李悝

三熟三饑

常平倉

魏李悝謂文侯曰善平糴者必謹觀歲有上中下三熟上熟其收自四餘四百石中熟自三餘三百石下熟自一餘百石小飢則收百石中饑七十石大饑三十石故上熟則上糴三而舍之中熟則糴二下熟則糴一使民適足價平則止小饑則發小熟之所斂中饑則發中熟之所斂大飢則發大熟之所斂而糶故雖遭饑饉水旱

糶不貴而民不散取有餘而補不足也行之魏

國國以富强

此常平倉之祖也後世迂儒不知變通乃以

盡地力罪悝夫不盡地力而盡民力乎其先

爲三熟以待三饑較歲數之豐儉若低昂鐵

炭事有必至售有必直故能與歲運爭衡而爲

民司命

漢宣帝時豐穰穀一石五錢大司農丞耿壽昌

耿壽昌常平倉奏

邊郡築倉

賤糴貴糶

奏言歲數豐穰穀賤農人少利故事歲漕關東穀四百萬斛用卒六萬人今宜糴三輔弘農五郡穀足供京師可省關東漕卒過半又白令邊郡皆築倉以穀賤時增其價而糴以利農穀貴時減價而糶名曰常平倉民便之賜昌關内侯

一言為萬世之利侯封固其宜哉但後世循行愈失其初府縣配户督米上倉有稽違則迫蹙鞭撻甚于稅賦名為和糴其實害民至

蘇文忠

荒政只用出糶常平米一事

救荒時慳吝不發即發亦多衙門有力者包之不能遍及鄉村也若用常平錢於豐熟處循環收糴以濟飢民而鄉村下户即以錢賑之亦可

蘇文忠公自謂在浙二年親行荒政只用出糶常平米一事更不施行餘策若欲賑濟饑貧不惟所費浩大有出無收而此聲一布飢民雲集盜賊疾疫客主俱斃惟將常平斛斗出糶官司

簡便不勞給納煩費但將數萬石斛斗在市自然壓下物價境内百姓人人受賜此前賢已試之法故曰常平倉斷當復也其法專主糴糶而糶本常存蓋不費之惠其惠易徧弗損之益其益無方誠救荒之良策矣

長孫平義倉奏勸民間出粟麥

義倉

隋文帝開皇三年度支尚書長孫平見天下多罹水旱百姓不給奏令民間每秋家出粟麥一

當社造倉窖

社司執帳

王琪請復義倉

擇便地置倉

石已下貧富差等儲之閭巷以備凶年名曰義倉收穫之日隨其所得勸課出粟及麥于當社造倉窖貯之即委社司執帳簡驗每年收積勿使損敗若時或不熟當社有饑饉者即以此穀賑給自是諸州儲峙委積

仁宗明道二年詔議復義倉不果景祐中集賢校理王琪請復置令五等以上戶隨夏秋二稅二斗別輸一升水旱減稅則免輸州縣擇便地

轉運使

置倉貯之領於轉運使計以一中郡正稅歲入十萬石則義倉可得五千石推而廣之其利溥哉且兼并之家占田常廣則義倉所入常多中下之家占田常狹則義倉所入常少及水旱之際則兼并之家未必待此而濟中下之民實先受其賜矣

如此明晰何以不行正因不利於兼并之家故從中阻格耳

賈黯乞立民社義倉

皇祐五年右司諫賈黯乞立民社義倉上下其議或謂稅賦外兩重供輸或謂恐招盜賊或謂已有常平賑給或謂置倉煩擾黯復奏曰臣嘗判尚書刑部見天下歲斷死刑多至四千餘人其間盜賊率十六七蓋愚民迫于饑寒枉陷重辟故臣請復義倉以備凶歲若謂賦稅外兩重供輸則義倉之置乃教民儲積以備水旱官爲立法非以自利行之既久民必樂輸若謂恐招

盜賊盜賊利在輕貨不在粟麥今鄉村富室有貯粟數萬石者不聞有劫掠之虞此轉更痛切且盜賊之起本繇貧困民有貯積雖遇水旱不憂乏食則人人自愛而重犯法正消除盜賊之原也若謂有常平足以賑給則常平之設原以準平穀價使無甚貴甚賤之傷凶饑發賑既已失其本意而貴又出公糶近歲非無常平小有水旱輒流離餓莩則是常平果不足仰以賑給也若謂置倉

廩斂材木恐滋煩擾今州縣修治郵傳驛舍皆斂于民豈于義倉獨畏煩擾哉人情可與樂成不可與謀始願自朝廷斷而行之

劉行簡義倉奏狀

劉行簡奏狀略曰義倉創於隋唐於唐國朝因焉其後病煩擾轉輸罷之神宗始復舊制然推行有未盡合者義倉取粟於民還以賑民不可不均今置倉入粟止在州縣歲飢散給山澤僻遠之民往往不霑其利其力能赴州縣就食者

蓋亦鮮少況所得不足償勞流離顛沛不可制言此豈社倉本意哉臣謂當于本縣鄉村多置

鄉村置倉窖

倉窖自始入粟以及散給悉在其間大縣七八處小縣三四處遠近分布俾適厥中縣令總其凡以時簡較遍飢饉時丞簿尉等分行鄉村計口給散旬一周之庶幾僻遠之民均受其賜不復棄家流轉道路此利害之較然者也

社倉

趙汝愚義倉疏略

宋孝宗時趙汝愚知信州請逐鄉置廒委社司掌管縣丞簡察疏略曰城郭之患輕而易見鄉村之害重而難知求所以施行之策亦不過勸諭上戶廣行出糶轉移常平義倉之米以賑之而已大勸諭上戶殆成虛文轉移米斛復多欺弊望遠采隋唐社倉之制而去其損耗之絕之弊明詔有司將逐州每年合納義倉米斛除五分依見行條法隨正稅就州縣送納外將五分

遂鄉置廠
上户充社
司

朱熹請常
平米六百
石

六百石還
府

於遂鄉置廠每歲輪差上户兩名充社司掌管受納委佐貳官簡察欺弊不如法者正治之則鄉里晏然若有所恃雖遇歉歲姦宄之心無自生矣

乾道四年民艱食朱熹請於府得常平米六百石賑貸夏受粟于倉冬則加息計米以償自後隨年斂散歉蠲其息之半大饑則盡蠲之凡十有四年以原数六百石還府見儲米三千一百

儲米三千一百石

石以為社倉不復收息每石止收耗米三升以
故一鄉四五十里閒雖遇歉年民不缺食詔下
其法於諸路其法以十家為甲甲推一人為首
五十家則推一人通曉者為社首其處單及無
行之士衣食不缺者竝不得入甲應入甲者又
問其願不願願者開具其家大小口若干大口
一石小口五斗五歲以下者不預置籍以貸之
其以濕惡不實還者有罰

建安社倉記曰成周之制縣都各有委積以待凶荒隋唐所設社倉亦近古良法也今皆廢矣獨常平義倉尚有古遺意然皆藏於州縣所恩不過市井惰游輩深山長谷之民雖飢餓瀕死而不能及也及爲法太密吏之避事者又視民殍而不肯發往往全其封鐍遞相傳受一旦不獲已發之已化爲浮埃聚壤而不可食矣夫以國家愛民之深其慮豈不及此特以里社不必

皆可任之人欲聽其所為則恐其計私害公欲謹其出入則鉤較靡密上下相遁其害又有甚焉是在良有司加之意哉

金華社倉記曰世俗所以病社倉者不過以王氏青苗為説耳夫青苗立法本意未為不善但其給之也以金不以穀其處之也以縣不以鄉其職之也以官吏而不以鄉人士君子其行之也以聚歛亟疾之意而不以慘怛忠利之心是

以能行之一邑不能行之天下程子嘗亟論之而卒不免悔其已甚而有激也

盗之熾也大槩爲饑饉耳或重於重歛或厄於天災戎馬既擾耕桑師處復生荊棘夫險偷生勢所必至萬里君門蠲賑難徧及蔀屋爲民父母者可不早爲之計乎心誠求之富教之方難更僕數而倉庾儲粟尤救荒弭盗第一義今天下郡邑倉庾名固在也半耗於那

借半耗於侵漁半充上司無礙錢糧之用即
有實心任事之有司後來者不可知矣語云
有治人無治法其奈之何嗟乎與其遇荒歎
而仰屋竊嘆何如留穀於民間之為愈哉

素書
稚逆
神農
耕强織揜

勸農

素書曰菽粟不足未作不禁民必有飢餓之色而工以雕文刻鏤相稚也謂之逆布帛不足衣服無度民必有凍寒之膚而女以美衣錦繡綦組相稚也謂之逆

神農曰丈夫丁壯而不耕天下有受其飢者婦人當年而不織天下有受其寒者是故其耕不强者無以養生其織不强者無以揜形

管子
富國必生于粟

管子曰先王知衆民強兵廣地富國之必生于粟也故禁末作止奇巧而利農事令為末作奇巧者一日作而五日食農夫終歲之作不足以自食也然則民舍本事而事末作則田荒而國貧也

亢倉子

亢倉子曰人捨本而事末則不一令不一令則不可以守不可以戰人捨本而事末則其產約其產約則輕流徙輕流徙則國家時有災患皆

聖人先務農桑

淮南子

天時地利人力

生遠志無復居心人捨本而事末則好智好智則多詐多詐則巧法令巧法令則以是為非以非為是古先聖王之所以理人者先務農桑也

淮南子曰食者民之本也民者國之本也國者君之本也人君上因天時下盡地利中用人力是以羣生遂長五穀蕃植教民養育六畜以時種樹務脩田疇滋植桑麻肥磽高下各因其宜邱陵阪險不生五穀者以樹竹木春伐枯槁夏

取菓蓏秋畜蔬食冬伐薪蒸以為民資

王符

漢王符曰今務本者少浮食者衆資末業者什于農夫虚偽游手者什於末業是則一夫耕百人食之一婦蠶百人衣之以一奉百孰能供之

鼂錯

鼂錯曰聖王在上而民不凍飢者非能耕而食之織而衣之也為開其資財之道也故堯禹有九年之水湯有七年之旱而國無捐瘠者以蓄産多而備先具也民貧生于不足不足生於不

不足生于不農

韓麒麟陳
時務

農不農則不地著不地著則離鄉輕家民如鳥獸散雖高城深池嚴法重刑烏能禁之

孝文帝太和十一年韓麒麟表陳時務曰經國立治積儲九稔謂之太平用能衣食滋茂禮教興行逮于中代亦崇斯業入粟者與斬敵同爵力田者與孝弟同賞今民庶不田者多遊食之口三分居二競務矜夸遂成侈俗車服第宅奢僭無限喪葬婚娶為費寔多貴富之家童妾侈

計口受田
巡行勸課

賈誼

服工商之族玉食錦衣農夫餔糟糠蠶婦之短褐故令耕者日少飢寒之本實在於斯愚謂凡珍玩之物皆宜禁斷吉凶之禮備為格式令貴賤有別民歸朴素計口受田四時巡行勤相勸課嚴加賞賜數年之中必有盈贍雖遇災凶免於流亡矣

賈誼曰莞子曰倉廩實而知禮節民不足而可治者自古及今未之嘗聞一夫不耕或受之飢

大殘大賊

一女不織或受之寒生之有時而用之無度則物力必屈古之治天下至纖至悉故其蓄積足恃今背本而趨末食者甚衆是天下之大殘也淫侈之俗日益以長是天下之大賊也茍粟多而財有餘何為而不成以攻則取以守則固以戰則勝今敺民而歸之農皆著於本使天下各食其力末技游食之民轉而緣南畝則蓄積足而人樂其所矣

龔遂

勸民務農桑

帶牛佩犢

召信臣

興利勸農

龔遂守渤海見齊俗奢侈好末技不田作迺躬率以儉約勸民務農桑令口種一樹榆百本薤五十本葱一畦韭家二母彘五雞民有帶持刀劍者使賣劍買牛賣刀買犢曰何為帶牛佩犢春夏無日不趨田畝秋冬課收歛勞來循行郡中有積蓄吏民皆富實訟獄止息

召信臣為上蔡長視民如子歷零陵南陽太守好為民興利務在富之出入阡陌勸農稀有寧

均水約束

召父

臣時行視水泉開溝瀆數十處以廣灌溉歲歲增加多至三萬頃民得其利為民作均水約束刻石立田畔防水爭禁婚喪奢靡務儉約府縣吏子弟好游敖不田作者輒斥罷之化大行盜賊獄訟衰止吏民親愛之號召父

今燕齊地方不修水利旱則赤地潦則溢民無兼歲之蓄豐則怒馬鮮衣歉則流離轉壑不識可以信臣之政行之否又聞南方到

山頭雨廣地不盡利江西苦粟賤金貴而山東至無梁食子守令其地肯用心亟畫庥大功德也

樊準督課農桑

漢樊準守鉅鹿時飢荒之餘人户且盡準課督農桑廣施方略期年閒榖粟豐賤數十倍而趙魏之郊數爲羌所鈔暴準外禦寇虜内撫百姓郡境以安

秦彭興起稻田

漢秦彭守山陽興起稻田數千頃每于農月親

別肥瘠三品

度頃畝分別肥瘠差為三品各立文簿藏之鄉縣于是姦吏跼蹐無所容詐彭乃上言宜令天下同之

茨充教民種植

養蚕織履

漢茨充守桂陽俗不事蠶織民多徒跣十二月盛寒時股裂血出燃火燎之春溫濃潰甚苦充初到憫焉廼教民種植桑柘麻苧養蚕織履民甚利之

鄭渾驅民之農

漢鄭渾令邵陵時遭袁郭之亂人感不念産殖

開稻田計人給畝

遣吏存問耆老

郭禹通商務農

韓建勸課農桑北韓南郭

農桑盡發境內蕭然渾嚴立條約驅民之農開稻田招撫流遺計人給畝命墻下植桑數以繭絲怠惰者有常罰時遣吏人存問耆老賜以肉帛其年禾穀大登民咸安業

唐郭禹為荊南留後禹勵精為治撫集凋殘通商務農晚年殆及萬戶時藩鎮莫以養民為事獨華州刺史韓建招撫流散勸課農桑數年間民富軍贍時人謂之北韓南郭

張全義立屯將

民歸如市

下馬觀田疇

呼老幼賜茶綵

見佳麥良繭則笑

召鄰里助牛

唐張全義尹河南東都荐經寇亂居民不滿百戶全義選麾下十八人給一旗一榜謂之屯將使詣十八縣故墟落中植旗張榜招懷流散勸之樹藝民歸如市出見田疇美者輙下馬與僚佐共觀之勞以酒食蠶麥多者親至其家悉呼老幼賜以茶綵民間言張公不喜聲伎見之未嘗笑獨見佳麥良繭則笑耳有田荒穢者集衆杖之或訴以乏人牛乃召其鄰里責使助之縣

是比户豐實遂成富庶

高允言農事

魏大武禁封良田游食者衆高允曰臣少也賤所知惟田請言農事古人云方一里則為田三百七十頃方百里則田三萬七千頃若勤之則畝益三升不勤則畝損三升方百里損六萬為粟二百三十二萬斛況以天下之廣乎若公私有儲雖遇飢年復何憂乎帝善之遂除田禁悉以授百姓

除田禁

拔茶植桑

絹百萬疋

不自種菜

范純仁勸植桑

張詠字復之濮州人中進士乙科知崇陽縣民以茶為業詠曰茶利厚官將榷之命拔茶植桑民以為苦其後榷茶他縣皆失業而崇陽之桑皆已成為絹歲百萬疋民富至今詠在崇陽嘗坐城門下見里人有負菜歸者問何從得之曰買之市詠怒曰汝居田里不自種菜而食何惰耶笞而遣之

宋范純仁知襄城民不蠶織勸使植桑有罪而

酌情除罰

情輕者視所植多寡除其罰民益賴之

劉渙買耕牛

宋劉渙知澶州值河北地震民乏食率賤賣耕牛以圖朝夕渙發倉儲買之明年耕牛價增十倍渙即出所市牛以原直與民賴不失業

原直與民

金世宗問宰臣曰堯有九年之水湯有七年之旱而民不病飢今一二歲不登而人民乏食何也紇石烈良弼對曰古者地廣人淳崇尚節儉而又惟農是務故蓄積多而無饑饉之患也今

惟農是務

懲不務生業者

操大器以農為急

地狹民衆又多棄本逐末耕之者少食之者衆故一遇凶歲而民已病矣上然之命有司懲戒荒縱不務生業者

江公望曰民為邦本食為民天洪範八政以食為先故教生于既富禮興于足食操大器者未有不以農為急漢文帝以孝弟力田者同科詔書勸諭謁者賜勞自爾海內富足幾致刑措令郡守縣令以外任之輕安于苟簡致民不安業

行勸課力田之詔

一舉三得

課植桑棗三年六百株

澤不下流無足怪也顧行勸課力田之詔發于惻怛重於丁寧終以不倦如田疇加闢民安其政雖長子孫勿易于是久任之道寓焉璽書勉諭加秩賜金須公卿則簡之郡守闕郎選則縣令入補于是外重之勢舉焉一舉而三得之矣

洪武二十七年令工部移文天下課百姓植桑棗每百姓初年課種二百株次年四百株三年六百株栽種訖具如目報違者謫戍邊

儲穀

禮記王制曰國無九年之蓄曰不足無六年之蓄曰急無三年之蓄曰國非其國也三年耕必有一年之食九年耕必有三年之食以三十年之通雖有凶旱水溢民無菜色然後天子食日舉以樂

三年九年三十年

贖罰糶勸

積穀有四贖罰糶勸勸借之法非凶年決不可行至于律雖禁罰盖罪外加罰耳果不問罪而

贖鍰責實

罰穀不折銀而納穀懲罪人寬重法以備萬民救飢之資誰以科罰罪之哉倘折銀及罪外加罰當以守論

儲蓄之法不必如賈誼募民也種也不必如晁錯募民入爵免罪也但就今之贖鍰責其實而郡邑監司歲可積五千石以上醝使者布臬所積尤多行之十年足備一年之賑矣夫民飢得粟數斗即活今以供饋遺有饋者以數百人生

親民賢令

贓罰糴穀

以穀贖罪

命結人一朝之歡而受者囊數百人之命以去奈何不思之泣下也人以行政政以備〔修〕其在親民賢令乎

何良俊四友齋叢說云今之撫按有第一美政所急當舉行者將各項下贓罰銀督令各府縣盡數糴穀其罪犯自徒流以下許其以穀贖罪大率上縣每年要穀一萬下縣五千兩直隸延撫下有縣凡一百則每年有穀七十餘萬積至

三年即有二百餘萬矣若遇一縣有水旱之災

借貸補還

聽於無災縣分通融借貸俟豐熟補還則百姓可免流亡而朝廷於財賦之地永無南顧之憂矣儲穀之善無過於此

量力出粟

民間詞訟屬户律者如户婚田土坊場津渡墟市之類訟而得理者俾量力而出粟（爭田者上田一畝三斗中田二斗下田一斗爭婚者上户三十石中户二十户下户十石或四五石之類）其無

罰米贖罪

理者亦罰米以贖罪皆貯之倉以備荒政

收户絶田租

廣惠倉

宋制凡户絶之田舉歸官不聽旁支繼業以息爭端官爲公鬻之韓魏公奏請户絶田弗鬻募人耕而收其租别爲倉貯之曰廣惠倉以提刑領其事歲終具出納之數上三司每千户之鄉約留租百石以爲率其户寡而田有餘者鬻如舊於是賑飢荒卹鰥寡皆與之而不責其償國賦不損而民蒙實惠

二萬石

吕坤曰州縣積穀豆二萬石以上方爲寬綽雖

許借不許賑

遇凶年人不至于相食決不可一半在外即放在外許借不許賑救死不救飢即借春出秋必收利必加三還官倉名預備非但救荒年也每遇小民告賑衙蠹開端一時申請賑借放出再不催還到兵慌馬亂時百姓死活莫能相顧矣遇小飢中飢之年上司輕動倉糧本縣士夫不可不以此意强止之

趙充國罷兵屯田

條上便宜十二事

興屯

宣帝時趙充國擊先零羌乃言擊虜以殄滅為期願罷騎兵屯田益積蓄省大費具條上留田便宜十二事

按守邊者固當知屯田之利亦不可不知屯田之害今邊塞可耕之地近城堡者固易為力若邊外地遠勢孤必如充國所謂乘塞列隧虜大攻不能為害而又有山阜可以望遠

有溝塹可以限陽有營壘可以休息架木以為譙望聯木以為排柵時出遊兵以防寇掠如是則屯耕之卒身有所蔽而無外虞心有所恃而無內恐得以盡力于畎畝之中而享收穫之利矣

棗祗請置田官

屯田許下得穀百萬

漢末天下亂離諸軍竝起率之粮穀無終歲之計曹操從棗祗請建置田官以祗為都尉募民屯田許下得穀百萬斛於是所在積穀倉廩皆

諸葛亮分軍屯田

司馬懿廣田畜穀

鄧艾請開河渠

濟河論

滿征伐四方無運糧之勞

諸葛亮伐魏數出皆以運粮不繼使已志不伸乃分兵屯田為久駐之計耕者雜於渭濱居民之間而百姓安堵軍無擾焉

司馬懿欲廣田畜穀為滅賊資鄧艾以為田良水少不足盡地利宜開河渠以引水澆灌又通漕運之道乃著濟河論以為昔破黃巾屯田積穀以制四方今三隅已定事在淮南每大軍征

進運兵過半功費巨億陳蔡之間上下田良可省許昌左右諸稻田并水東下令淮北二萬人淮南三萬人十二分休常有四萬人且田且守計除衆費歲完五百萬斛以爲軍資六七年閒可積三千萬斛于淮上此則十萬之衆五年食也以此乘吳無不克也懿善之乃開廣漕渠每東南有事大軍泛舟而下達于江淮資食有儲而無水害

五百萬斛

三千萬斛

杜預修召信臣遺跡

激水分疆

吳玠守蜀治屯田歲十萬斛

治褒城堰歸業者數

晉羊祜鎮襄陽墾田八百餘頃祜之始至也軍無百日之儲及其季年倉有十年之積平吳後杜預修召信臣遺跡激用滍淯諸水以浸原田萬餘頃分疆刊石使有定分公私同利衆庶賴之

吳玠守蜀與敵對壘十年常苦遠餉勞民屢汰冗員節浮費益治屯田歲收至十萬斛命梁洋守將治褒城廢堰民知灌溉可恃願歸業者數

萬家

李絳請開營田

韓重華為營田使

墾田三百頃

墾田三千八百餘里

虞集

萬家

元和中振武軍饑李絳請開營田可省度支漕運乃命韓重華為營田使起代北墾田三百頃出贓罪吏九百餘人給以耒耜耕牛假種粮因募人為十五屯每人耕百畝凡墾田三千八百餘里歲收粟以省度支錢

元虞集進言曰京師之東瀕海数千北極遼海南濱青齊萑葦之場也海潮日至淤為沃壤宜

用淛人之法築隄捍水為田聽富民欲得官者合其衆分受以地官定其畔以為限能以萬夫耕者授以萬夫之田為萬夫之長千夫百夫亦如之察其隋者而易之三年後視其成五年有積蓄命以官就所儲給以祿十年不廢得以世襲如軍官之法

命官給祿

葉盛請官銀買牛

景泰中葉文莊公盛以佐叅政恊賛獨石等處軍務嘗請官銀買牛千餘頭諭戍卒不任戰事

官牛官田法
易戰馬千八百匹
修築城堡七百餘所
徐貞明陳屯田七利

俾事耕稼歲課餘粮于官凡軍中買馬勞功恤
貧諸費皆于是乎取給後延撫宣府修復官牛
官田法墾田益廣積穀益多以其餘易戰馬千
八百匹修築城堡七百餘所
萬厤中御史徐貞明陳屯田七利謂國家餽餉
皆仰給東南每數石而致一石水利興則西北
有一石之入即省東南數石之輸利一北地旱
則赤地千里潦則洪流萬頃水利興而溝澮蓄

淺旱潦有備利二且水既不漲溢則河流殺而無衝決之禍利三邊地平原千里虜騎便于馳突今隄有樹溝有水則田野皆金湯利四塞上之卒募軍有居行給餉之費班軍有春秋更番之勞籍軍有死亡勾補之苦今以軍營田以田養軍則屯政舉而勞費自省利五宗祿勢將難繼中尉以下量歲祿之意官授以所墾田若干開其治生之端令為永業後不再授使彼得勤

生積産以爲子孫計上下無怨利六四方戸口多寛狹不均令舉莽蕩之地畫并居民移多益寡人與地稱利七

有司宜預講求

救荒

救荒有先策有先先策有正策有權策

先先策者未然也尚書云懋遷有無化居又云濬畎澮距川此皆已試之規而議者紛紜任者脆手又如山東各省或憂水患漂業或昧水利致困或困粟賤或患地窄或豪奢蕩積或逐末傷本有司泒任宜預講求閱其何饒何乏之可就本地通融本地經畫者則修之教之如貸穀食者廣種可

重農貴粟勤勸相修水利

委任得人

也婚喪飲宴過侈皆或必借裕隣方借籌海道能耗穀嚴禁之可也者則調之護之如薄商征清海寇貿易金粟之類又如折色本色催役差役各有利病咸宜體悉大要總在重農而貴粟勤勸相而修水利有事以粟為賞罰則粟貴矣廢田不耕者有懲游手蠹食者有禁遇良田則駐車勸賞遇水利則委曲通融則水利修矣常平倉義倉社倉之法委任得人出納有經不至虛費不至刁難有朱子劉如愚者以總領

先策

預廣糴貸
災傷

教災種
貧富約食

程珦募豆

之可無凍餒之老道殣之莩矣吁安得有心人在在如此哉

先策者將然也如有旱有水穀種既沒則飢饉立至當預為廣糴他方又簡災傷無可生理者貸之隨地利可栽種者教之令貧富皆約食曰此惜福救災宜爾也昔程珦知徐州久雨壞穀晌度水涸時耕粮已過乃募富家得豆數千石貸民使布之水中水未盡涸而甲已露矣是年

先事截留上供米

蘇軾救荒議

遂不艱食又各州縣有上供糧米者先事奏請截留而以其糴錢計奉朝廷則米價自落國賦不虧蘇軾救荒議言此甚悉此二策者可法也救之於未飢則用物約而所及廣民得營生官無失賦若其飢饉已成流殍茲作雖攔路散粥終不能救死亡而耗散倉廩虧損課利所傷大矣

正策權策者已然者也正策一曰開倉賑貸二

給兩月粮
歸治本業

曰留截上供米賑貸三曰自出米及勸糴富民賑貸四曰借庫銀循環糴糶賑貸五曰興修水利補葺橋道賑貸然所貸者每及下户而中等自守頭面坐而待斃又城市之人得家周恤鄉村幽僻富户既希拯救亦缺此尤宜周詳曲處者也大略賑濟之法旬給斗升官不勝勞民不勝病仰而坐待倉米卒無以繼此立斃之術莫若計其地里遠近口數多寡人給兩月糧歸治本

趙令良

李珏減價出糶

逐月給錢

業可無妨生理趙令良帥紹興用此法城無死人歡呼盈道又李珏在鄱陽時將義倉米多置場屋減價出糶既先救附近之民却以此錢紐價計口逐月一頓支給以濟村落一物兩用其利甚溥蓋遠者用錢可免減稫拌和之弊轉運耗費之艱村民得錢非惟取贖農器經理生業可收買雜料和野菜煑食一日之糧可化數日之糧甚簡甚便此二策者可法也不然村民一

糴用平價
循環糴糶

開賑濟望風扶攜入郡官司未即散米衆糧既竭餓殍紛然曾無幾何而官倉已罄是以賑濟之名誤其來而殺之也故須預印榜四出諭以發錢米下鄉未可輕動恐名籍紊亂反無所得庶草飢貧雲集之弊民不去其故居則家計依然上不煩于紛給則奸宄不生視雜鄉待斗升米而不暇他為顧不遠哉以上賑濟議糴常平米用平價又借庫銀于多米地方循環糴糶則用貴

文彥博不抑民價減價糶米

范仲淹增米價

增價招商

米時減價四之一而民已有所濟至富民之價切不可抑之抑之則閉糴而民愈急勢愈嚚其亂可立待也況官抑價則客米不來境內之食而上戶之麤有蓄積者愈不敢出矣昔文彥博在成都適值米貴不抑民價只就寺院立十八處減價糶米仍多張榜文招糴翼日米價遂減范仲淹知杭州斗粟百廿文仲淹增至百八十衆不知所為仍多出榜文且述杭飢增價招引

權策
畢仲游榜
示飢民

商賈爭先趨利價亦隨減此二策者可法也或恐貴糴減糶財用無出不知米貴不能多時將減糶之銀待米熟時照穀上倉已不乏矣以上平糶

議至於棄子有收强糴有禁嘯聚巨魁必剪其萌擇市関梁暫停其稅此皆因心妙用慈祥之所必至者也

權策如畢仲游先民未飢揭榜示曰郡將賑濟且平糶若干萬石大張其數勸諭以無出境民

吳遵路令民米薪芻

買柴二十二萬束

勸種豌豆

勸婚葬營繕

不禁宴樂賽願

皆安堵已而果漸艱食飢民十七萬顧所發粟不及萬石以民粟繼之而家給人足民無逃亡又如吳遵路令民米薪芻出官錢收買却令于常平倉市米物歸贍老稚凡買柴二十二萬束候冬糴之官不傷財民再獲利此二策者可法也又以飛蝗遺種勸種豌豆民卒免艱食如婚葬營繕等事皆勸民成之宴樂賽願都不復禁所以使貧者得射利為生至于重罪有可出之

入粟贖罪

遺人掌委積

荒政十二

机令入粟救贖蓋借一人以生千萬人耳

周禮遺人掌邦之委積以待施惠鄉里之委積以恤民之囏阨門關之委積以養老孤郊里之委積以待賓客野鄙之委積以待羇旅縣都之委積以待凶荒

周禮以荒政十有二聚萬民一曰散利二曰薄征三曰緩刑四曰弛力五曰舍禁山澤無禁六曰去譏關市不譏七曰眚禮眚與省同八曰殺哀喪禮皆從降九曰

蕃樂蕃與藩同謂閑藏樂器也十曰多昏十有一曰索鬼神十有二曰除盜賊十二政治荒也非待荒也古稱荒政貴不治之治而治荒尚無功之功周先王肅乂時若揖之祭矣分溝浚澮禦之固矣嬰茅代犧鑒之素矣此皆未災而兢兢非必十二政而後爲救也語曰三代而上有荒歲無荒民夫無荒民矣安所事荒政哉故桓窖盖藏將散利

何所用之業叙輸粟將薄征弛力舍禁何所用之工沃而好義乃緩刑去譏除盜諸禁無庸矣時詘而備贏乃眚禮殺哀蕃樂多昏索鬼神諸制無庸矣輓近則詳于為救而踈于為待倉卒而議夤緣而行不過發廩蠲逋如周所稱散利而已他未遑也世謂救荒無奇策惟彼惟恃荒政為足救需善救以見奇而周官之旨失爾愚為之說曰唐虞岳牧類以盡

職為能惟明刑一職必使官之不盡其法為能周官六卿以明試為功惟救荒一典必使盡而罔試為功然則荒政遂可無講與曰何可不講也水旱國家所代有也備荒上策矣即不備而救猶得下策

救災之政

春秋胡傳曰古者救災之政若國凶荒或發廩以賑之或移粟以通用或徙民以就食或為粥以救飢殍或興工作以聚失業之人

大祲

陳登救荒

籍廬舍一千三百有奇

韓詩外傳曰一穀不升謂之鎌二穀不升謂之飢三穀不升謂之饉四穀不升謂之荒五穀不升謂之大祲大祲之禮君食不兼味臺榭不飾道路不除百官布而不制鬼神禱而不祀

陳登長東陽歲時飢饉百姓流離轉徙者相半登乃籍廬舍度隴畝為之設辨得舍宇一千三百有奇招諭流民使復舊業其有弱病他鄉者責其姻屬使負歸之不踰年而民之流散者咸

典農較尉

虢泫罷市

范仲淹發粟給餉

從民競度

大興土木

賑捐廩之餘粟以給病瘠其强壯者則令日供
官作以就食焉州牧陶謙表爲典農較尉去
之日居民號泣爲之罷市
景祐二年吳中大飢范仲淹鎮浙西發粟募民
給餉爲術甚備吳人喜競渡好佛事公從民競
渡日出宴湖上是歲民多疫公欲興徭役以勞之
使民得食其力又氣血運動而疾病不生召諸
寺僧曰飢歲工價至賤可大興土木之役監司

劾公不恤荒公自為條叙所以宴游興造欲以
有餘之財惠貧者貿易飲食工技服力之人仰
食于公私日無慮萬數荒政莫大于此

富弼

富弼落職知青州河朔大水飢民流入境猝難
獲食相繼待甦弼擇所部豐稔者三州勸民出

勸民出粟得十萬斛

粟得十萬斛益以官廩擇公私廬舍十餘萬區

廬舍十餘萬區

散處其人以便薪水擇待闕官吏廉能者給其
禄使即民所聚問老弱疾苦官吏皆書其勞約

酒食勞官吏

聽流民取利為生

叢塜

勝二十四考中書令

活五十餘萬人

洪皓以荒政自任

為奏請率五日輒以酒食勞之出于至誠人人盡力山林河泊之利聽流民取為生有死者為大塜瘞之題曰叢塜從者如歸市或謂弼非所以處危疑曰能全活數十萬人之命不勝二十四考中書令哉行之愈力明年麥大熟流民各以遠近受糧而歸所全活五十餘萬募為兵者萬計

洪皓為秀州錄事大水田盡沒流民塞路倉庫

餘糶

空虛無賑救策公自郡守以荒政自任悉籍境内粟留一年食發其餘糶于城之四隅不能自食者官爲主之立屋於西南兩廢寺十人一室

黑子識手

男女異處防其淆僞涅黑子識其手西五之南三之負爨樵汲有職民羸不可杖有侵牟鬭囂者亂其手文逐之

借用運錢

借用所掌發運者錢錢且盡會浙東運常平米斛四萬過城下公遣吏鎖津

截留常平米四萬斛

柵語守使截留守嘿不肯曰此御筆所頒也罪

以一身易十萬人命

軍法不過是

活九萬五千餘人

洪佛子家

死不赦皓曰民仰哺當至麥熟今臘猶未盡中道而止何如勿救寧以一身易十萬人命迄留之無何廉訪使至郡曰平江衰號訴飢者旁午此獨無有何也守具以對乃如兩寺驗視使者曰吾嘗行邊軍法不過是也遂制抵罪爲君脫之又請得二萬石所活九萬五千餘人人感之切骨號洪佛子後叛軍縱掠郡民過皓門曰洪佛子家也不敢犯

晧使金全節而歸凡留北者十五年子卿之節無以加焉孰謂佛子第一味慈悲而已哉而竟以忤檜謫死悲夫

張詠救荒寬鹽禁

張忠定公詠知杭州值歲飢冒禁販鹽捕獲數百人公悉寬其罰官吏執不可公曰錢塘十萬家饑莩如此若鹽禁益嚴則聚而為盜患益甚矣俟秋成敢爾當痛懲之仍停徵諸稅及知成都遇李順為寇城中兵三萬無半月之糧詠知

停徵諸稅

以米易鹽

得米數十萬斛奏罷陝運

折米六萬斛

給劵輸糴

七十餘年民無饑色

趙抃救荒于未飢

鹽價索高而民有餘虞乃下佑聽民以米易鹽民爭趨之未踰月得米數十萬斛遂奏罷陝運帝喜曰此人何事不辦還知益州地素狹游食者衆稍遇水旱則穀不給斗米直錢三百文乃按諸色田稅如其價歲折米六萬斛至春籍城中細民計口給劵輸原價糴之奏為永制其後七十餘年雖時有災饉而益民無饑色

熙寧八年吳越大旱趙清獻公抃知越州前民

書問屬縣

錄孤老病二萬一千九百餘人

得粟四萬八千餘石

男女異日受食

之未飢爲書問屬縣被災者幾處鄉民當待廩者幾人溝防興築可僦民使治者幾所庫錢倉粟可發者幾何富人可募出粟者幾家僧家道所食羨粟書于籍乃錄孤老病不能自食者二萬一千九百餘人故事歲廩窮人當給粟三千石而止抹簡富民所輸及僧道羨餘得粟四萬八千餘石佑其費自十月朔人日受粟一升幼小者半之憂其衆相蹂也使男女異日而人受

給粟之所五十七

告富人無閉糶

出官粟五萬二千石

糶粟之所十有八

修城工三萬八千

縱息錢

二日之食憂其且流亡也于城市郊野為給粟之所五十有七使各以便受之而告以去其家者勿給計官不足用也取吏之不在職而寓於境者給其食而任以事告富人無得閉糶自鮮金帶置庭下命糶米施者雲集又出官粟五萬二千餘石平價予民為糶粟之所凡十有八以便糶者又僦民修城四千一百丈為工三萬八千計其傭與粟再倍之民取息錢者告富人縱

收償棄男女

為病坊

死者收瘞

藥食多出私錢

予之待熟時官為責其償棄男女使人得收養之明年春大疫為病坊處疾病之無歸者募僧二人屬以視醫藥飲食令無失時凡死者使在處收瘞之故事廩窮人盡三月當止是歲五月而止事有非便文者抃一以自任不累其屬有上請者遇便宜輒行早夜憊心力無巨細必躬親給藥食多出私錢是時旱疫吳越民死者殆半抃所撫循無失

蘇軾請免上供米

度牒易米

立病坊作壇粥藥劑

劉彝召人收養棄子

日給米二升

杭州大旱蘇軾請于朝免本路上供米三之一故米不翔貴復得賜度牒百易米以救飢者又立病坊作壇粥藥劑遣吏挾醫分坊治病所治甚衆

劉彝知處州會江西飢歉民多棄子道上彝揭榜通衢召人收養日給倉米二升每月一次抱至官看視又推行縣鎮細民利二升之給皆為收養故一境棄子無夭閼者

葉夢得奏
乞越制賑
災傷
全活數萬

空劵

收三千八
百餘小兒

葉夢得為許昌令値大水災傷發常平所儲奏乞越制賑之全活數萬見道中遺棄小兒詢左右曰無子者何不收養曰固所願也恐既長或來識認夢得曰兒為所棄則父母之恩已絶人不收之能自活乎遂作空劵數千具載本末凡得兒者使明所從來書劵付之父母不得復取又為載籍記數貧者給米為食事定按籍計收三千八百餘小兒此皆奪諸溝壑而致之衽席

者

汲黯矯制發倉

韓韶開倉賑流

賑濟

漢汲黯為謁者值河內失火使視之還報曰家人失火比屋延燒不足憂也臣過河南貧人傷水旱萬餘家或父子相食臣已矯制節發倉粟以賑之請伏罪上賢而釋之

韓韶為嬴長賊聞其賢相戒不入境餘縣多被寇盜廢耕桑流民入韶縣界索衣糧者甚衆韶憫其飢困乃開倉賑之所廪贍萬戶主者爭謂

含笑入地

不可韶曰長活溝壑之人而以此獲罪含笑入地矣太守素知韶名德竟無所坐韶生子融官太僕壽七十

今有本境飢荒不能先事發倉賑至流殍者何如也

王望

後漢明帝時王望遷青州刺史是時州郡災旱百姓窮荒望行部道見飢者裸行草食五百餘

便宜出布粟給廩粮

人愍然哀之因以便宜出所在布粟給其廩糧

作福衣

為作福衣事畢上言時公卿皆以望之專命法有長條鍾離意獨曰昔華元子反楚宋之良臣不稟君命擅平二國春秋以為美談今望懷義忘罪當仁不讓若繩之以法忽其本情將乖聖朝養育之旨帝嘉意議赦而不罪

當今誰是王望正以在朝無鍾離意耳

第五訪開倉救斃

第五訪遷張掖太守歲飢粟石數千乃開倉賑給以救其斃吏懼譴欲上言訪曰若上須報是

太守樂以身救百姓

鄭默開倉

自表待罪

比之汲黯

員半千勸令發倉

棄民也太守樂以一身救百姓遂出穀賦人一郡得全

晉鄭默為東郡太守值歲荒人飢默輒開倉賑給乃舍都亭自表待罪朝廷嘉默憂國詔書褒歎比之汲黯班告天下若郡縣有此比者皆聽出

唐員半千為武陽尉歲旱勸令發倉賑民令不從及令謁州半千悉發之下賴以濟太守怒囚

惠出一尉

范堯夫發
常平粟麥

吾獨坐罪

晝夜輸納

于獄會薛元起持節渡河讓太守曰君不能恤
民使惠出一尉尚何罪釋之
范公堯夫知慶州餓莩滿路官無穀以賑恤公
欲發常平粟麥濟之州縣官不欲公曰環慶一
路生靈付某豈可坐視其死而不救衆欲俟奏
請得旨公曰人七日不食即死何可待報諸公
但勿預吾獨坐罪耳或謗其所活不實詔遣使
按之時秋大稔民曰公實活我忍累公耶晝夜

滕元發乞米備賑

席屋一千五百餘間

以兵法部勒

肅然如營陣中

輸納常平迄使至已無所負矣
熙寧中淮南京東皆大飢滕元發守鄆州乞淮
南米二十萬石以備賑慮流民奄至恐蒸爲癘
疫乃先慶城外廢營地召諭州民勸富户助財
小民助力造席屋二千五百間一夕而成流民
至以次授屋井竈用器皆具以兵法部勒火者
炊壯者樵婦女汲老者休民至如歸帝遣工部
侍郎王古按視之廬舍道巷繩引碁列肅然如

活五萬人
願爲鄆民
增户增口

營陣中古圖上其事詔褒美所活五萬人流民感恩戚願爲鄆民比年增户七百增口二千有奇

此段識見高謀慮周措置援他人不能辦境內而滕公能慮境外須知其願爲流民慮者實願爲鄆民慮也嗟嗟安得盡天下如滕公

撫此才遺乎

帖木兒議
賑

歲大飢徹里帖木兒議賑之其屬以爲必聞上

府府上省然後以聞帖木兒慨然曰民飢死者已衆乃欲拘以常格耶往復累月民存無幾矣此盖有司畏罪欲歸怨于朝廷吾不為也

大發倉廩

大發倉廩賑之乃請專擅之罪文帝聞而悦之

陶鎔先發儲糧

宣德中新安縣知縣陶鎔上言邑在山谷本瘠土薄收今歲民艱食採拾不自給獨亟驛有儲糧欲申請待報而民命在旦夕輒先發給之需秋成還官請伏專擅之罪

真民牧

上曰真民牧也降勅

王鉉發廣運倉賑流民

空廣六十楃醫給棺大塚活數十萬人好都御史

襃諭

景泰中淮徐飢山東河北流民猝至都御史王紘不待報亟發廣運倉賑之近者餉以粥遠者給之米力能兄就食者為裝遣齎挈者為贖還即空廣六十間處流民之病者擇醫四十人分治之死給棺為大塚瘞焉所全活數十萬人其疏待罪初上得流民奏大驚曰飢死我百姓矣奈何已得竑發廩奏大喜曰好都御史

韓琦大發倉廩糴糶設粥給粮遣還

金紫上坐簡房簿

救濟水災活七百萬

慶厯八年大水歲飢流民滿道韓魏公琦大發倉廩并募粟糴糶及設粥賑之歸者不可勝數明年皆給糧遣還全活甚多後爲宰相薨侍禁孫勉以殺黿爲泰山所追先至一公府見魏公金紫上坐教以乞簡房簿勉出再至一府有三金紫者責讓之勉乞簡房簿三金紫怒曰汝安知有房簿誰泄之勉以實告三金紫首肯嘆曰韓侍中在陽間存心救濟水災活七百萬人今

在此猶欲活人吾儕不及也簡房薄勉尚得十五年乃放之

嗟乎魏公持世許大事業而泰山君首稱其水災救人豈非救焚極溺功德尤急哉嘗見一州府大疫勸民出粟極濟委官專領其官煩于應對且不欲飢民在市悉載過江置諸壩中但中日以一粥食之而已日出而至皆無所避無何水暴至飢民盡被漂溺不數日

此官亦病疫死其存心視魏公霄壤一入冥途不知如何簡發

韓維論賑飢四未盡

英宗時起居注韓維論賑救飢民之道未盡有四一州縣米穀不積二官吏無恤民之心三餉養失處置之宜四朝廷雖發倉廩未嘗親諭惻怛遣使臨視

葉衡發倉食飢者

葉衡知常州時水災發倉為糜以食飢者或言常平不可輕發衡曰儲蓄正備緩急視民飢而

醫藥自隨

恐不救邪疫大作單騎命醫藥自隨徧問疾苦
全活甚衆

何椒邱

麥熟止賑

河南大旱人民艱食舊制賑貸貧民至秋罷按
察使何椒邱曰賑貸止于秋以秋成可仰也今
秋田無收可已乎命如舊賑之麥熟乃止流民
入境無食者發粟食之無衣者以庫藏帛給之
所全活不可勝計

兵荒有警每每開倉賑發此自是良有司事

而賑之無法則奸胥作弊百姓不得沾實恩若聽人糴買則豪右仍充作窮户糴歸私倉貧民不得蒙實惠此從來積弊也宜擇各方寬敞寺觀照僧家施粥例先令本方窮户預報花名造成一册約計人數若干每日應用米若干蓑為脫粟聽其就食男女有班都圖有界越坊覓食者誅男女混亂者誅庶幾粒粒皆果貧民之腹官府又無浪費之慢其稍能自存者又恥來隨

衆就食較之聽民糴買滋弊萬端者大相懸絶夫貧民得食則反側潛銷而富家豪族皆可藉手安枕矣

吴及論閉糴

平糴

仁宗時秘閣較理吴及言春秋有告糴陛下恩施動植視人如傷然州郡官司各專其民擅造閉糴之令一路飢則隣路為之閉糴一郡飢則隣郡為之閉糴夫二千石以上所宜同國休戚而坐視流離豈聖朝子兆民之意哉遂詔災傷

閉糴以違制論

閉糴以違制律論

近日米不許出禁正犯此病

劉晏國計

唐劉晏掌國計未嘗有所假貸有尤之者晏曰使民僥倖得錢非國之福使吏倚法督責非民之便吾雖未嘗假貸而四方豐凶貴賤知之未嘗逾時有賤必糴有貴必糶以此四方無甚貴甚賤之病安用貸為

賤糴貴糶

范純仁籍賈舟

范純仁知襄邑縣時旱久不雨純仁籍境内賈舟諭之曰民將無食爾所販五穀貯之佛寺候食缺時吾為糴之衆賈從命所蓄十數萬斛至

吴遵路救民于未飢

採薪糴米

原估易薪

建屋百間出俸錢置薦席鹽蔬

史弥發米平糶

春諸縣皆飢獨境内不知也

吴遵路明道末天下旱蝗遵路知通州乘民未飢募富者得錢幾萬貫分遣衙較航海糴米於蘇秀使物價不增又使民採薪芻官為收買以糴官米至冬大雪又以原估易薪芻與民官不傷財民蒙其利又建茅屋百間以處流移出俸錢置薦席鹽蔬願歸者具舟食還之本土

史弥改浙西宣尉時米價踴貴弥即發米十萬

趙抃增價糴米

米商輻輳

高定子發縣廩給富家

石平價糴之而後聞于省省臣欲增其價弼曰
吾不可失信寧撤我俸以足之省不能奪
趙抃知越州兩浙旱蝗米價踴貴飢死者十六
七諸州皆榜衢路立告賞禁人增米價清獻公
獨榜衢路令有米者增價糴之于是諸州米商
輻輳詣越州米價更賤民無飢戒
高定子知夾江會水潦洊飢貧民競趨無所糴
定子曰女毋憂女第持錢往常所糴家以俟廼

發縣廩給諸富家俾以時價糶至秋而償須臾米溢于市明年有麥責償其半至秋而輸足民免于飢而公帑不廢人稱其上不病國下不病貧中不病富一舉而三利備焉

一舉三利

令狐文公平米價

屈指獨語

令狐文公除守兗州州方旱儉米價甚高逆吏至公首問米價幾何州有幾倉倉有幾石屈指獨語曰舊價若干諸倉出米若干定價出糶則可賑救左右竊聽語達郡中富人競發所蓄米價

周忱給諸賈

諸價驟集

米價驟減

頃平

周文襄公忱撫江南穌松大飢米價翔貴公祭知湖浙江右大熟命人四出齎千金至其地市米故抑直而不糴且給言吳中價甚高繇是諸大賈操贏金爭販米抵吳中一時驟集者數百艘公聞乃下令發官廩粟以貸民而收其半米價驟減諸賈大悔所載米又道遠不能還糶無所售於是官為收糴以實廩而椎牛釃酒犒賞

穀貴糴禁米

虛糴實備

謝之大賈各醉懽去

董應舉議官糴書曰穀米踊貴半糴穀之半糴禁米米禁則富者閉糴以徼利奸商乘急而躍價棍惡乘禁騙錢而米益貴此從來積害救荒無別法有虛聲有實備買穀他省實備也穀至而莫測多少奸富恐奪其利爭出所餘而賣奸商恐持久不售爭取微息而賣是以虛糴而速之平價也昔文潞公治郡米價大起或勸其定價

官賣倉米
即日價米

發金市米

價公笑曰是反爲奸民增氣勢耳於是搜得倉米若干出四隅官賣之即日而價平民莫測官米之多少也今但歲發千餘金市於多米地方來秋而往勒限而歸毋使過冬市其地方即用其地方人必差品官必於大暑前四十日發穀必期盡發此毋庸禁米而米常平官米亦且歲進矣來秋而往者穀賤而人不勒也毋使過冬者久則費多將蝕吾穀也用本地人者土人知

穀價所市必庶雖稍染指而吾穀猶平也小官奉差難責其一毫不取差品官者前程大不敢以官試法也發必于大暑前四十日者此正常年踴價之候稍減時價民利而官亦利也給發之法以秤不以斛斛之大小難定而秤有據也發必盡者復納之倉費耗益多也買之非其人發之非其時則官本少而民不甚見德如此而以官糴無益而不行恐後有急卒難救矣

陳堯佐自出米爲糜

趙抃勸富

解帶

療病埋死
修城

勸富

陳堯佐知壽州歲大飢自出米爲糜以食餓者富民以故皆爭出米共活數萬人堯佐曰吾豈以是爲私惠耶盖以令率人不若身先而樂從耳

趙抃知越州時歲大飢召富民畢集勸以賑濟之義即自解腰間金帶置庭下于是施者雲集時吏行疫公療病埋死而生者以全下令修城使

魏時舉好施

糶取半價

得食其力

二條以身先勸之

魏時舉鉅鹿人立心仁愛重義好施博習群書不樂仕進家多田產穀積有餘時值歲歉穀價騰踴因發廩貸糶價惟取時價之半嘗語客曰凶歲之半價即豐時之全價雖少取之而不爲損族人親故貧約者更相與周之一郡多賴以濟其子收節閔帝時除太學博士儀官尚書右

黄兼濟坐張詠上

熟糴艱糶

僕射贈司空謚文貞

黄兼濟成都人時張詠知成都夜夢紫府真君接語未久吏忽報曰西門黄兼濟至幅巾道服入真君降堦接之禮甚恭坐詠之上至旦問吏曰西門有黄兼濟否曰有命請至如夢中所見再三問生平何陰德曰初無善事惟黍麥熟時以錢三百緡收糴至明年禾黍未熟小民艱食之時糶之一樣價值一般升斗在我初無所損

青紫不絶

祝染賑濟

煑粥療病

濟飢之報

段十八索高價

而小民得濟危急詠曰此公所以坐我上也使兩吏挾之而拜子孫青紫不絶

宋祝染延平沙縣人家頗饒遇歲凶賑濟煑粥療病無虛日後生一子聰慧應舉入試鄉入夢黄衣使者執旗報喜奔馳而告曰狀元榜旗上有四字曰濟飢之報及開榜子果中狀元

三條以福報勸之

饒州段十八儲穀數十倉歲飢人多餓衆段索

雷擊火焚

富兒祈鑯

高價閉穀不糶鄉人旅客封銀益價登門求糴陵堅不與未幾為雷擊死倉穀悉為雷火焚盡

萬歷十六年武進大飢青菜巷有烈帝廟甚靈一日天未明有一富兒入廟祈鑯祝曰今米已賣至二兩四錢一石我家有米數百石不知米價能再增否時有乞丐數十宿于廟之兩廊聞此人之祝同聲大呼曰我等數日不得一食矣汝有米數百不以賑濟尚求增價乎爭向前欲

殿之時天未明此人無意中忽見瘢癃殘疾多
人圍遶大呼一時驚悖倒地頃刻絕氣
二條以惡報勸之

邵靈甫救荒有成算

邵靈甫宜興人倜儻樂施予家蓄數千斛歲大
飢或請糶曰是急利也請損直曰是近名也或
曰衆飢將自豐乎曰有成算矣乃盡發所儲自

發儲除道

縣至洑溪鎮除道四十里水路八十餘里通巷

人爭受役

盡溪入震澤邑人爭受役皆賴以活至今誦之

陳天福來皆平糶

經濟倉

桂子蘭孫

茶陵州陳天福素稱長者有米皆平糶無米以錢貸人又起經濟倉平糶濟人忽有道人以錢二百糴米一斗陳辭錢與米道人題詩于壁曰遠近皆稱陳長者典錢糴米來施捨他時桂子與蘭孫平步玉堂與金馬鄉里傳誦

二條以名警勸之

鎮江程九屏太守勸捐賑諭曰今日旱蝗妨稼貧民苦飢此正富室市義種德之秋也同是編

祇而爾等得稱富有非爾等祖宗能濟利人即爾等前生能利濟人念及祖宗則數世元氣不可薄念及前生則本來面目不可沒今日殷殷勸賑不獨爲枵腹之民圖目前實爲殷富之家圖久遠凡人之財決無永聚不散者顧所散何如耳慳貪者其散一敗不救好施者其散累世食報蓋貪慳者非自己遺飛禍使是子孫犯重法好施者不但人樂尊仰鬼神亦樂福澤此理

數之必然者也爾等上戶試舉兩者較量之自
然破鄙吝之堅城發好施之善種矣今日偶值
奇荒無有奇策惟是酌盈濟虛用民保民不得
不汝上戶是望且上戶自思所得保有其上戶
者豈非賴　朝廷有法度耶則殷殷勸賑又不
獨為爾等圖久遠實為爾等圖目前飢寒之民
計無所出耽耽只在富室富室能賑一人思亂
中即少一人能賑十人思亂中即少十人同姓

同里各務為賑轉相為勸繇是百人千人萬人
其賑無有窮盡其亂自是消弭矣亂萌消弭爾
等工户乃得安享豐豫此又時勢之必然者也
若一味自私自利本是上户而竄入下中其姓
名本府一一瞭然在心俟有事犯在堂下加等
重處爾等上户不明于理數即當審乎時勢不
審乎時勢即當動乎榮辱毋負開導苦心
鎮江程九屏太守勸平糶諭曰今歲民多菜色

即蝗蟲亦强半告飢當此時而家有擔石之儲皆是天地鬼神之所厚况陳陳相因乎則為天地鬼神所加厚可知以天地鬼神所加厚之人即當行天地鬼神所嘉與之事非損有餘以補不足不可以獲福然則為諸有穀之家計只是及時平糶一法乃最有功德事若幸天災為奇遺封廩廒以待價非仁人之用心也且穀價一騰踴四方之積必聞風而至故大貴之地常有

大賤其勢必然廢時失價以待穀之雲集禍去而利亦去矣此愚人也其中有賢智者聞謂我一人之穀有限價平不足以濟民價不平不足以害民不知人存此想户户閉糶家家高價則積獨成衆積微成鉅遂做成一皇皇之世界若使有一人平之於此定有幾人平之於彼蓋美善之事人所相競誰甘自爲刻薄人是我一人之平恒有以感乎人之平與愧乎人之不平如

此相觀而善窮民庶幾免于飢餓之厄矣既令
士紳從公議派積穀以備缺乏而猶然惓望爾
有穀之家平價者盍積穀之令或多或寡官府
可得而限且不敢多派恐中有力不勝任者若
爾等自度有餘薄收利而厚種種德相與倡率
以救此荒民其誰得而禁止之限量之也
臺公與富文曰穮東破云不慳不富不富不慳
轉慳轉富轉富轉慳疾入膏肓無方救藥所以

世人但知圖利罔知防害以我觀之防害既疎
圖利未善凡我世人皆天所生皆天所愛譬如
父母生育多子聰明蠢愚富貴貧賤各各不同
皆是父母嫡親骨血有如一子獨享富貴其餘
諸子皆受貧賤凍餓流離種種苦楚富貴之子
安享自然曾不周濟父母之心悲傷惱怒明加
譴責暗受消磨此是虛言不為汝說天生富人
厚非私厚正欲彼人以己所有濟人不足況此

財寶名為四共或水或火盜賊無常各皆有分此是道理不為汝說萬歷年時富平布衣李君少川施銀二萬賑恤飢荒朝廷聞之遂以鄉銜酬其勞費迄今子姪世享其名此二萬金如今尚在此是報應不為汝說汝時等各財本思常享父傳之子子傳之孫世世代代當作富翁以是因緣一毛不拔諸貧賤人環伺生心不便方便甘心引賊入劫家財洞房清宮非汝所有賊得

焚之朱提白鏹非汝所有賊得捲之粉白黛紛嬌妻美妾非汝所有賊得淫之韋衣執袂桂子蘭孫非汝所有賊得戮之肢體髮膚併非汝有刀俎惟賊截解惟賊祖宗邱墓併非汝有發掘惟賊剖戮惟賊再四思維無有他業止固慳故受如是苦不能散財安能聚財不能減富安能保富所以笑汝防害既疎圖利未善顛倒迷謬誠可憐愍悲心苦口勸諭捐輸豈是爲貧正是

為富豈是利他正是利己如我所説不誑不妄
猛醒回頭功德無量
三條以利害勸之

金湯十二籌卷之三終

積貯卷三　　六十

金湯借箸十二籌卷之四目録

籌制器有引

火器

硝

製硝方　又方

總評　提硝法二則

磺

製磺方　又方

炭灰

炭灰論

火藥方

方　又方

南北火藥說　大銃藥方

又大銃藥方　小銃藥方

火門藥方

鉛子

論　　試口

佛狼機火器雖繁止取已驗而適用者數種餘悉從刪

總說　　二焰星說

每架應用器物數

佛狼機圖　　佛狼機式

鳥銃

總說　　又說

鳥銃方　　又方

◎

鳥銃全製圖

鳥銃分形圖

銃架

銃頭

搬執形

側立形

側立裏面執撑形

又分形圖

銃說

煉銃

試銃

舊銃

放銃

收銃　修銃
洗銃
火箭
火箭方
火龍箭
製說　火龍箭式
一窩蜂
說　佩法放法

總圖

射虎藥

方

竹將軍

製法

總形圖

分形圖

威遠砲

七利說

裝藥彈形

製法　威遠砲圖
竹發熕
製法　竹發熕圖
滿天噴筒
製法　噴筒圖
毒龍噴火神筒　毒火歌
毒火方
震天雷

總說　附飛火槍

炸炮

總說　炸藥方

火器總論

砲即礮

總說　七稍砲

礮石圖　又扯起打去圖

砲車圖　砲架圖

制器卷四目錄　五

李光獅大礟　蒙古過砲

襄陽砲　飃石

飃石式

弓

弓制　弓圖

馬蝗面弓　泥鰍面弓

披背筋法　漆弓法

裹弓法　硝弓法

焙弓法　總論

箭

箭制　栝機制有式

弩

弩說　弩制

弩箭　弩式

弩箭式　耕戈

鬼箭圖　連弩圖

陽河伏弩圖

牌

藤牌圖　挨牌

長牌

刀

腰刀圖　長刀

鎗

長鎗圖　神機火鎗

線鎗圖
抓鎗圖
鉤鎗圖

筅

狼筅圖

鈀

钂鈀圖

棒

拐突鎗圖
拐刀鎗圖
三眼鎗圖

大棒圖　齊眉棍
狼牙棍　鐵縕木棍圖

盔

鍪弁圖　臂手圖

甲

甲論圖　甲製
田況甲成試財　綿甲
紙甲　皮甲

馬甲

總論一

總論二

金湯借箸十二籌卷之四

淮南李盤小有原名長科
京口周鑑臺公
古絳韓霖雨公

籌制器

費誓曰善敹乃甲胄敿乃干無敢不弔音的精至也備乃弓矢鍛乃戈矛礪乃鋒刃無敢不善令上以魁滅爲利下以苦窳爲德豈非兵法

所謂器械不利以牙與敵者耶晁家令曰兵不精利與空手同甲不堅密與袒裼同弩不及遠與短兵同射不能中與亡矢同中不能入與亡鏃同鬬而不勇與無手同然則五兵者三軍所恃以為勇也可不謹乎輯利器

火器

攻守神器火為第一積之宜多製之宜度藏之宜密防之宜嚴得其法則害賊失其法則

害已與其誇多不如精火驗之于先試之于後行其所明去其所疑子母相勻人器相習萬舉萬中天下無敵

硝性主直

硝 每硝半鍋甜水半鍋煮至硝化開時用大紅蘿蔔一箇切作四五片放鍋內同滾待蘿蔔熟時撈去用雞卵清三箇和水二三碗倒入鍋內以鐵杓攪之有渣滓浮起盡行撇去再用極明亮水膠二兩許化開傾在鍋內滾三五滾傾

出以磁盆盛注用盞盞定不可掀動動則洩氣硝中渣滓不肯隨水而出放凉處一宿看鎗極細極明方可用若不細不明尚有鹹味未可入藥當再如前法清淀

此與前法大同小異只不用蘿蔔與水膠耳備之

又用雞蛋白煉每十斤用蛋二個硝不潔者多用數枚先將雞蛋白水攪勻訖次將硝下鍋水高二指復將蛋水傾入大滾數次則雞蛋白雜硝滓俱浮鍋面以竹笊籬撈起又用細蔴布為

濾中濾過復將前鍋洗淨再以濾過硝水傾入
用文武火煮成冰塊將鍋放地上一日冷定則
鹽沉于下硝浮于上去鹽用硝研細聽用
驗硝不出三法鎗宜極細色宜極亮味宜極
淡如比硝更白但無亮光者渣滓未淨也以
舌舐嘗味尚鹹澁者城鹽未清也二物最能
滾珠為害不小又令製硝之人置硝掌中以
火點放硝去而掌不熱或置硝扇上以火點

放硝去而扇不焦方為合式
提硝宜在二三八九月餘月炎寒不宜或欲
急用夏天入井冬天放于暖處可也
提硝用瓦烏盆濾至一百斤得三十斤乃可
作藥線用熬熟桐油黏紙作藥線衣過水入
地無礙

磺性生横

磺　蔴油牛油各一斤油既熱乃以磺徐徐投
入鍋後隨攪使磺速化投時勿使纖毫着鍋恐

此法與前亦大同小異但前法先煎油此則油礦同煮耳

其發火

礦用生者佳先搥碎去砂土每十斤用牛油二斤煎溶火不可太旺以木棍旋攪鍋底看礦溶化時以麻布作濾巾濾在缸內則油浮于上礦沉于上去油用礦研細聽用又云礦去下沾黑色底方可研

炭灰　用柳條如筆管大者去皮去節取其理直者用以燒灰入藥為上清明前後採取以此時

柳葉將發未發精脉盡聚枝上故也北方柳木甚少用茄稈灰蒿灰瓢灰杉木灰代之不知諸木中惟榆柳桑柘四木火性更旺四木中又惟柳木枝幹直上火性直走餘皆枝幹曲折文理縱橫且質堅炭硬火性不甚輕使是以古人惟取柳木又必去皮去節者皮則煙多節則迸炸也古法豈可輕改杉木火力雖猛其理尚直其餘俱不可用北方麻稭灰甚輕但可入發藥若

作筒藥無力矣

火藥方火藥別無方也但以上三者製造得法分兩得宜而已

先將硝磺灰三種研極細末用水噴濕搗至一萬杵取出放手心內然之火然手心不覺熱者方可用若覺火熱如前法再搗再試不覺熱然後將藥用水和搗作劑晒乾再搗碎用極密竹篩篩過上粗大者不用下細者不用止取如粟米一般者入銃其大小者再如法製造盖銃筒

甚長細則下樂時盡黏筒工不得到底太粗樂又不實大槩礦欲快發火炭欲作力硝取噴送致遠全要精細須與研搗之人先約藥成即放其手心點試自然不敢茍且銃筒亦令經手鐵匠點火試放誰不愛惜性命若研時工夫不到硝磺滚為細珠不閉火門必糊銃筒雖搗到無用若搗時工夫不到烟熖薰眼火不輕快雖研到無用若研搗工夫俱到自然渾化不但渣滓

但盡而氣息亦盡去矣再如銃筒光滑毫無罣礙即終日舉放亦無他虞

搗藥杵皿須用銅鑲木杵須用銅包搗時復將酸菓汁破雨水或泉水不時洒濕使搗有力搗藥之人須擇勤慎者莫使毫釐砂土入藥內恐搗熱之際石能生火亦不可犯鐵器鐵易生火也藥搗至七日後用水板試放略無渣滓烟起白色快且直者始妙即以粗細夾篩篩過粗者

成珠在工細者在下用樹下日色焰乾不可用
綦日慮日中有火也焰乾後以內外有銃磁罈
收之如日久有濕濕氣再取酸菓汁破雨水泉水
洒濕搗過如前點放自然遠到矣
北方火藥試放不響既而大響損銃何也南方
火藥對定分兩皆入水舂硝磺與灰三者合一
如綠豆子大臨時入銃甚易今止將三者碾細
末入水舂過又不定分兩用紙筒竹筒裝來總

前方用磺少此用磺多宜辨之

入一大皮袋終日馬上橦盪硝磺性重而沉底灰性輕而浮上初放者灰也故多不響既放者硝磺也故多損銃此理甚明

大銃藥方

硝六斤　磺一斤　炭一斤

又大銃藥方

硝四斤　磺十二斤　炭一斤

搗之膠結成塊用銅木刀切碎篩珠用細

灰再擣

小銃藥方

硝六斤　磺一斤二兩或一十六兩二錢或十五兩

炭一斤二兩

火門藥與小銃藥分兩相同但硝用最上面一層者配以磺炭多擣數時不用篩摞成珠焙乾研細即是

火門藥方

硝一斤四兩　磺二兩三錢　炭三兩

鉛子　製藥已精銃眼又平不中何也對未真也對真而又不中何也鉛子之病也銃猶弓鉛子猶矢弓良矢直無不中矣今習銃之人全不知用藥若干則可遣動幾錢鉛子猶如弓幾個力氣能發動幾錢箭如稱衡稱錘務要相配少差則不準矣舊有歌曰子重於藥則多半落藥强於子火鎔子死子藥相停更合管門子門同

圓藥力氣全門大子小藥氣上燎子或偏歪出之必飛子被火使決無中理習者知之等于弓矢數言盡火器之妙

鉛彈全要合銃口模鑄滚過極圓方可用銃成時先將鉛彈試口大小口容鉛彈一錢用藥一錢彈重則隨彈加藥分數臨陣要狠彈重一錢加藥二分銃筒堅厚是木炭打成者即加三著藥無妨

火器雖繁止取已驗適用者數種

佛狼機　佛狼機國名非銃名也其銃以鐵為之長七尺為妙五尺為中再短則不堪矣巨腹長頸腹有長孔以小銃五箇輪流貯藥安入腹中放之銃外又用本色鐵箍以防決裂腹洞與子口同乃出子有力若子銃口大母銃腸小必致損傷子銃口小母銃腹大則出子無力子銃後尾須抵閂前後緊逼無縫乃不傷閂其放法先以子銃酌大小用藥舊用木馬又用鉛子以

銃法[illegible]一[illegible]

輕馬催重子每致銃損又多遲滯今入藥不必築不用木馬惟須鉛子合口之半舊以平頂送桿將子打平出則不利今製鐵凹心送子一根送子入口内陷八分子體仍圓而出必利可打一里有餘人馬洞過　紀効新書云此銃妙處在前後二焰星後柄稍從低庶不礙托而以目焰對其准在放銃之人用一目眇看後焰星孔中對前焰星前焰星孔中對所打之物并具圖

於後

每佛狼機一架

子銃九門　鐵門二根
鐵凹心送子一根
鐵錘一　鐵剪一
鐵藥匙一
備征火藥三十斤
合口鉛子一百箇
火繩五根

此舟中利器也船艙下每邊置四五個艙內暗放之敵船相近取銃一彈則板破船漏矣

佛狼機圖

二尺二尺五寸三尺

三尺五寸四尺五尺

不等重亦隨之降殺

鐵閂隨母銃大小子

銃隨母銃大小鐵錘

隨母銃大小火繩長

二丈五尺重四兩

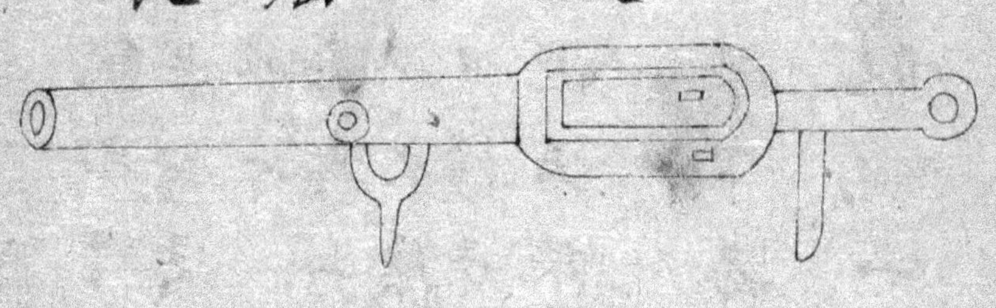

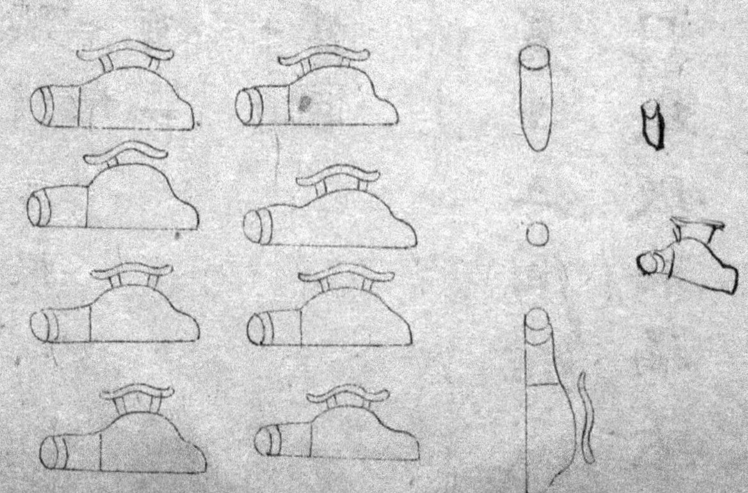

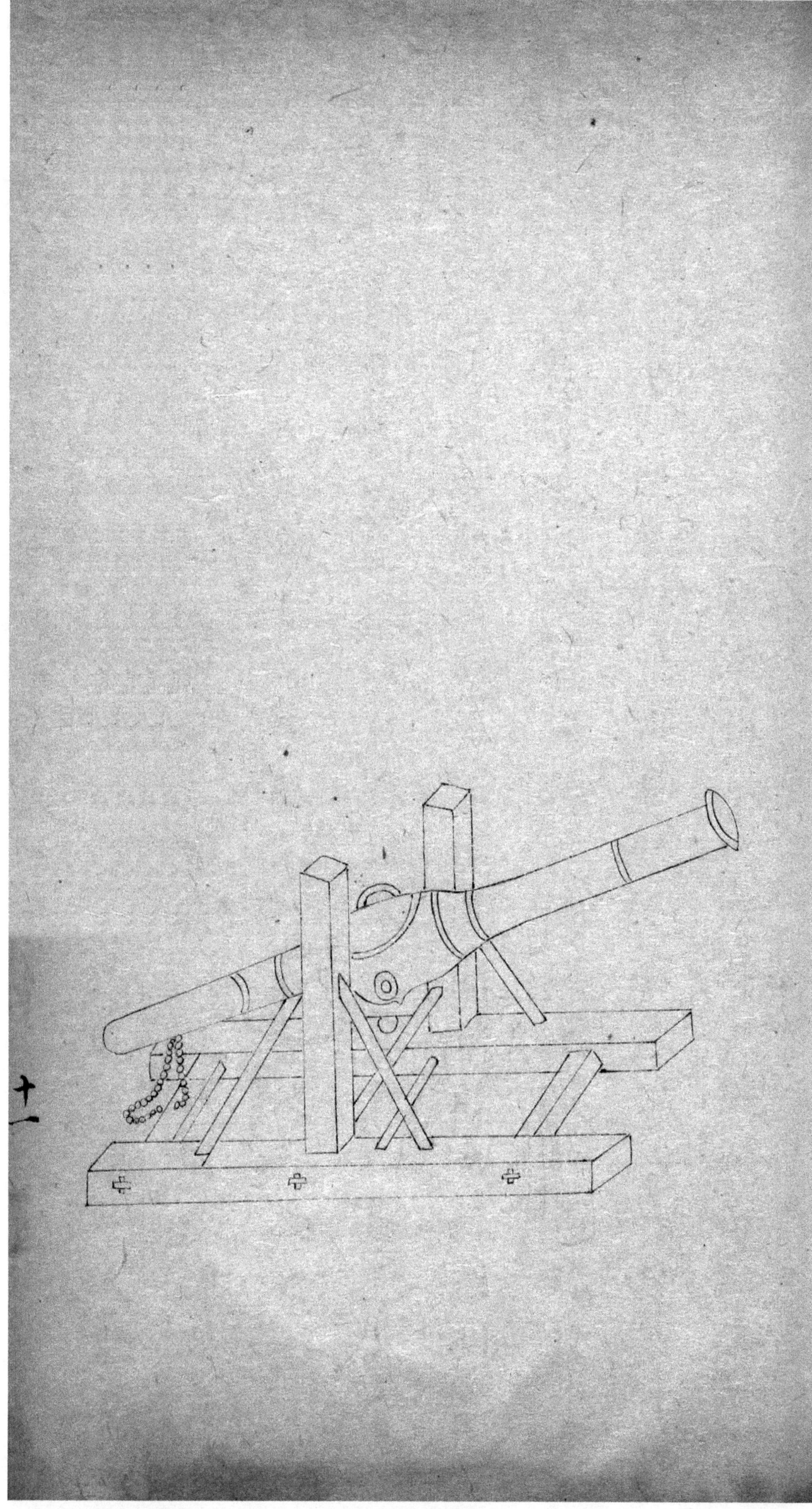
十一

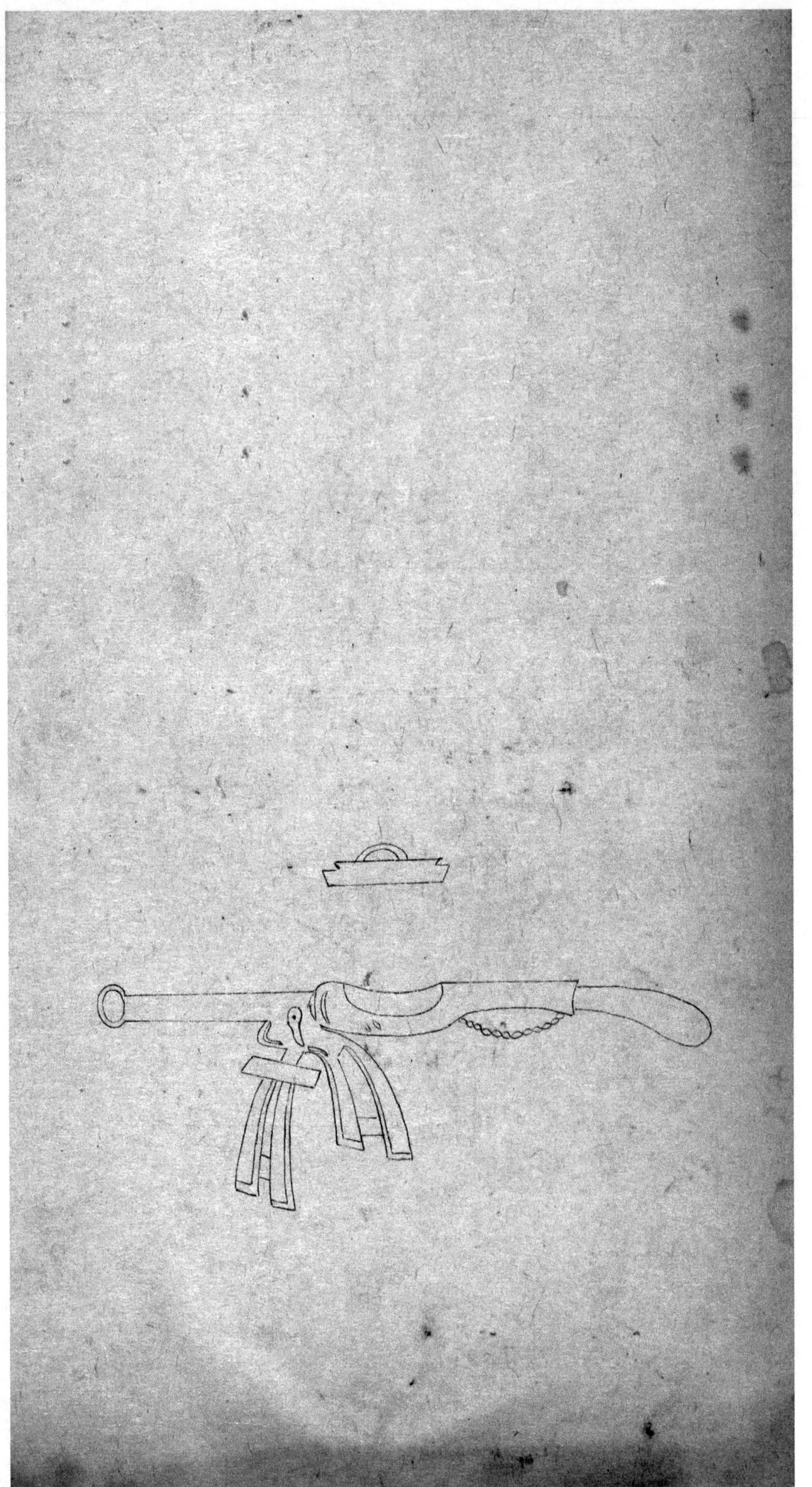

鳥銃

鳥銃不惟攻城陷陣制遠摧堅鋒不可當即較獵射飛亦甚快人意淺識之夫極口訾其不便遂令行伍間目爲賤事不知鳥銃收功百倍短兵十倍弓矢業專則精服久自便州縣有司誠能設法鼓舞村落富人首以禦暴民快弓兵亦各責之服習萬一有警便可驅市人乘城而守即使制梃亦可梃以赴敵何致仰給征調上槩帑藏下困民生實建威銷萌一大機括

凡有軍旅民壯之寄者不可不加意焉

中國鳥銃不肯專精者鳥銃頭之官司官司造作未必如法極好銃筒三次使熟私自演習慮又炸壞艱于賠償不易常習一烽燧息警舉放火器恐駭官長驚聽聞不易常習二火藥鉛彈市肆既無誰敢私造不易常習三演習必得空曠之地中國人煙輳集恐致傷人不易常習四銃直頗多無故誰肯置辦不易常習五為將者

苟悉諸獘器求精堅藥求輕快置隨地可放之
把鼓舞作興神氣日旺攙槍自消矣

鳥銃方

硝七斤　磺十兩　炭一斤

又方

硝十兩　磺七錢北方減二錢

柳炭一兩七錢北方減二錢

製法先將硝磺炭各研為末照數兑各一

處用水二碗下在木凹木杵舂之不用石杵者恐有火也每一凹舂可萬杵若舂乾再加水一碗又舂以細為度舂半乾取出日晒打碎成豆粒大塊此藥之妙只在多舂數萬杵如製墨相類若添水舂至十數次將一撮堆于紙上用火燃之藥去紙不傷可入銃矣但燃過仍有黑星白點仍前再加水舂之如式方止

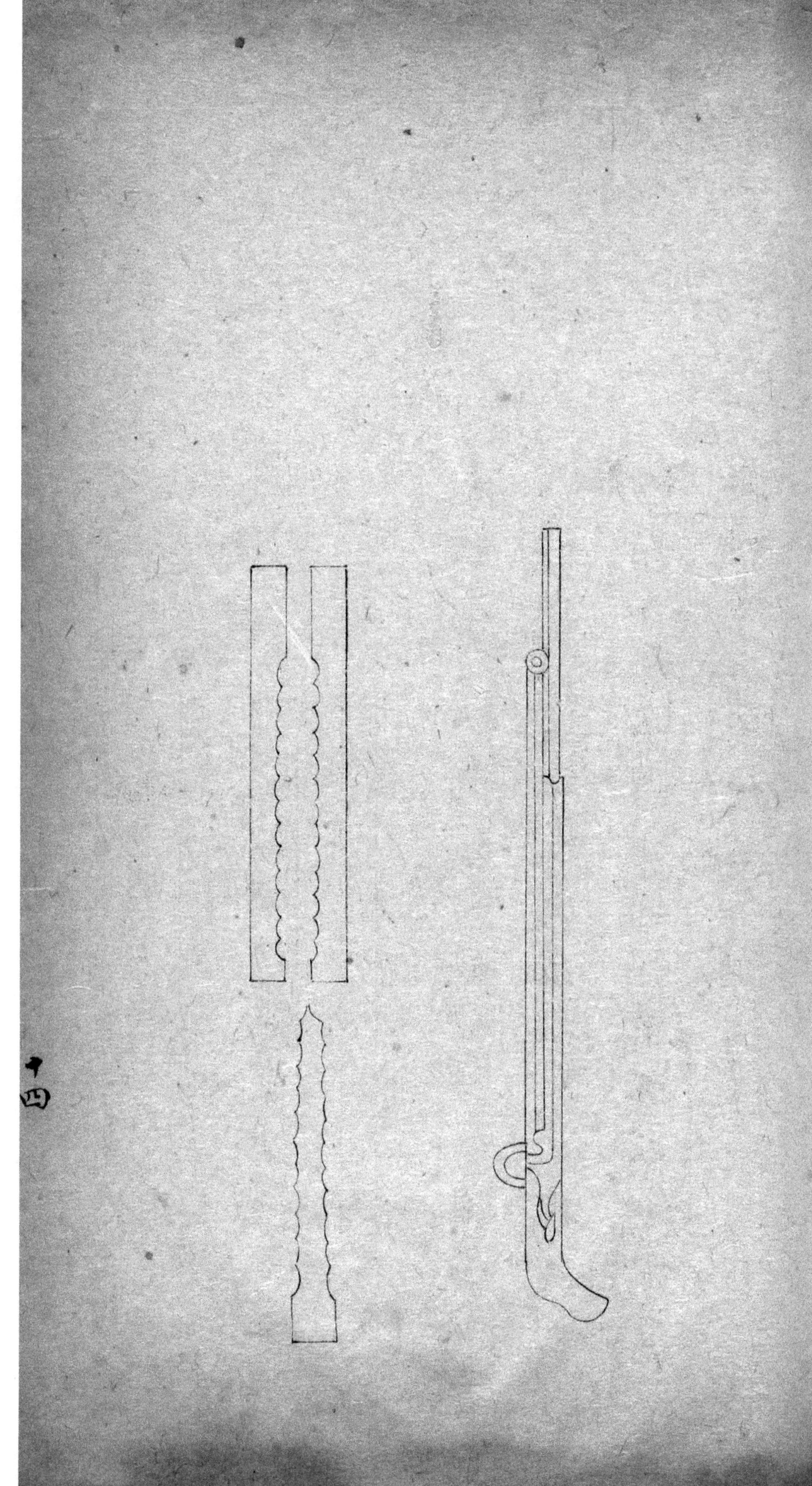

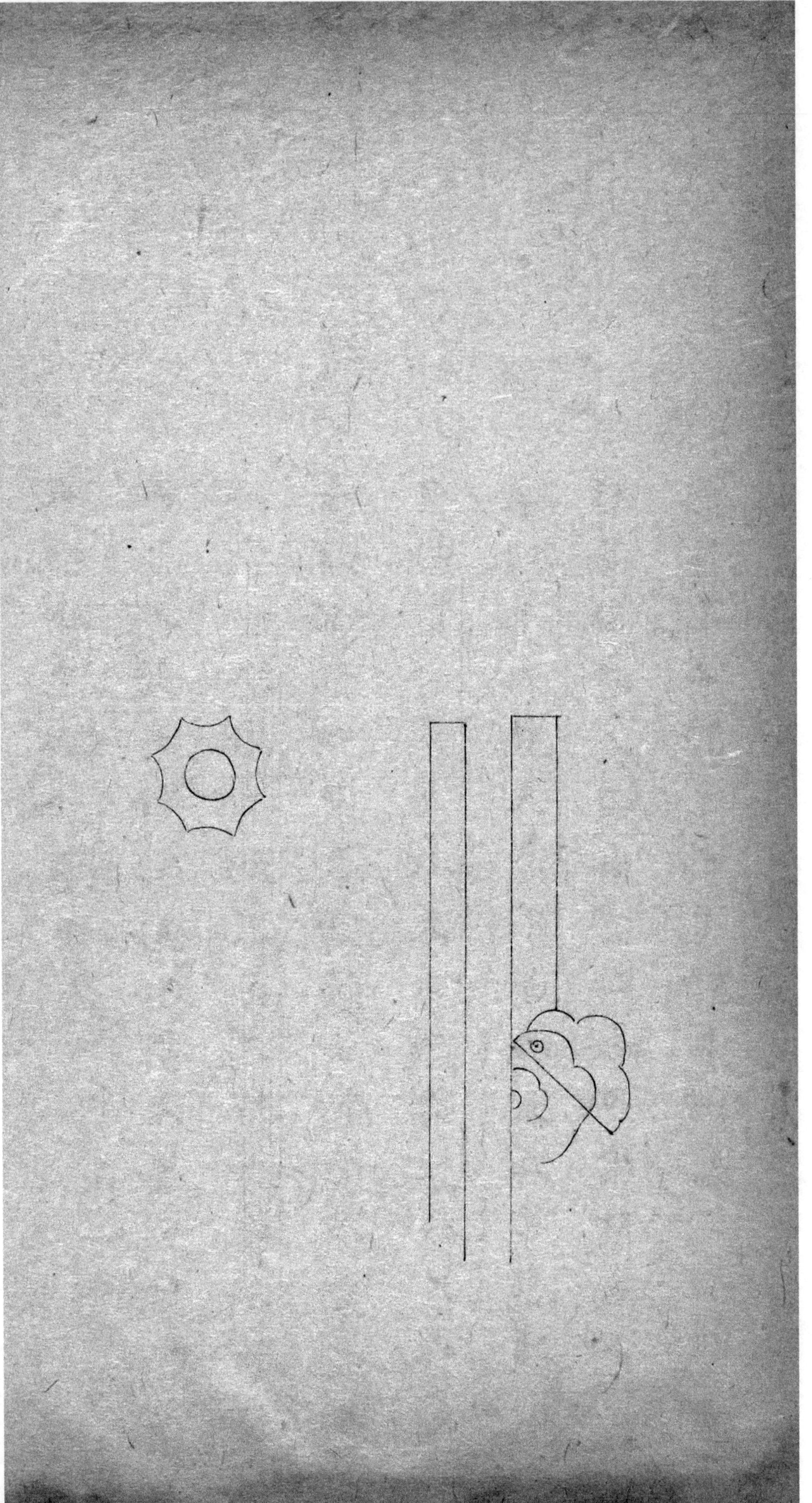

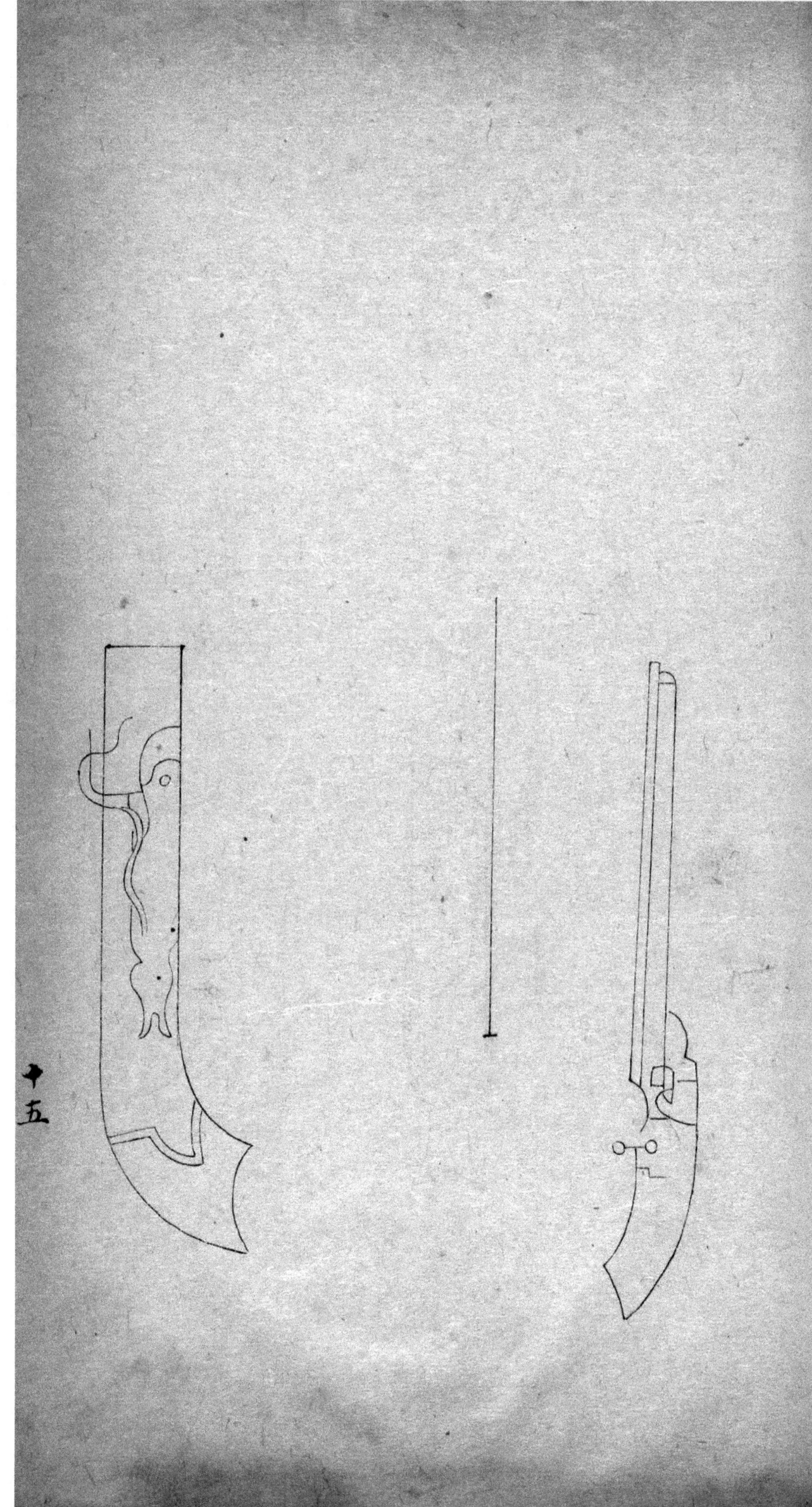
十五

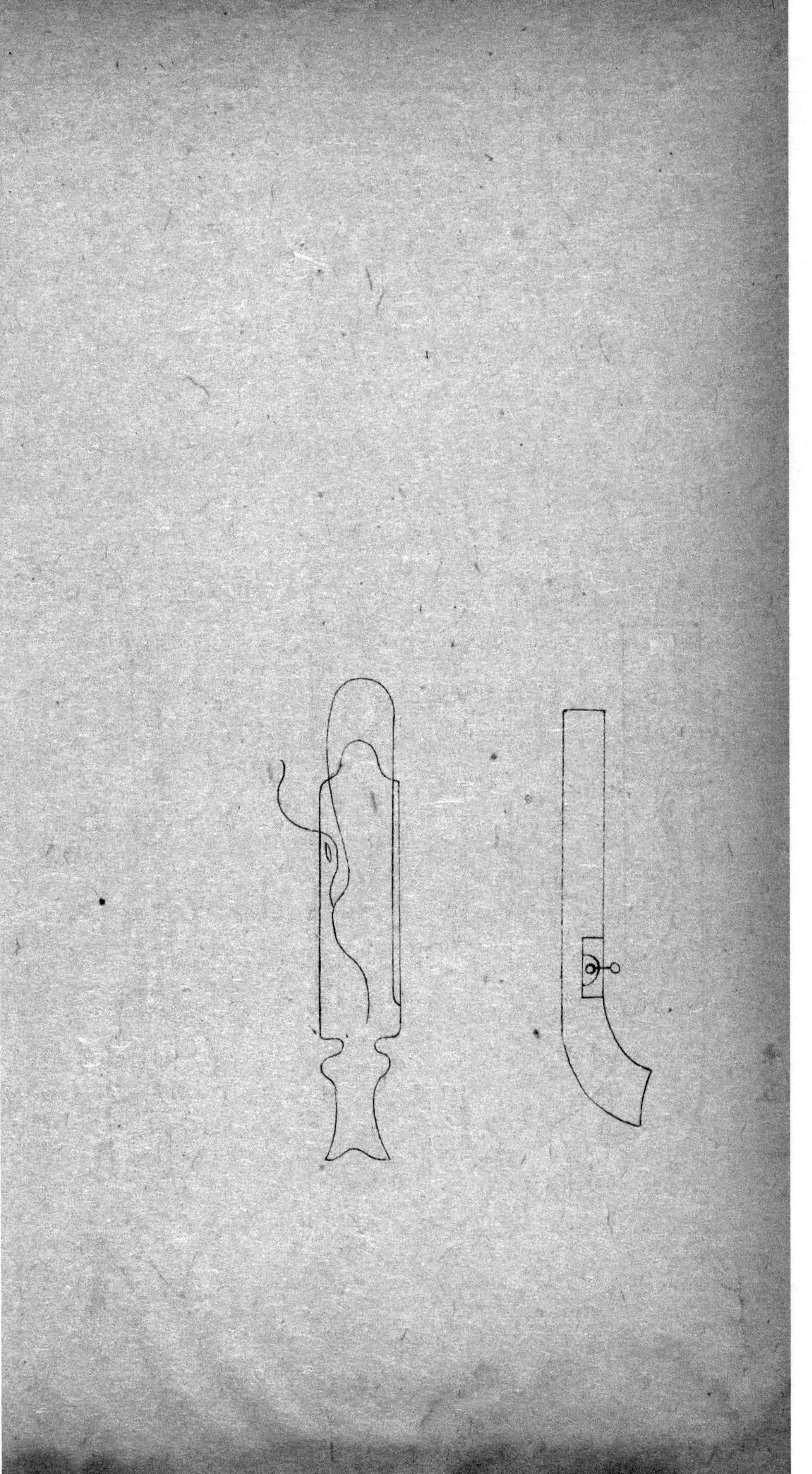

◎

十六

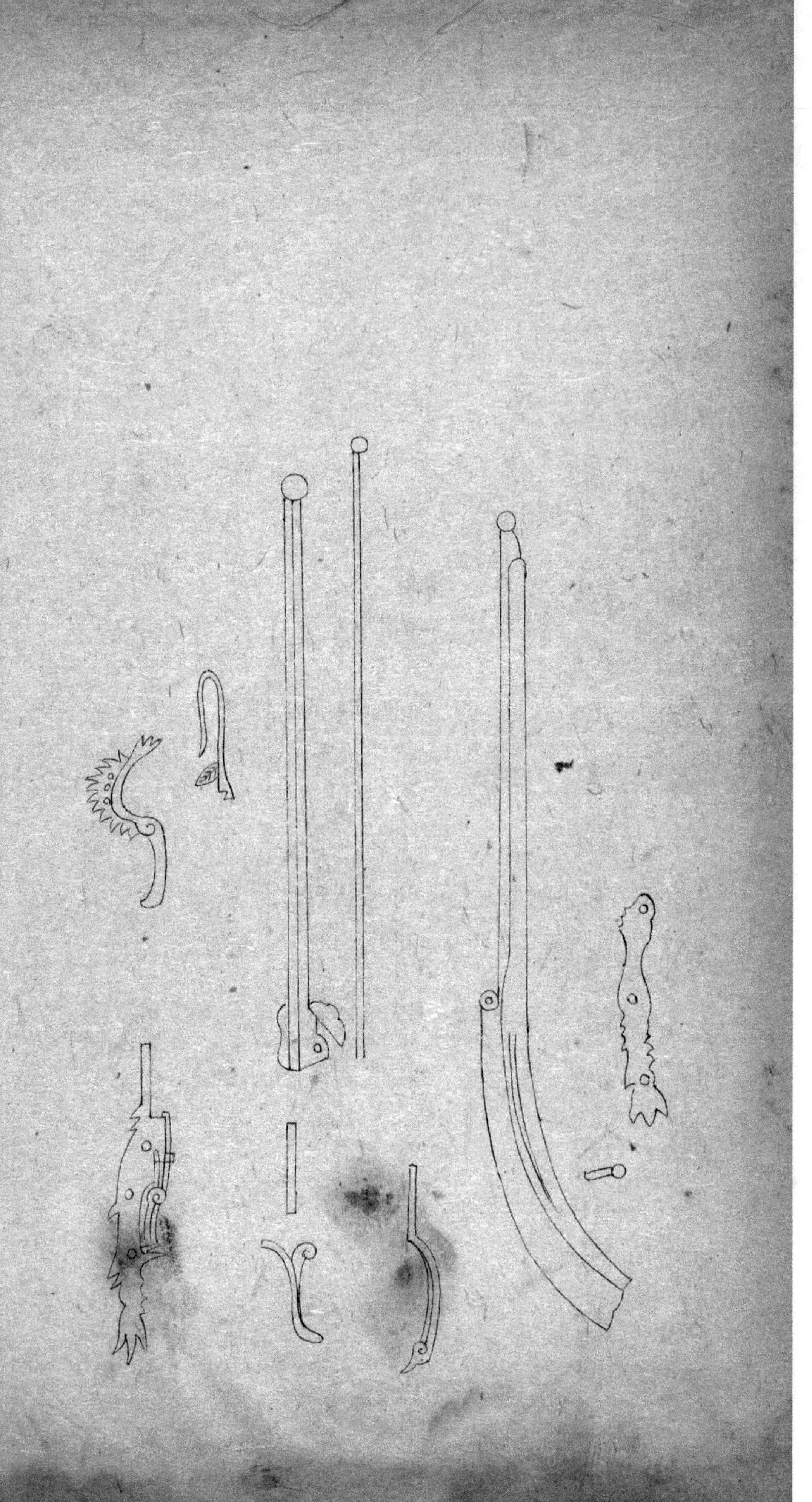

銃說

神器之用非弓矢可比弓矢必巧力俱全方能命中殺敵神器巧力自具全不因人床機焰星已備其巧長筒精藥已備其力但得執器之人知其巧力所在因而用之神器之能事畢矣

一煉銃　銅為上生鐵次之鐵比銅加厚則不炸鐵以閩為上晉次之煉鐵以炭為上煤次之

北方炭貴不得已以煤代耳鐵在爐時用稻草戳細穕黄土頻洒火中令鐵條自出煉至五六火用黄土和作漿入稻草浸一二宿將鐵放在漿内半日取出再煉須煉至十火外生鐵十斤煉至一斤餘方可言熟入爐仍用黄土封各一以防灰塵一以取土能生金不致煉枯鐵之精氣

一試銃 新舊神器用藥切不宜即着本等分

兩譬如常時着藥三錢者且先着一錢再添二錢再添三錢若係官司製造暫歇片時然後加至四錢再着本等分兩用彈丸試若家製者不必暫歇冬天鐵冷即堅厚亦怕驚迸常用銃亦當用半藥噴過方可打放試小器只須避之樹後或用籐牌護身若佛郎機鷹揚砲須築極厚土墻鑿開一隙置筒於中如前法着藥若大將軍須置地坑中用走線試放非過計也恐萬一失

失事無知士卒因而氣餒放銃時神氣疑阻不暢

一舊銃　久不打之銃砲恐其驟打而炸也宜地窖丈餘先用火燒炕其銃使砂石打洗內外俱淨入坑中內以泥塗覆薪燒煉俟其冷取出復用桃艾湯洗以牛或羊豬血塗內外仍入炕煉之方可用

一放銃　放銃發機全要凝神定氣攢身極緊

自然不致動搖又要手準眼疾右眼對焰門焰門對焰星焰星對敵對把此不易之法但銃筒十無四五正準者或偏左或偏右或上或下銃手必須時令服習人知銃性庶便臨陣擊打出征帶藥幾何可令浪費臨陣裝藥甚難可令浪放無論遠近必須一彈一賊方肯發机銃手必得短小伶變手疾眼快膽壯有力者為上切不宜用粗蠢大漢及氣弱之徒

一收銃　神器不聞陣上并教場中放畢時即將銃筒取出堵住火門用滚水灌滿筒膛待水滲入螺螄旋中然後用搠杖裹布刷洗倒去渣滓再用滚水將筒膛衝淨以紙團擦乾直立高處候筒内無熱氣再以紙擦乾火門用香油抹螺螄旋裝安停妥如銃常日所用火藥分兩裝飽收不近燈火處所春夏每月收拾二次秋冬每月一次不肯收拾底必繡住繡二年雖精堅

之筒必致損壞
一修銃　銃筒輕長用久或為物壓彎或為木床帶累歪曲出彈定然不準須于放畢時仔細一看銃筒少有歪斜即將墨線自焰門眼起直至焰星分中處將線一彈曲直立見即將銃烘熱放厚板凳上用木鎚顛直將線再彈如筒薄用可筒鐵條一根以紙包裹放在膛內庶免打扁銃筒試看舊銃不用圓筒專做八稜各國鳥

銃圓筒者必磋平上面是為彈線計也如係木床彎曲將木床調直床筒俱歪一并整理

一洗銃　舊日之銃三發後或藥下自燃或致迸炸近日放至十銃猶然可用何也銃膛光與不光火藥精與不精使然爾舊日之銃不知鑽碾膛內坑坑坎坎藥又不精火經再發藥渣盡掛膛內坑坎之處急裝後藥前火未滅自然舉發膛有坑坎又不知刷洗即刷洗未必去淨一

經潮濕筒必蝕壞坑坎處日深一日漸至透漏
安得不炸

火箭

火箭方

硝十兩　磺三錢　灰三兩五錢

右三味研細拌微濕每下藥一匙初打百
錘第二匙加二十錘以後炤數遞加每筒
打至三千七百方有力筒卷要極堅藥線

須用蔴稭灰他灰不得透上以藥分為十分鑽至六分半止多則鑽頂出大不妙

火龍箭　用竹篾編筒長四尺口大尾小紙糊油刷以防風雨內編橫順閣箭竹口三節旁留小眼穿藥線總聯內起火箭上每筒裝十七八枝或二十枝鋼箭頭塗毒藥起火前揾明火一丸焚糧草城樓船隻俱妙遇敵則前衝可也

二十二

武備志共載三十餘種存此與火龍箭其餘總是一法

一窩蜂　木桶内貯神機箭三十二枝以射虎毒藥塗鏃頭名一窩蜂力能貫革可射三百餘步南北水陸靡所不宜西北車戰每車可架十数桶去敵二百步外總線一燃衆矢齊發勢若雷霆且至輕以皮條綴之可佩而行每營百桶多多益善城工放時垂其頭向賊臨陣放時以小鐵足駕地昂其首三四寸蜂尾另用一小木椿釘地上之一發百彈無不中傷行營利器也

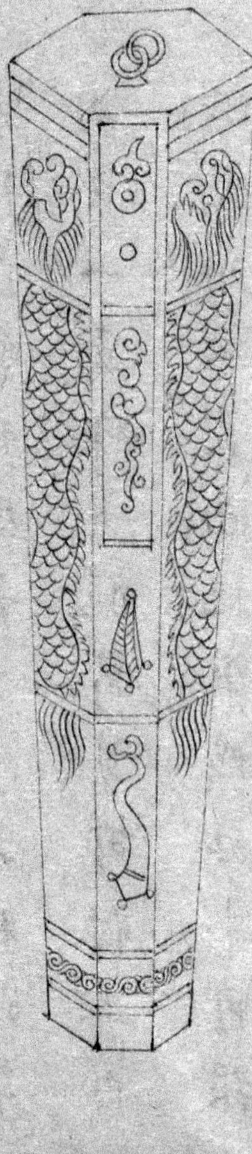

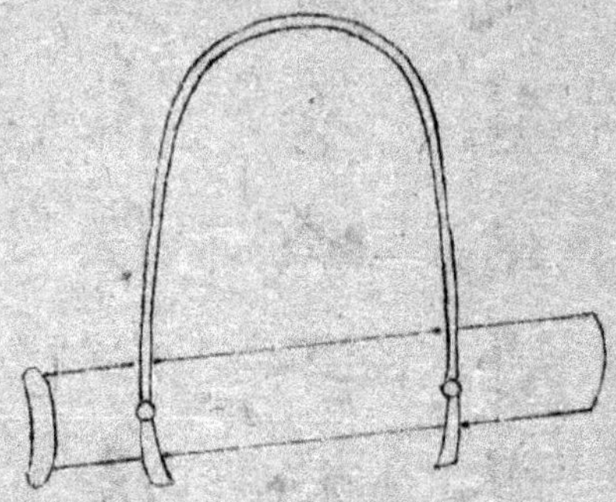

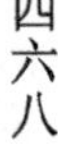

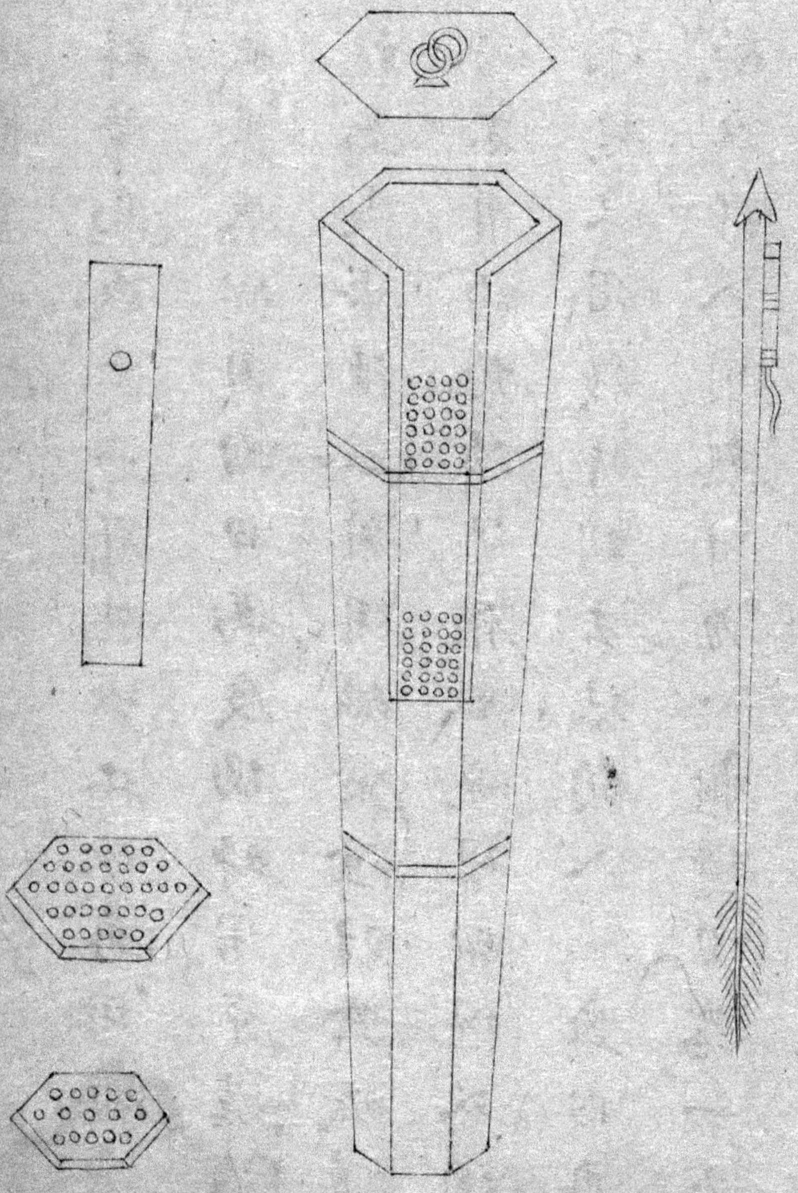

射虎藥方

取生鮮草烏或一二斗洗去土沙再用蘿盛人脚踹去黑皮以内肉白為度搗碎用布濾榨出汁汁乾為度去渣不用用磁盆澄汁盆底下有粉去粉不用約於清汁有十碗用四碗入鍋内煎一滾起沫用篾片刮去沫傾入磁盆内再將存六碗生汁入前熟汁内一順攪匀露一宿明早取澄清汁散分碗内下澄渣紛不用量汁多

冪以碗大小盛之放日中晒至午時又取澄清汁下澄渣粉不用晒至晚如前取澄清汁再用薄綿紙鋪單離内濾過渣不用第二日第三日如前洒法澄法紙濾去渣粉每日晒時用竹片從碗底挑起順攪晒不致工熟下生也至第四日晚濾稠藥存留勿去另用碗盛夜露一宿取澄清汁用底下存硬稠者不用第五日入總晒至六七日各碗漸火減歸各碗晒時觀着碗弦

上起黑沙點子面上結冰有五色雲象其色紅
黑如香油樣歸總磁盆內放淨處陰四五日聽
用再用磚砌一爐高二尺週圍大小容藥盆放
內中為度爐中從地上一尺五寸用木物架盆
于上爐上空五寸用布物蓋于藥盆之上不致
煙透走爐旁取一火門如鵝卵大從地起高三
寸外用炭火十數塊并櫪戚柴又名槃條又名
梘戚又用皂角花椒同燒烟令烟入火門內燻

約盃熱約面上結成冰是火候好矣約燻一箇時候具結冰要厚如薄再燻厚則除火取藥出令冷收入磁瓶內封固聽用如冬天寒冷用藥物色放暖處勿令凍省如夏天炎熱放清涼處勿令潮壞如冬凍省如夏潮壞出沫用磁盒盛如前法上爐燻之約熱即止或將藥上於前上用皂角花椒烟燻之如舊前藥晒時如遇日色太烈晒一二日又要露一宿如日色淡緩不必

露也初做藥之日觀天色晴明即用烏頭如前法製之如晒一二日有雨焙前熏藥爐上只用炭火烘熱盆為度攪勻又放一二日候晴再焙前法晒之烏頭取來不可堆厚恐爛壞必要濕地下攤開又不可風吹乾了無汁即取即搗為妙其藥製完放瓶內封固日久下澄有稠者如砂糖樣挑起取用上箭最快箭到身上不滿數步即斃矣此药名為晒药比熏药更妙或人悞

中藥箭用松毛搗調冷水服之或香油服之如
不及自溺泥中和泥漿水服之如旁有人用口
哘水吸箭傷處吐之再哘水吸再吐之不致藥
散走封喉也其藥忌見香油如入一點香油藥
即解無効其性有三飛見血飛見水飛見油飛
造藏甚忌

竹將軍　用茅竹圓厚者長四尺開通其節止
留頭節作底節後留一尺四五寸用一木柄柄

頭焰竹節凹凸之形直祇竹節處週圓用肥釘 四
犬牙樣釘之以苧蔴打成辮或三股繩自柄至
口緊緊纏固傍節底上先置潤黃塗二寸以一
分厚殼筒口大鐵錢一箇蓋泥上傍錢上開一
藥線眼先將雙藥線引入四五寸直透上為妙
入藥一斤看竹之大小增減已入藥用木桿輕
輕築實火用紙團或乾土實之又將一分厚殼
竹筒圓大鐵錢一箇鑽眼如蓮房式置藥上以

轂筒口大圓石彈一箇置錢上再加碎生鉄小鉛彈于錢上更妙若單用石彈則蓮房式錢不必用矣以徑寸粗柴二根長三尺許縛成杈架之取其便也對敵舉放欲遠則稍昂其頭如近在二三百步外只消平架放去柄尾須以大石塊抵住防其後坐惟麻繩圓石子鐵錢鐵釘火藥竹火門油灰及斧鋸圓鑿等項預備多帶軍中隨地可造其體甚輕每兵可擔十數位而威力

在佛狼機上發時响殷震地可及七八百步之
遠故以將軍名之每營數十位架在陣前分作
十數層次第發之再以數位分架兩翼或橋口
或津渡敵可往來處
竹將軍即竹發熕雖木亦可為之亦謂之木發
熕北方謂之千里勝其器雖一發而壞然不似
銅鐵崩毀傷人其利一敵人得去不可再用其
利二每位通計工價不過七分費廉工省一刻

可就其利三無難取之物隨地可造其利四體輕可以遠負其利五易于分佈易于捨棄其威猛與銅鐵相等能威敵心能壯吾膽其利六南北水陸無所不宜匠不論工拙皆能造其利七對壘立陣防營守城無不可者但安藥信并製藥又與別器少異不然則橫出者多而直出者少矣

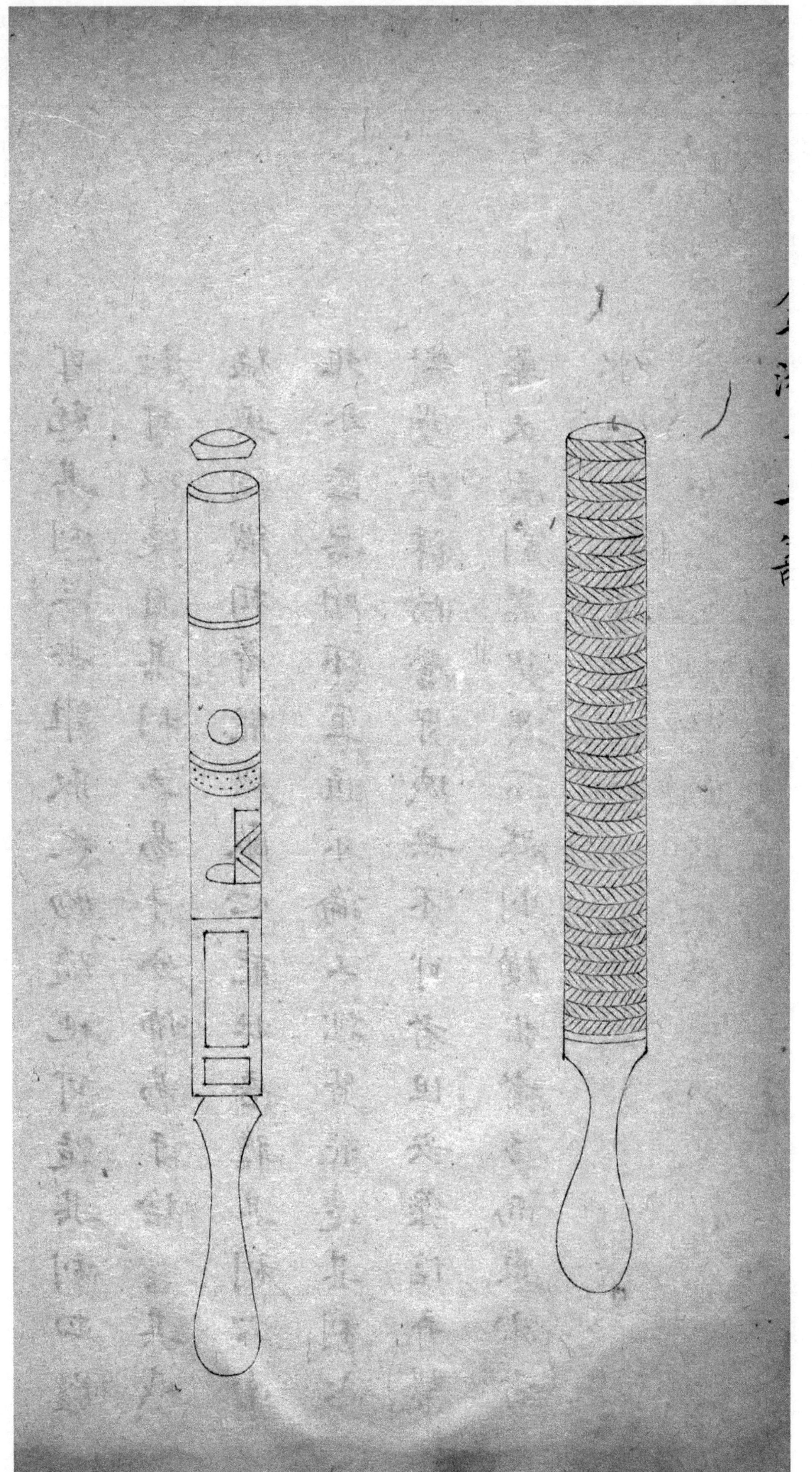

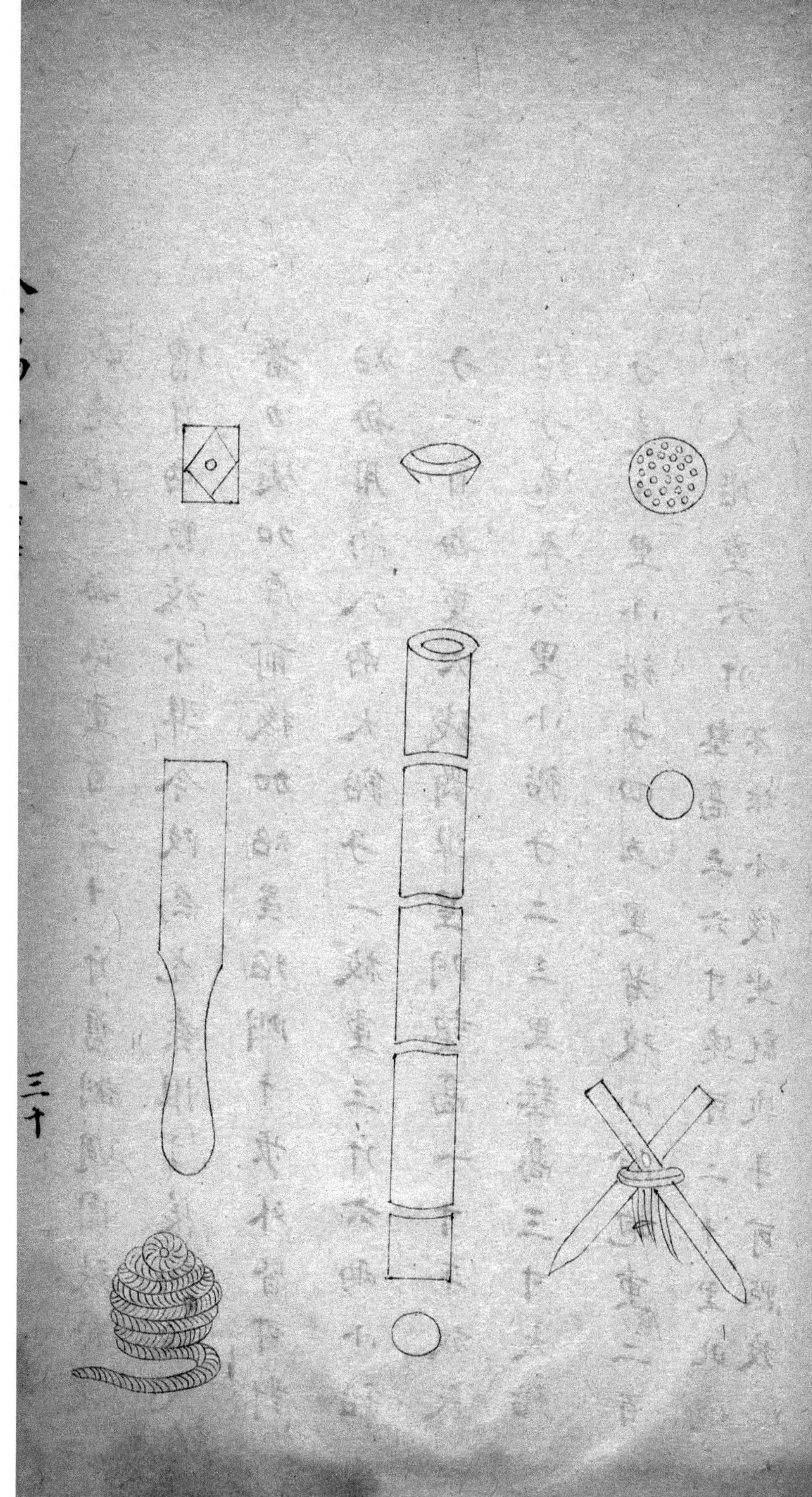
三十

威遠砲　每位重百二十斤舊制週圍鉄箍徒增斤兩點放不準今改為光素惟于裝葯發火著力處加厚前後加焰星焰門千步外皆可對焰每用葯八兩大鉛子一枚重三斤六兩小鉛子一百每重六錢對準星門墊高一寸平放大鉛子遠五六里小鉛子二三里墊高三寸大鉛子遠十里小鉛子四五里若攻山險砲重二百斤大鉛重六斤墊高五六寸遠可二十里此砲不炸不後坐就近手可點放

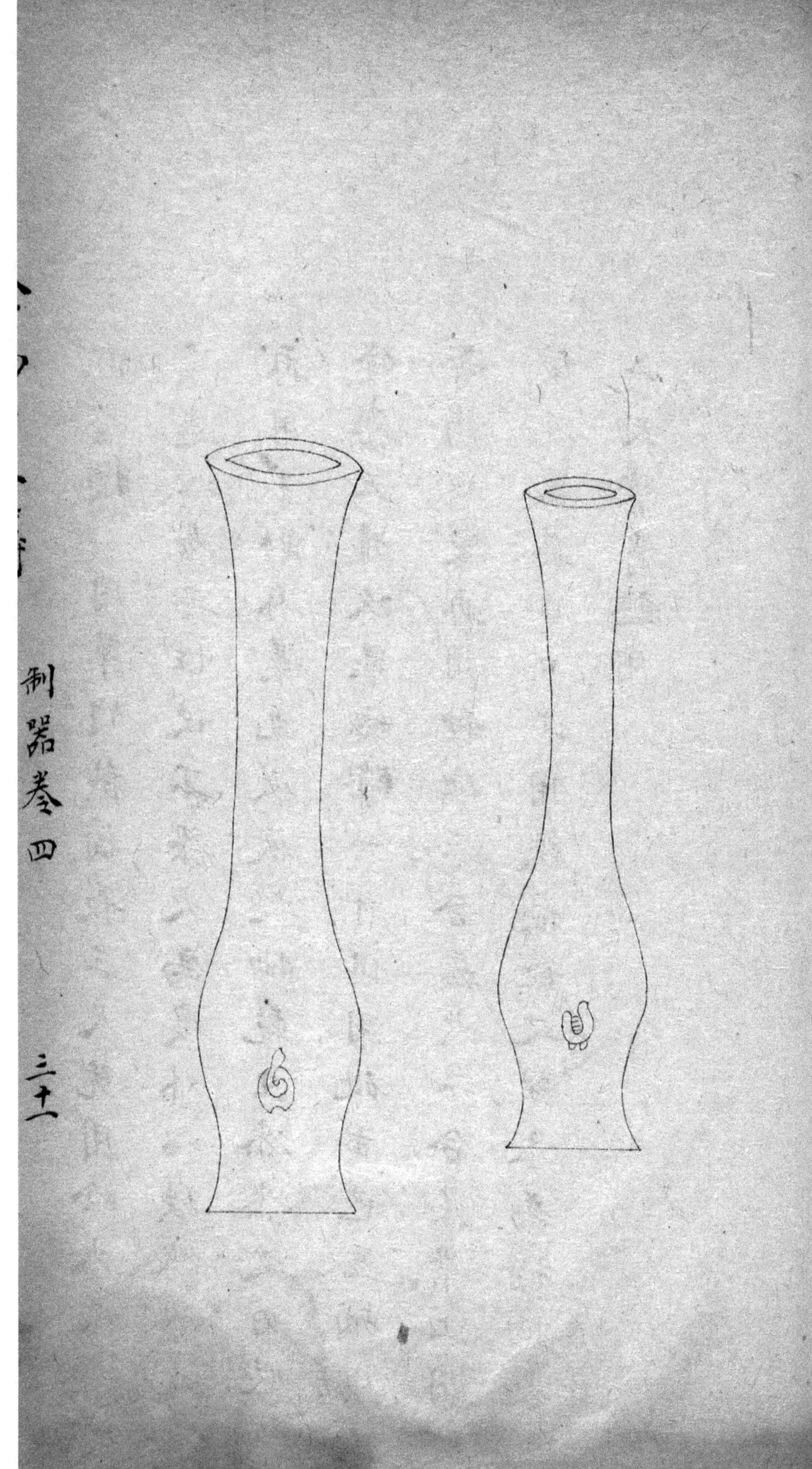
制器卷四
三十一

竹發熕　用茅竹截筒長三尺先用冷火之藥浸透以易其性使不染火為度外以鉄線纏之再用牛觔麻裹瓦灰灰之晒乾生漆漆之內裝發藥五升次裝磁鋒一斤俱用砒黃巴豆硇砂等葯炒製再用神砂三合毒火一合裝畢上用黄泥塞其口口上用鉄箍箍之堅木為柄柄長二尺裝實聽用

滿天噴筒 截中樣竹二節外用膠布重箍約用硝黄砒霜斑毛缸子硇砂膽礬皂角銅綠川椒半夏燕糞烟煤石灰斗蘭草草烏水膠大蒜得法分兩製度磁砂與田沙炒毒綁於長鎗頭上燃火守城

制器卷四　三十三

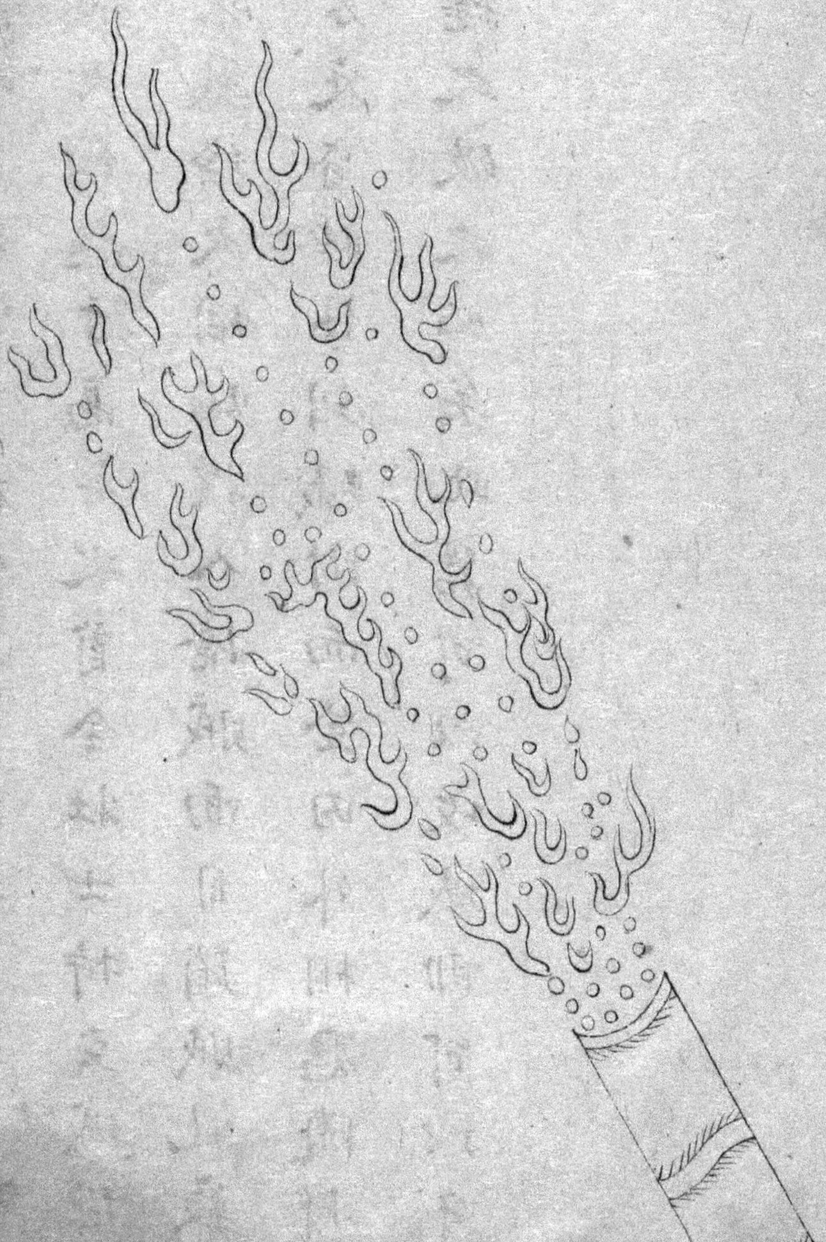

毒龍噴火神筒　截竹爲筒約長三尺以貯毒火爛火藥懸于高竿之首令壯士持至城垛口中乘風發火烟焰撲人掩賊面目鎖賊孔竅竚立不定昏眩仆倒蟻附而登內外相應隨將利器繼之破之必矣此器可以攻城即可以守城也

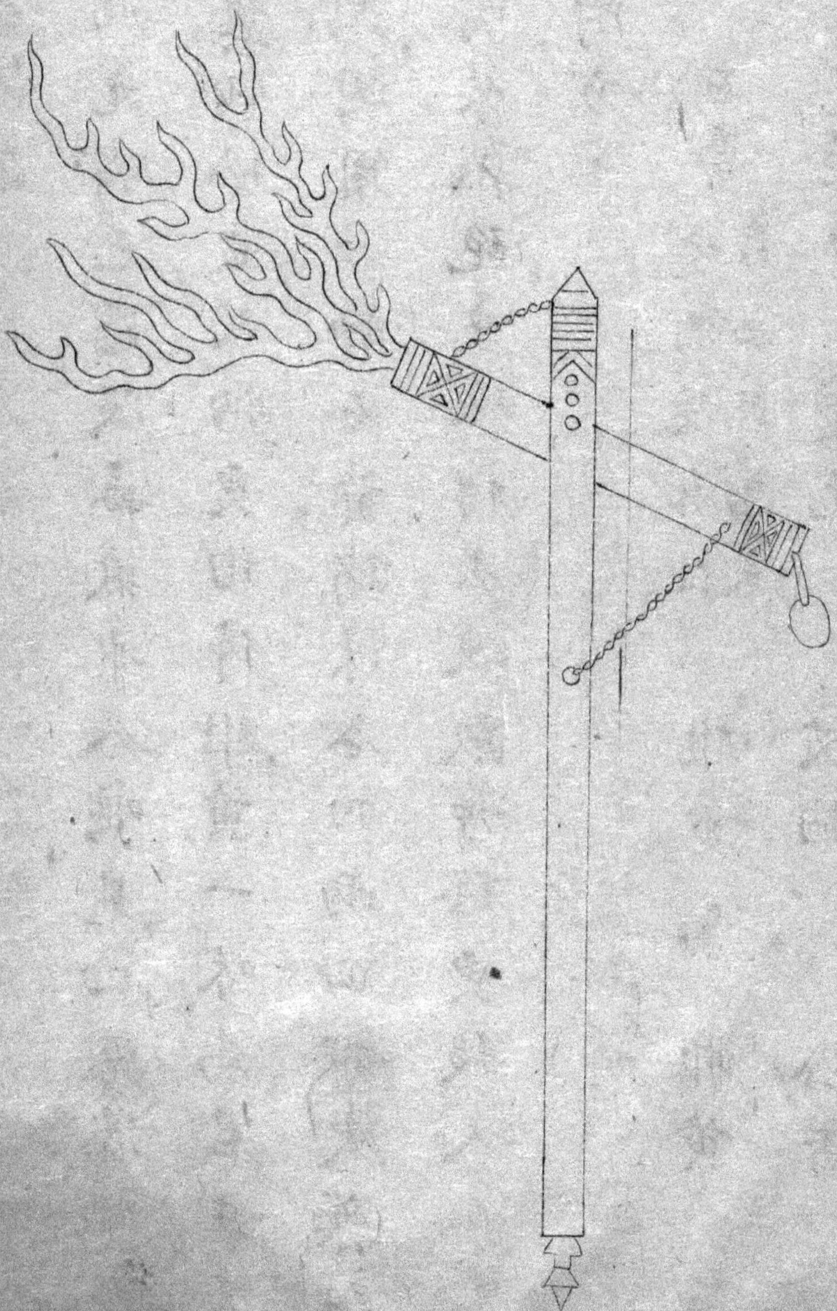

毒火敵

黑砒先擣巴霜浸毒氣沖人喉見心乾𣾰晒乾

乾糞炒松香艾𦚾更均停雄黄一味為君主透

徹光明用一觔石黄諸味各四兩四六火藥配

分明裝入砲中攻打去破敵沖鋒更殺人

附方

石黄燒酒浸麻油炒晒乾為末　雄黄　雌黄

黑砒　盧花　艾𦚾　松香

豆末　銀杏葉　乾糞　巴霜

硝火　硫黄　箸灰　柳灰

景泰三年國子監學録黄明善疏陳禦寇事宜內請用毒毬行烟謂毒毬所薰口眼出血行烟所向咫尺莫辨彭天祥火龍書載之甚備

震天雷　金有火砲名震天雷者用鐵罐盛藥以火點之砲起火發其聲如雷聞百里外所爇

圍半畝以上火點者鉄甲皆透蒙古攻金時為牛皮洞直至城下掘城為龕間可容人城上無可奈何有獻策者以鐵繩懸震天雷順城而下至掘處火發人與牛皮皆碎迸無跡 又有飛火槍注藥以火發之輙前燒十餘步人亦不敢近蒙古惟畏此二物

炸砲 屬賊所畏惟我神器近日皆思效我所長反以制我矣當因而用之以生鉄雜砂鉛鑄

成各様銃式礦性主横用之為君炭灰用樹節燒令存性滿裝炸藥熏藏毒砂毒火在内佯為棄遺令其刼去若來攻我必先自傷後雖得吾真銃亦不敢用矣

炸藥方

硝一斤硫黄半斤柳木炭一兩六錢石黄一兩六錢雄黄八錢研為細末用燒酒半斤調均晒乾剉如荳大臨用之際每一斤

加汞二兩　一云每練鐵紅時入醋浸脆而可碎

火器雖小技，予必兼格物度數之學，身之長短，徑之廣狹，墻之厚薄，子之大小，質之劑量，藥之增減，毫釐千里，利害攸分，未有不繇師傳頓臻神解者。種類頗繁，未敢輕試，與其泛而寡效，孰若專精一二，千百人立斃爲愈哉。用者行所明，勿行所疑（先求無害於己，後求有傷於敵可也）。

砲

砲本作礮甘延壽傳投石絕等倫范蠡立法飛石重十二斤為機法行三百步唐李密以機發石為攻城具即此砲也有單梢雙梢七梢旋風虎蹲拄腹獨腳臥車等類大同小異今存兩種以例其餘覽後二圖用法了然矣

奢賊圍城時一小卒言於朱巡撫曰昔戍獐獵見虜薄城遊擊張良賢以七梢砲禦之問其製

用三柱各七尺左右二根埋土三尺五寸上各開一圓孔中一根本粗末細中腰稍下一圓木貫之入左右二孔末繫長繩七尺一頭繫纏一頭活機置于筐前段用繩不拘若干條每繩用人不拘若干名但以能舉其稍為率待其勢急方放活機其石自然飛去所向人馬無不虀粉自高打低靡不中者名曰七稍砲此誠攻戰利具也

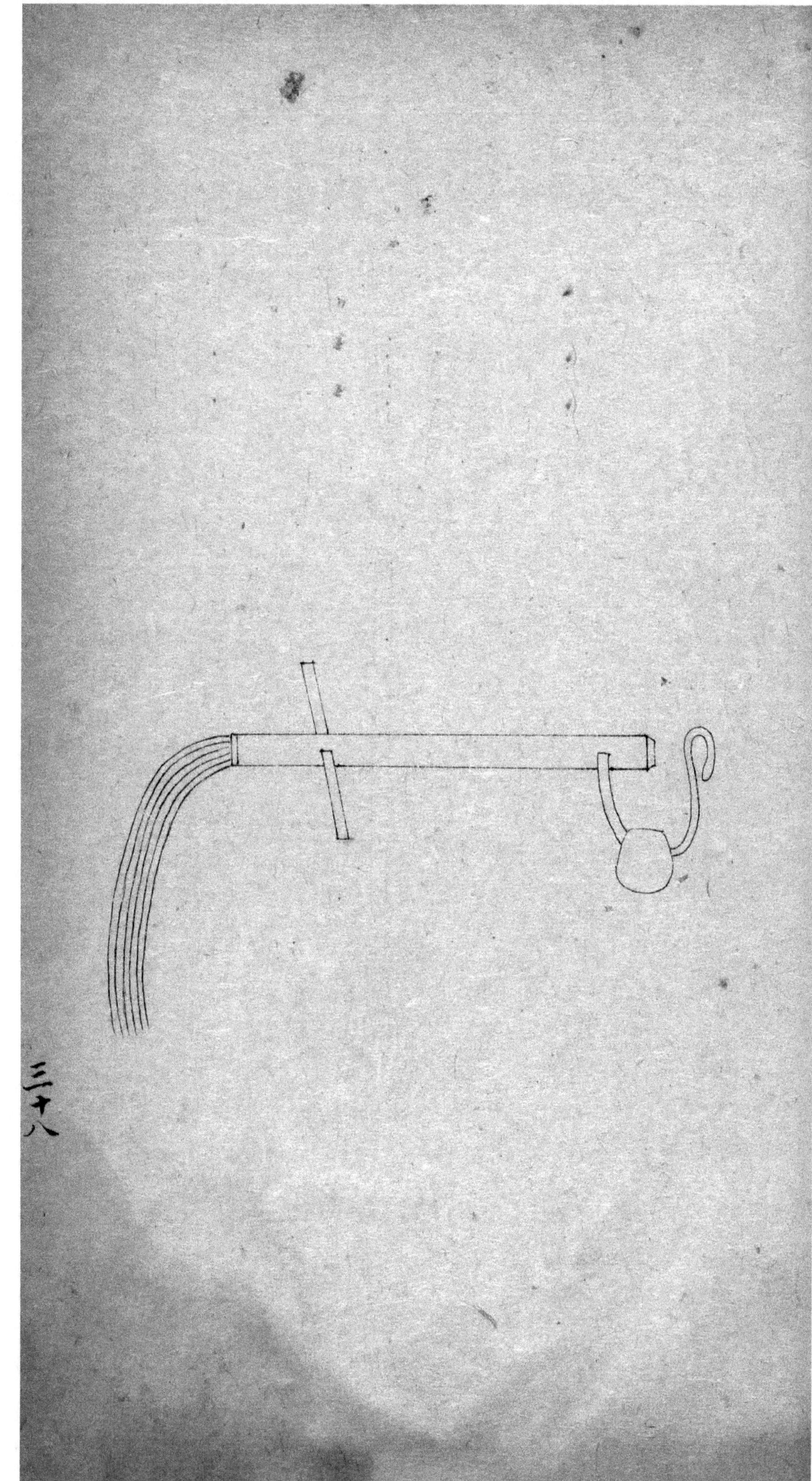
三十八

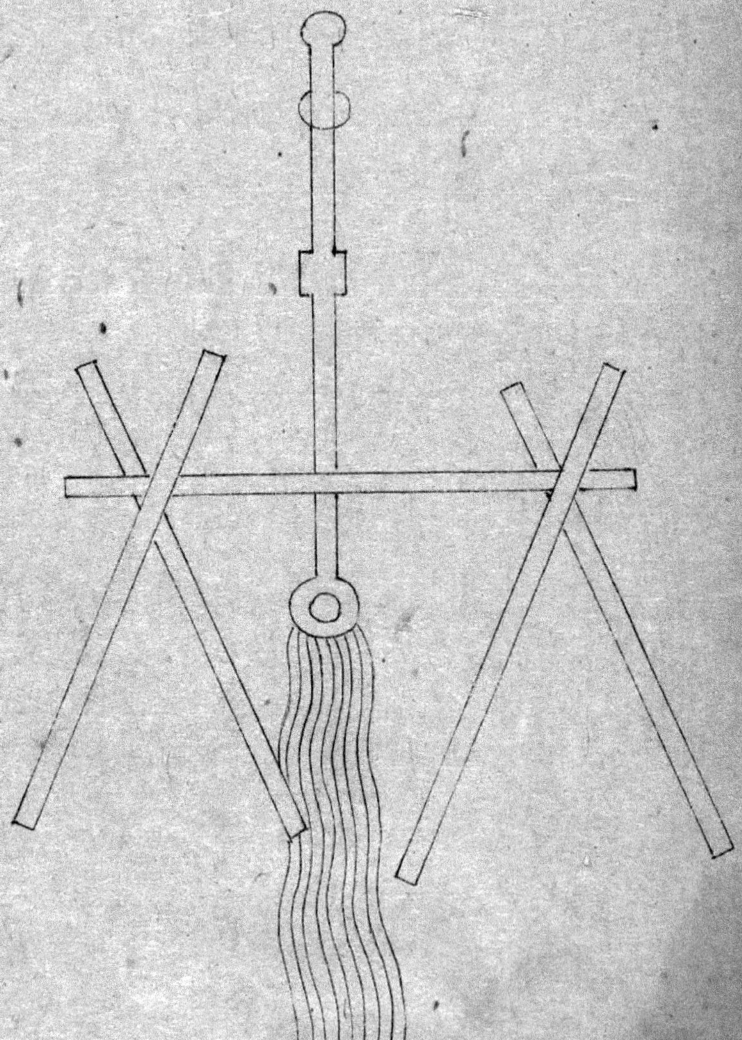

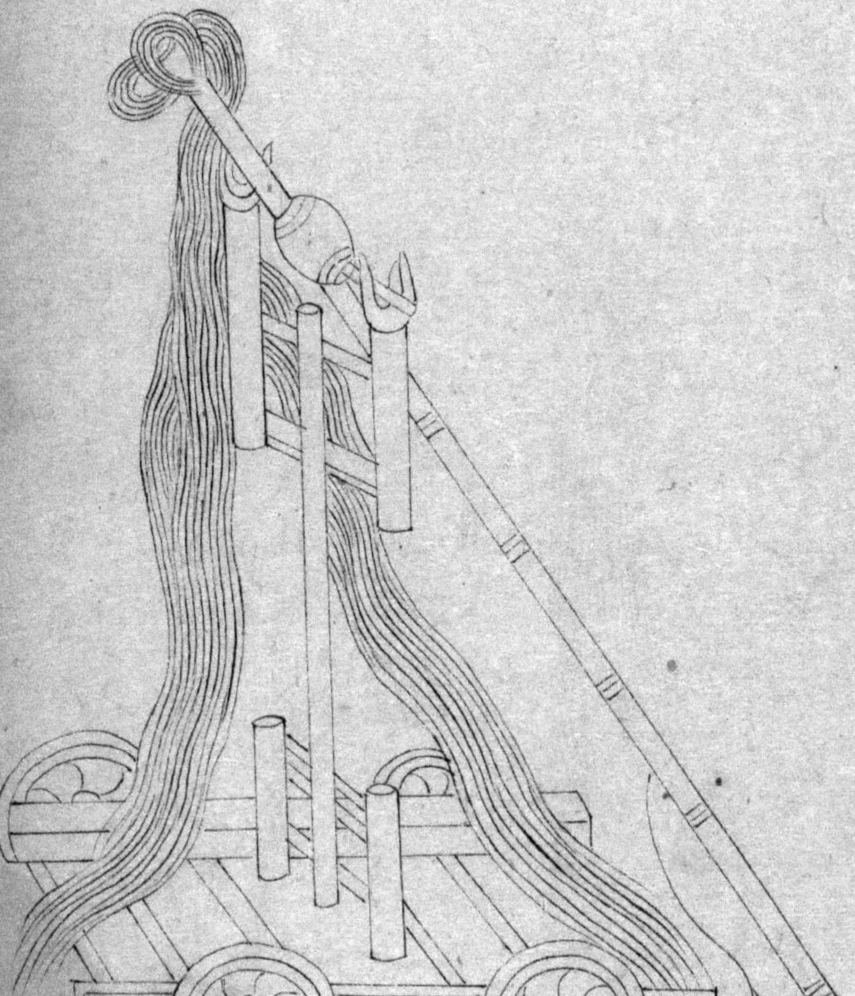

三十九

史思明逼太原李光弼撤民屋為擂石車車二
百人挽之作大礮飛巨石一發輒斃二十餘人
賊死者什二三乃退營數十步外
蒙古攻金洛陽强伸創過砲用不過數人能發
大石于百步外所擊無不中
元攻襄陽置礮城東機發聲震天地呂文煥遂
以城降渡江之日宋兵陳南岸擁舟師迎戰元
人于北岸陳礮擊之舟悉沉沒

飈石每用一楂竹長五尺以長繩二股一頭繫竹上一頭用一環繩中分用一皮兜徑五寸楂竿為勢一擲而發守城宜用且飈石易得但手發不遠用飈竿發之可遠可重須平時習慣有司命每家每戶出少年一人在空所教習日久自熟矣

以圈掛竿頭貯石打去石發圈落竿用竹為之長五尺

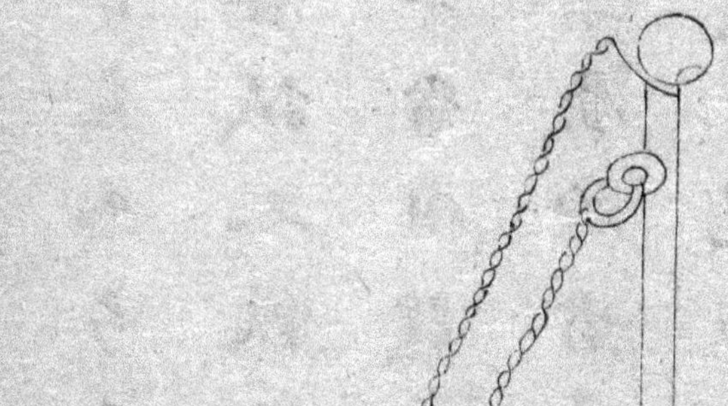

弓

弓制　古有為弓三年而成者試之穿七札九年而成者試之飲石梁是惡可語于今日哉

六善

弓有六善一者往體少而勁二者和而有力三者久射力不屈四者寒暑力一五者絃聲清實六者一張便正

治筋

凡弓欲其勁妙在治筋筋生長一尺乾則減半以漆湯濡而極之復長一尺然後用之則筋已盡無復伸弛故往體少而勁也凡

弓節短則和而虛（虛謂挽過吻則無力）節長則健而柱（柱謂挽過咳則木強）節得中故和而有力弦徹清實也凡弓初射強久則弱天寒強暑則弱弱則不勝矢皆膠之為病膠欲薄而筋欲盡強弱任筋不任膠故久射力不屈寒暑力一也弓所以為正者材也相材之法視其理其理不橋揉而直中繩故一張便正也

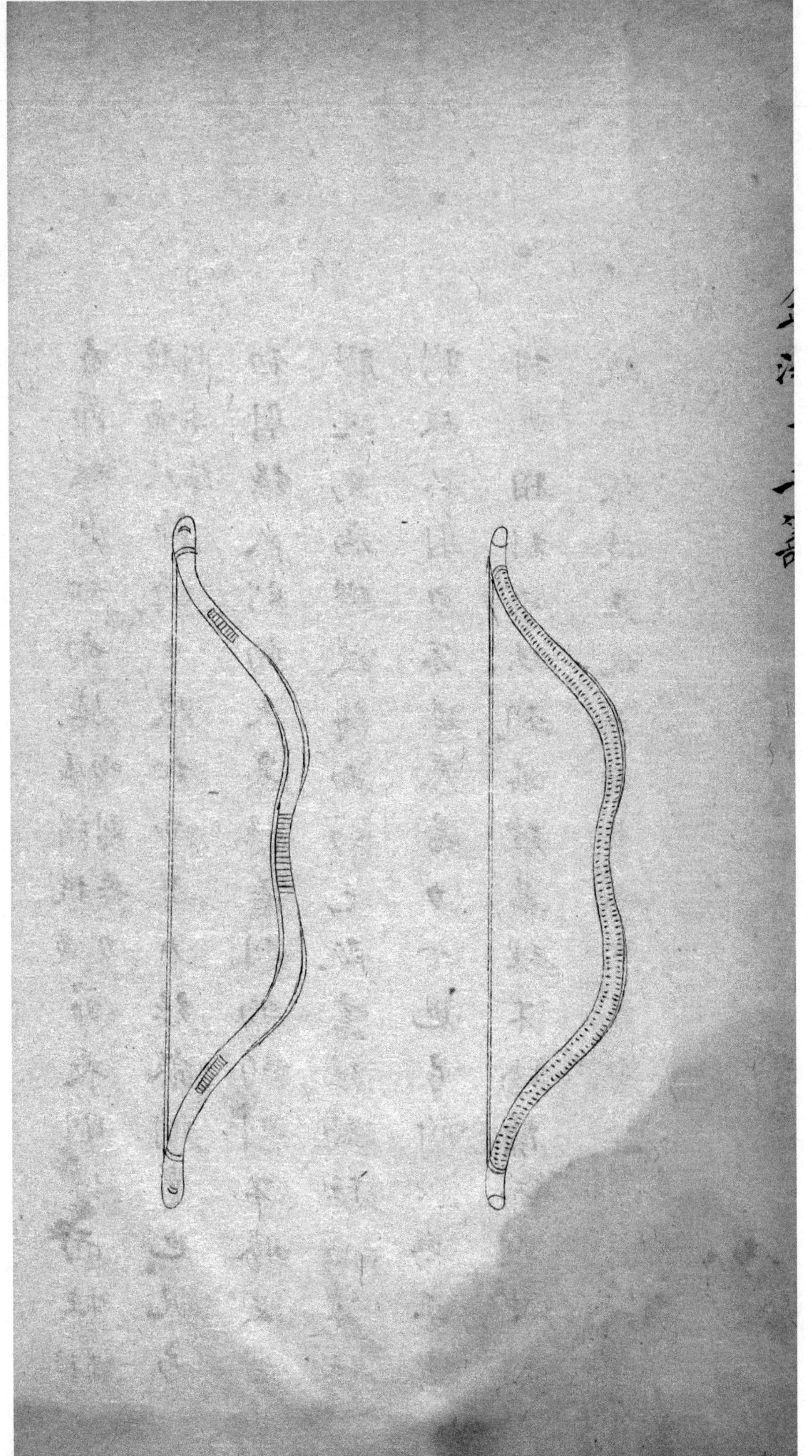

馬蝗面弓　用大牛角截成面闊棧滿則曲如扇圜受力均勻不走不朒

泥鰍面弓　用小牛角截成面狹棧滿則曲如折竹受力不勻易走易朒

披背筋法　披筋一版晴暄合待半月陰雨一月方再上若連披數版則內濕外乾解脫可待

漆弓法　用漆一重晴暄合待十日陰雨二十日方再漆若日漆數重亦內濕外乾斷脆可待

裏弓法　用黄樺桃皮朱紅不若黑生漆免水遶

梢弓法　用白角魚枕綠畫不若黑生漆免費工

焙弓法　江南地多卑濕四時必以火焙弓去火四尺上下太迫則燥太遠則火氣微凡人四時有增減太猛則枯太實則大易息正二月五分三四月六分五月十分六七月七分九十月六七分十一月十二月五分弓面向上焙

背不焙面也焙後必冷定絶無火氣方可安弦

無傷折之患也値天氣晴爽時取弓出列於架

上使筋角活也

軍器三十有六而弓爲首易之制器尚象五

兵中獨言弧矢誠重之也今之製何滅裂甚

耶葢筋角不能自相固結故假之以膠漆膠

漆不能自相堅寔故壯之以筋角二物相資

必陽句日候其自乾然後再用是謂年弓月

箭否則弓雖易成膠亦易脫弓面濶則力硬受弦端正故取象馬蝗乃偏闊之介蟲也弓面狹則力軟受走易斷故取象泥鰍乃圓滑之水族也皆繇擇角之初大角價高小角價低有司喜賤而惡貴故小角常多大角常少因而誤事多矣虜中軍器上皆有原監造官姓名年月有悞則正法所以虜器一一犀利孰如中國有司止欲速成備數而已哉

軍器上有監造官姓名年月

箭

箭制　矢不破堅與無矢同矢不等弓與無鏃同謂箭重則緩輕則飈也近日製箭有四失一曰鏃太重二曰幹太粗三曰膠易解四曰翎易落古人製箭欲其去之勁直也故翎之以羽曰鵝曰鸛曰鴻曰鵠不一其名欲其去之鋒利也故鏃之以金曰石蓮曰鑿子曰喬麥稜曰破甲雖不一其式然驗之已往翎以鵰鵰野雉為最

捷鏃以寸金鑿破甲錐為最鋭簳以通簳為直而易中筈以黑漆為首而易成餘皆不堪寔用矣語云箭頭重過三錢箭去不過百步箭身重過十錢弓力當用一顱大約弓八斗以弦重三錢半箭重八錢為準而大箭藥箭别有法

指机製　近制眼孔皆圓人指骨匾孔圓必塞以指布則血杜指黑弦撓致掃食指宜將孔前後稍長橫入指中轉正則骨橫而匾指轉而鬆

三善

不致晄落而眼中圓活不磨指節不過天不掃

皮有三善焉

弩

弩説　秦野有枉矢星形似弩其星西流天下見之而驚故曰王弩發驚天下弩者怒也言其有怒勢也此武經所謂弩者天下之勁兵四夷所畏服也其實守城利器無踰於此以他器或

利仰或利平弩則利術故也然則弩不利于戰歟非弩不便於戰乃將不善於弩耳前代名將如孫子伏萬弩射龐涓耿恭傅藥弩驚匈奴項羽伏弩而漢王捫足甘寧持弩而渠帥揚舲李陵發大黄參連弩射單于虞詡二十强弩射一人退羌兵諸葛亮損益連弩謂之元戎一弩十矢俱發司馬懿發石連弩射遼東吕蒙據濡須塢置疆弩萬張以據曹公唐李靖郭子儀宋劉

强弩都尉
積弩將軍
發弩官
連弩臺

錡吳璘宗澤輩用弩破敵者不可勝數漢且置彊弩都尉積弩將軍南郡有發弩官唐李元諒築連弩臺開元十二年命羽林飛騎習弩有伏遠臂張角弓單弓靜塞等弩宋有神臂弓克敵弓之制其實即弩也熙寧之神臂弩始命張若水依式監造之繼命申孝寬著令申明之又御筆命民間不得私製誠重之也善用者列為五層攅箭注射射訖者掣回而張張訖者挨次而

射迭相輪翻繼而不絕傷雖射藝極精矢無虛發何能當此萬一哉故射堅及遠爭險守隘遏衝制突非弩不克

弩制　弩以腰開為上蹶張次之手弩又次之腰開可十石弓之強者不及也晉馬隆平樹机能用之古有大黄弩伏遠弩馬蝗弩今其制不傳蹶張則有跳鐙弩木弩跳鐙弩亦曰小黄其用尤利木弩邊兵不甚用其力之彊弱皆以石

斗為等手弩僅可用以射獵箭去不遠鏃薄不重只可入人寸許若有厚衣堅甲不可入矣所恃惟毒葯葯性不利深但射人皮肉肉外血行之處能化血為水中者立死

弩箭　弩箭制與弓箭不同弓箭繳弦安筈頗難弩箭平頭安筈甚易弓箭長擇榦甚貴弩箭短擇榦甚省鏃用石蓮頭喬麥稜則光滑不能入甲不若用破甲錐寸金鑿子則鑿上有鋒易

入竅隙翎用禽羽則得箭者尚堪再射不若用竹片裁製則翎口如刀易穿肌肉箭有點鋼木羽風羽木撲頭三停木羽者以木為簳中人簳去而鏃留牢不可拔風羽者當安羽處剔空兩邊以容風氣則射時不撼三停者箭形至短羽簳鏃三停中物不能出以短故也

四十九

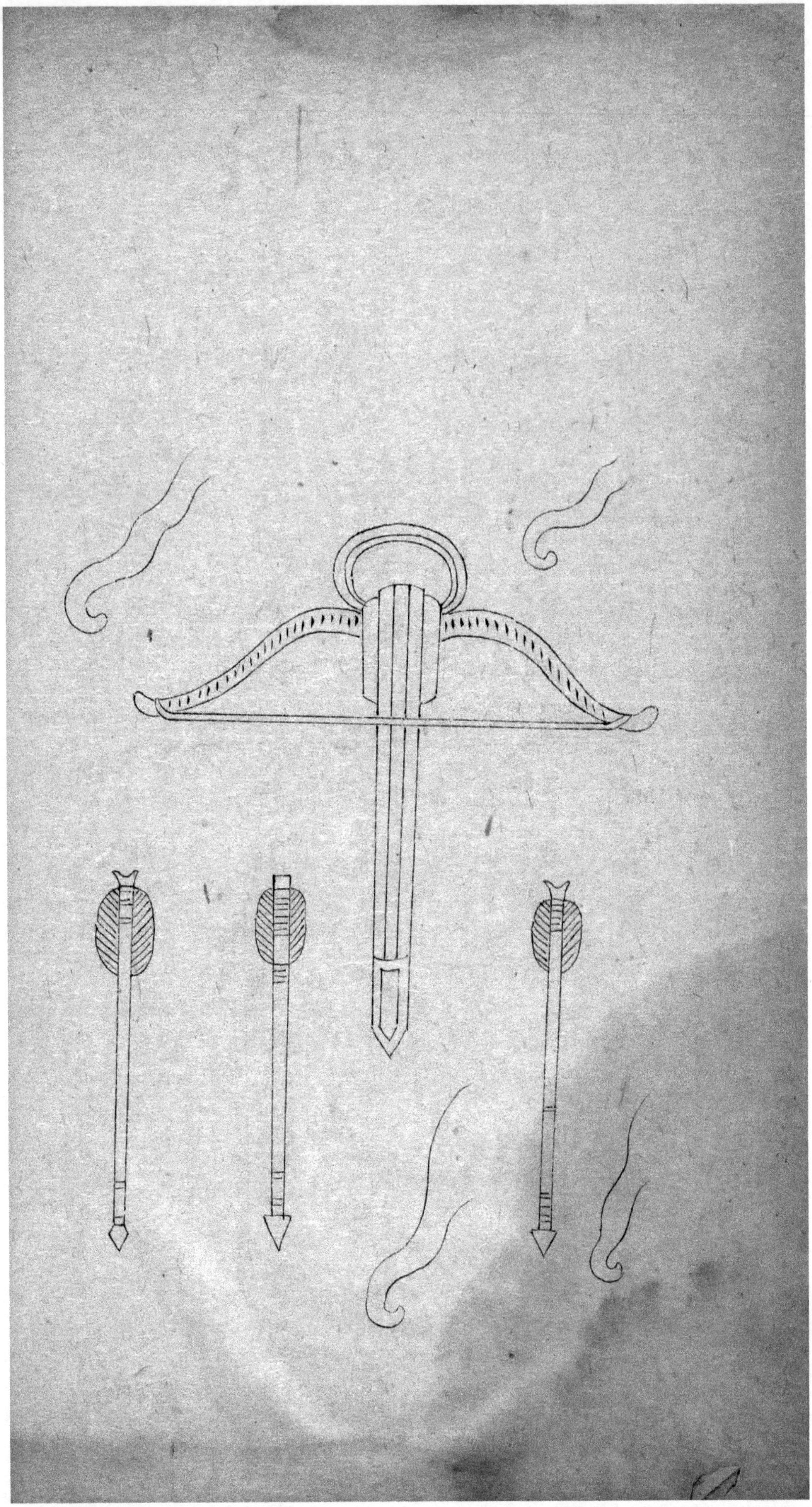

耕戈　此器利守城伏路防賊偷營用弩箭染草烏毒葯以引線繫椿于二三十步橫路而下堆草藏形觸線則机動箭發必須先授我軍以暗記近來賊用長竹先打而行則机發于人足之先今當多用如百弩連成數丈其机只在向我處弩盡頭下之俟彼入弩將盡處就長竿先發其机則不能遠退出數丈矣又當分足三四箇机渠能打發一机不意又有未發之機也

鬼箭 用竹弩一張作架床埋地弩頭斜向上以馬尾繫机欄于當路以竹樁或樹枝釘于隔路賊馬衝馬尾線動机發箭然繫机馬尾須退机後架床轉出乃可椗机

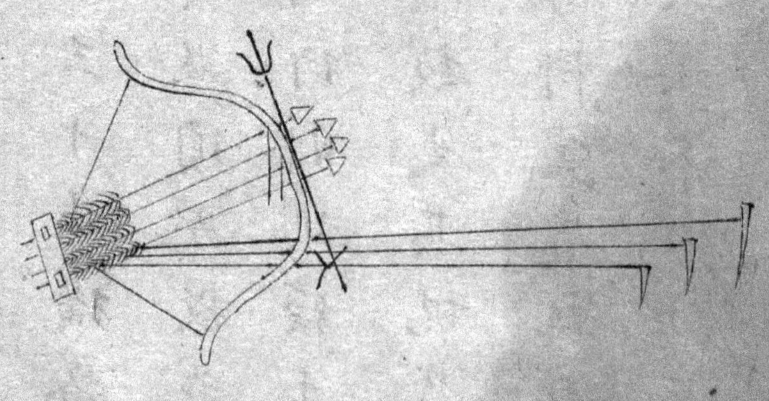

連弩　用木作床埋九矢七矢五矢等弩于道傍草茵淨盖撑滿搭箭即以繩結其弦穿度弩前橫竹道節引至排弩末釘兩樁道傍攔繩當路馬冲弦斂連弩迸發

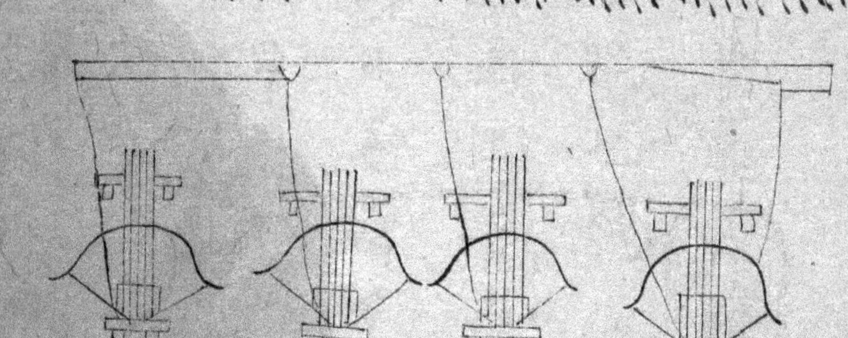

陽河伏弩　用連
矢弩十餘張已岸
伏藏作連架床持
之此以繩繫于床
發箭若轉度弩机
則與鬼箭法同

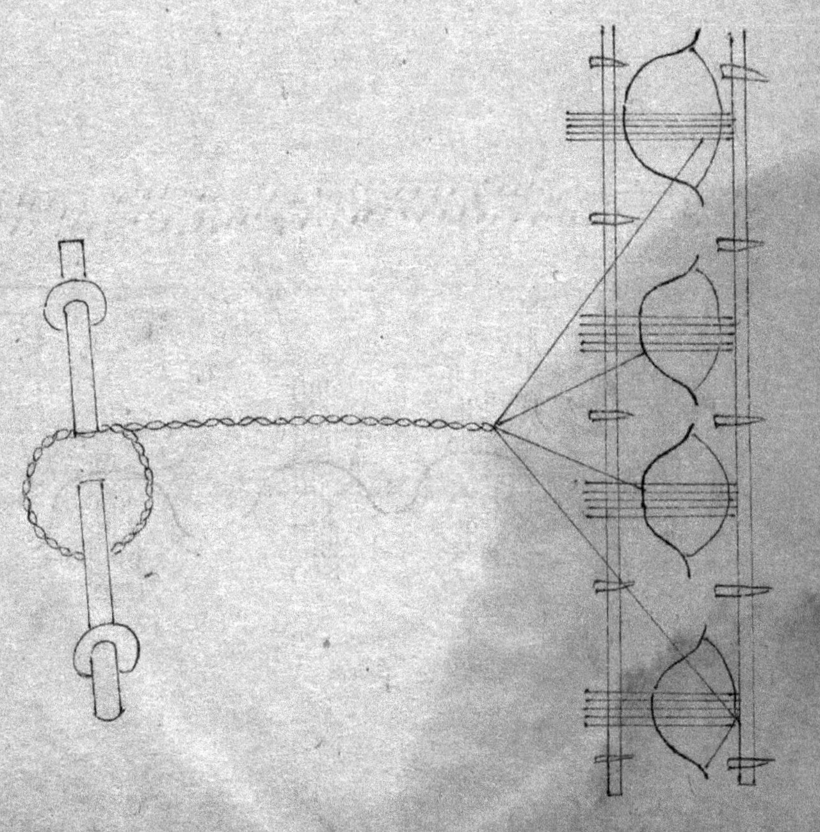

牌

藤牌　老麤藤如指用之爲骨藤篾纏聯中心突向外内空庶箭入不及手腕也周簷高出離矢至不能滑泄及人内以藤爲上下二環以容手肱執持此主衞而不主刺矢石鎗刀皆可蔽所以代甲冑之用每兵執一牌腰刀一把閣刀手腕一手執鏢鎗將鏢擲去急取刀在手隨牌殺入一入鎗身内則鎗爲棄物我必勝彼矣牌

無鏢能禦而不能殺將欲進步然後起鏢勿輕發岳武穆用旁牌麻扎刀令軍士低頭只砍馬足敗兀术拐子馬是也置於行伍之先必在狼筅之下盡恃筅為勢架護于上方能筅下突進若無筅則牌刀皆短不能獨出獨入每為長器所制

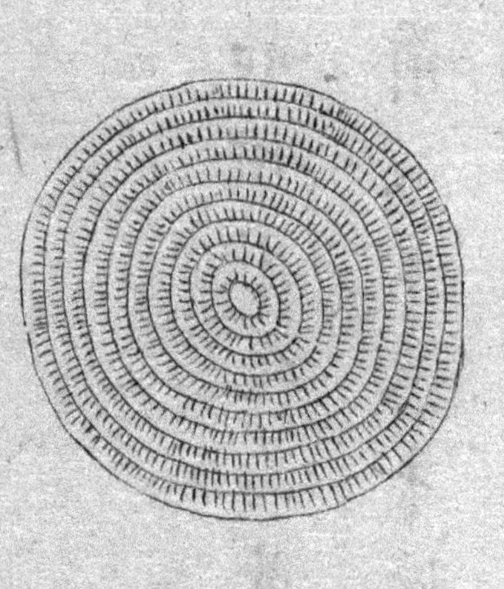

挨牌　用白楊木長五尺濶三尺下頭比下略小四五分可以補牌可以禦矢用繩索用木檄欖取其可掛項上以左手中指縫中夾牌下短繩木檄欖仍以五指挽鎗前半節右手執鎗後半節或伸或縮左右旋刺兩手俱不持牌

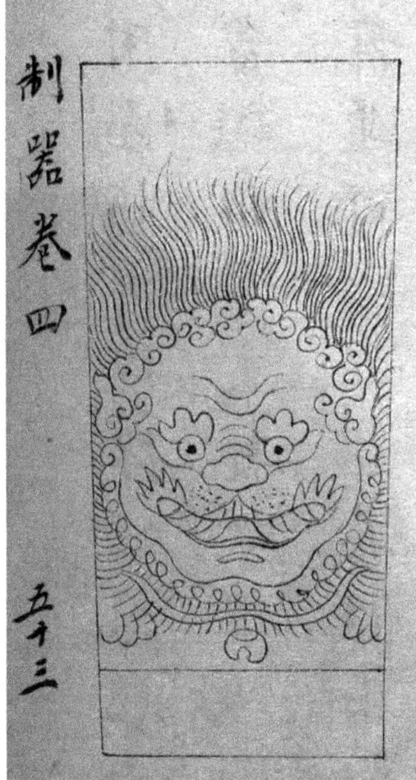

長牌　浙中用團牌形短不能蔽體西兵用挨牌性剛不能當鏃惟粵東長牌用沙桐木包以皮革其質輕舞運可以如意其性柔箭鏃不能破裂左手執牌右手持刀可蔽人體砍馬足與鳥銃夾隊列為前鋒真上策也粵東先年征黎黎之弓箭更勁於虜而長牌勝之

刀

腰刀　腰刀造法鉄要多煉刃用鈍鋼自背起

用平劙平削至刀刃芒平磨無肩乃利妙尤在尖近時匠役將刃打厚不肯用工平磨止用側鐴將刃横出其芒兩下有肩砍入不深刃芒一秃即為頑鐵矣柄要短形要彎庶宛轉牌下不為所礙蓋就牌勢也無牌則刀短不可入陣惟馬上用之

長刀　自倭犯中國始有之跳舞光閃而前我兵已奪氣矣我兵短器難接長器不捷遭之者身多兩斷緣器利而雙手使用力重故也賊遠則發銃近身則無他器可攻刺惟此刀輕而且長可備臨陣棄銃之用

刀長五尺後用銅護刃一尺柄長一尺五寸共長六尺五寸重二斤八兩

鎗

長鎗　鎗桿稠木第一劈開者佳鋸開者紋斜易折攢竹腰軟必不可用北方乾燥用木桿東南竹木皆可須用細毛竹長一丈七八尺上用利刃重不過四兩或如鴨嘴或如細刀或尖分兩刃造法亦自脊平劇至刃乃利做鎗工匠須知用鎗大意方做如式教之十日便悟背縻後手如細則掌把不壯要麤可盈把從根起漸漸

細至頭而止如腰麤則硬不可拿腰細則軟而無力杪麤與腰硬皆不可舉是棄鎗也或云長則易老不可回轉長則杪細恐為馬鬪拚不知有狼筅當鋒籐牌在下前行既有藩衛去一丈餘矣從筅空戳去徑刺人馬喉面彼既不可入我陣我又能先及彼身何憂細弱也若前無筅牌徑用鎗以當之必非全利夫五兵之法長以救短短以救長長既易遲而勢老短又難及而

勢危故相資為用此自然之勢必然之理也

又有神机火鎗用鉄為矢鏃以火發之可至百步外捷妙如神聲聞而矢即至矣永樂中平南交交人所製者尤巧命内臣如法監造在内命大將總神机營在邊命内官監神机鎗盖慎之也

線鎗　北邊舊有之柄短刃禿粗懸不堪新製鐵頭長二尺因柄細防虜刀砍斷及用手奪去也柄長七尺粗僅一寸鋒用兩脊兩刃形稍匾至鋒稍薄又名透甲鎗鋒用鋼三寸左右刃用鋼一尺以下皆鐵從脊分鏟至刃左右面平乃利至鋒更匾漸寬又漸收收薄則利寬則刃入以下不滯矣最利馬上直戳用法亦如長鎗

拐突鎗　長二丈五尺上四稜麥穗鐵刃連袴長二丈後有拐

抓鎗　長二丈四尺上鐵刃長一尺下四逆鬚連袴長二尺

拐刃槍　長二丈五尺刃連袴長二尺拐六寸

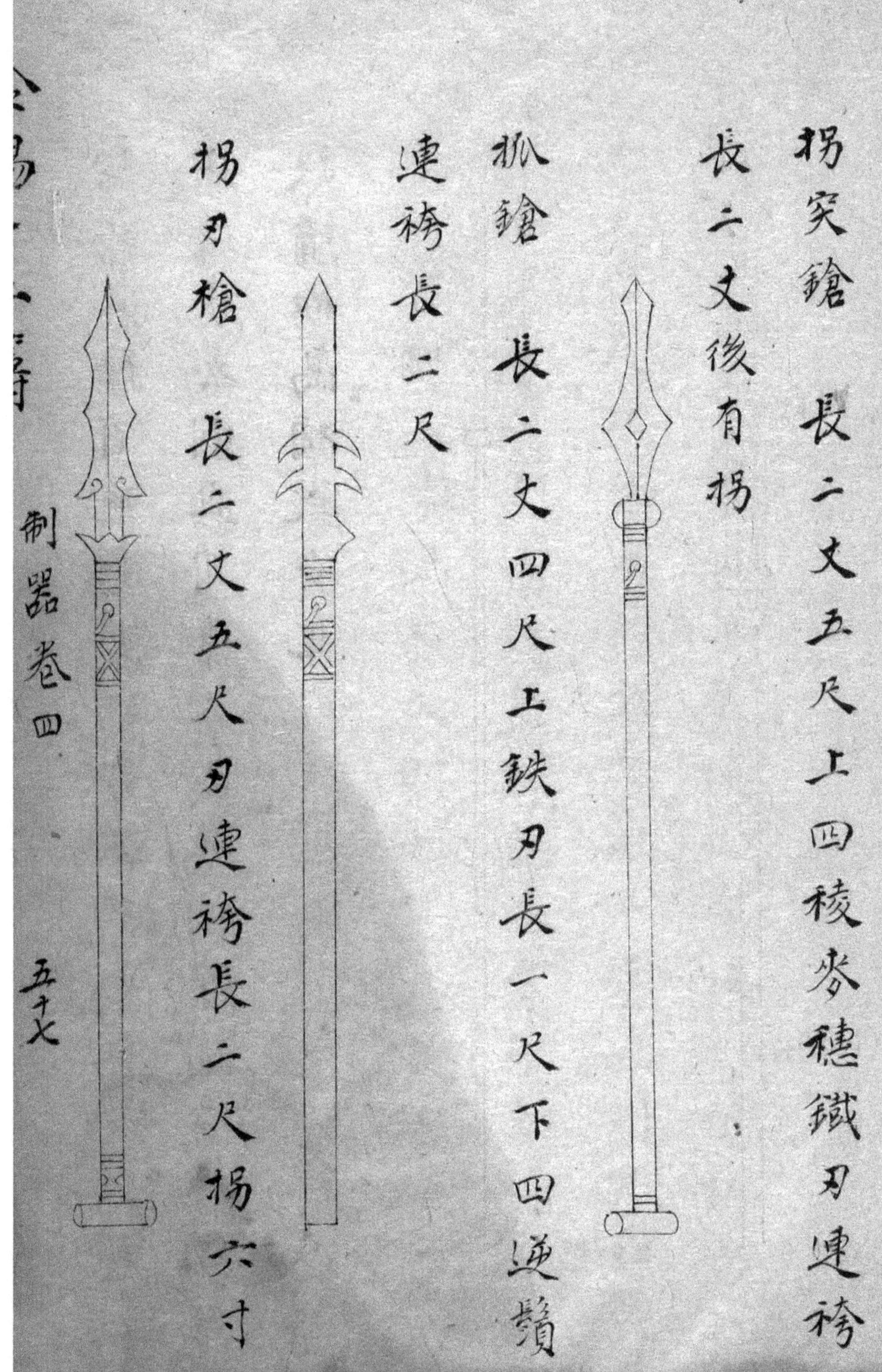

鉤鎗　鎗首施倒雙鉤或三鉤桿上施環騎兵用之步兵則直用素木或鵶項鵶項者以錫飾鐵嘴如鳥項之白也

筅

狼筅　用大茅竹上截連四旁枝節材杈長一丈五六尺此器乃行伍之藩蘺一軍之門戶如人居室未有門戶而鍵盜賊能入者雖然得人用之則可制人不得其人則制于人矣當擇力大者以牌盾佐其下長鎗夾其左右鏜鈀大刀接翼于後蓋筅能禦而不能殺非有諸色利器相資鮮克有濟矣中用此者臨敵白刃相交心奪

胆怯惟筅枝繁盛遮蔽一身足以壮胆方敢站定除近手二層外餘俱用倒鉤雞其杪根後要麤重手執手中要前後相稱寧後重毋前重附枝軟則刀不能斷層深則鎗不能入

浙閩用茅竹不如兩廣用簕竹此南方利器北方風勁一吹即裂

鈀

鎲鈀　柄長八尺粗寸半上用利刃横以彎股刃有兩鋒中有一脊造法分脊平磨如磨刀法兩刃自脊平減至鋒其鋒乃利彎股四稜以稜為利須將稜四面直削至尖庶日久不虎中鋒頭下之庫須如核桃大安于木杪乃不損折仍用一釘關之但横股壯矣正鋒頭冠于木杪細而浅每擊多墜必正鋒與横股合為一柄杪入

鐵庫既深橫股庫又麤任擊不落此器可擊可
禦兼矛盾兩用馬上最使若中鋒太長兩橫太
短則不能架賊器若中鋒與橫股齊則不能深
刺故中鋒必高二寸兩股平平可架火箭不用
另執箭架賊遠則架箭燃而發之近則棄箭而
用本器萬全萬勝矣

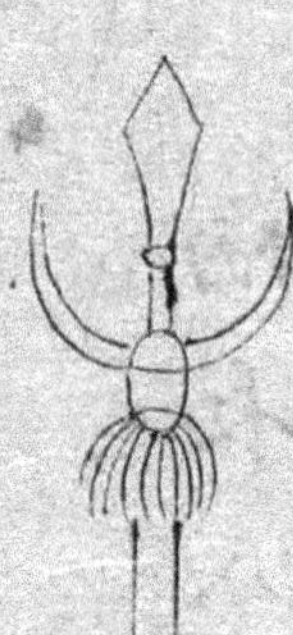

棒

大棒此器勢短步卒習用然無刃以何為刺今加一刃刃長則棒頭無力不能壓他棒只可二寸形如鴨嘴打則利手棒刺則利於刃兩相濟矣

制器卷四　六十

齊眉棍　棒即古之殳今之木棍也古用于車上故宜長今用于步軍以擊馬足宜與人相稱俗所謂齊眉棍古作八稜今宜于人手所執處為圓形而於其半至末為八稜此器不滅宋人用麻扎刀也

狼牙棍　乃格鬬第一利器八面鋒稜鎗刀有時鈍折棍獨縱橫不壞凡有膂力者即可使無他妙巧必久而後習也或用鐵釘釘四面亦可

鐵箍木棍　長四尺四寸大頭圓七八寸梢圓五寸每人一根

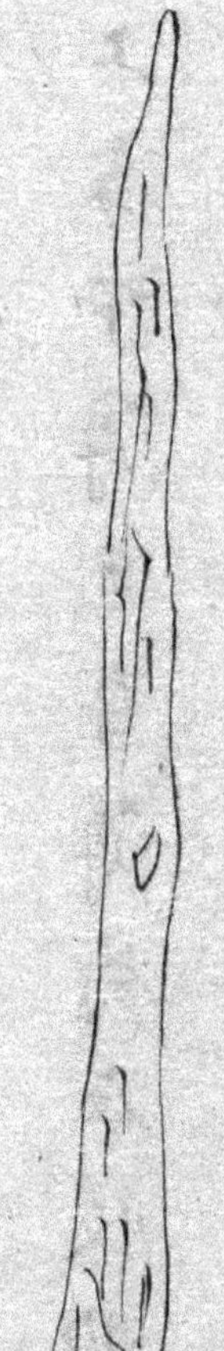

盔

兜牟　以細籐爲之內用綿帽一頂帽表用布二層帽裏用布一層內用絲綿繭紙以絹線緝之帽後不合口開高三寸以便臨時量頭大小目綴盔內盔頂用紅纓一則壯觀一則順南方

之色

臂手 每一副用布內外四層亦用綿花繭紙以絹線緝之與北方織者同此則活便輕巧俱用甃袖上厚下薄中有薄處在肢曲閒以便屈伸

以上二項官製給軍者如此若自製則外用絹段內用蘺綿尤妙

甲

甲論　甲為用命之本當鋒鏑而立於不敗之地者此也周禮有函人之職司馬法有甲士之制馬燧以短長三等制造鎧衣士皆賴以全肢體便進趨古人之甲以皮後人之甲以金南方地形險陷多用步兵難以負重天雨地濕銹爛易

生萬不可用矣此外有藤有角而體重難久鉛子易入今擇其利者惟有緜甲用絹布不等須厚一寸造甲之法步軍欲長馬軍欲短弩手欲寬鎗手欲窄其用不同其制亦異若拘于定式肥者束身太緊甲身可周後背而前胷不交甲裙可閑後臍而前胯不掩瘦者掛體太寬挽弓發箭則甲不貼體而胷臆絣撲有斷綻脫筈之憂揮劍刺鎗則甲不附身而腰背鬆虛有牴

手礙足之患長者不過膝腕而矢石可及短者乖及脚面而泥濘不前小則拆去甲葉遺棄不收大則割去全段拋擲不顧不幾徒費乎哉君子必慎其微于制作之初也

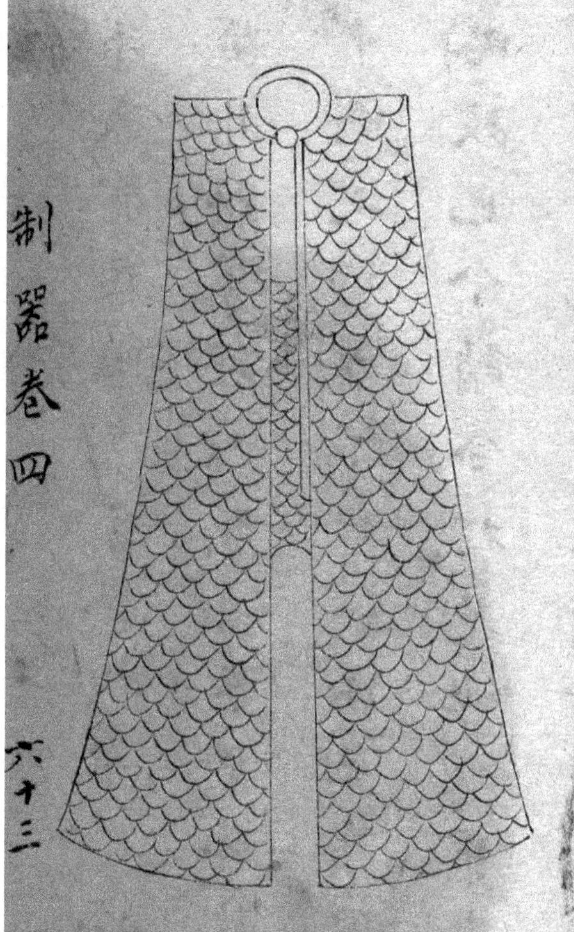

慶歷元年太常丞田況言今賊甲皆冷砧而成堅滑光瑩非勁弩可入我兵衣甲皆軟不足當矢石豈中國之巧力不如一小羌乎彼專而精我漫而略故也今請令打造純鋼甲先用八九斗力弓試射以觀透箭深淺而賞罰之

綿甲　綿花七斤用布盛如夾襖麤線逐行橫直縫緊入水浸透取起鋪地用腳踹實以不胖脹為度晒乾收用見雨不重黴爛鳥銃不

能傷

紙甲　起於唐宣宗時河中節度使徐商劈紙為之用無性極柔之紙加工鎚軟疊厚三寸方寸四釘如遇水雨浸濕銃箭難透

皮甲　廣西造皮甲法生牛皮截成甲片用刀刮毛以破碗舂碎篩取米大屑調生漆傳上油浸透則利刃不能入

馬甲　周馬之身最為利害惟頭面胷臆馬面

子舊制雖巧然日符離陳蔡之後馬多被傷中壽星腦額而死今制為貼腦用綿布衲作一片貼在馬面子內額腦之間脫遇矢石可遮鐵面尚有鐵額可隔此馬面所以合用鐵額大全裝鷄項大而秋錢小或暑月悶熱雪雨冰結撤去秋錢尚有鷄項可蔽肥肉此馬甲所以合用小全裝戎軍馬甲垂下過韂尺許故重滯縮絆賊單馬甲只平腹下用虎斑布裙遇箭皆被撟揉

故輕捷俏俊此馬甲身所以合用平纔鷄項重
則頭低項曲馬被控抑鷄項輕則頭高項直馬
臆鬆寬此鷄項所以合用綿布納亦身帶甲則
隙損肌肉襯以籍褥則護惜皮毛此馬甲所以
未帶甲先用馳滑辣甲圍兩件是為馬甲制
國家武備極弛年來浮慕節省之名不究實
際之用器以節省愈恣苦窳今何時哉枝不
精胆不壯驅使入陣空殺無辜是以國僥倖也

令自軍需修造悉遵舊估不妨稍寬其值以盡其用估務充不務儉器責精不責多庶幾制一器獲一器之用至于作奸冒破法在必懲赫連勃勃之治軍器也以弓射甲射不貫即斬弓人射貫即斬函人今極大奸猾每從輕釋人亦何憚而不玩法以漁利哉當此用兵之日一器不精即戕一卒之命必須造器時節鎸官匠姓名送營試驗不堪者坐名辦

必用者自造造者自用方盡其法

貫臨敵悞事必斬以狥治軍器悉用軍法理
或宜然亦庶知儆乎
軍中制器將官多推有司蓋避嫌耳不思臨
戎誤事其咎誰歸銀兩出入不親何嫌之有
其買辦工料廵視監製隨完隨試堪否行罰
任怨須將官親爲之方稗實用不然航海者
漁人而造舟者梓人彼何與于利害而焦勞
困苦以底其精司出納者惟知侵估減價以

為首一金民受一金之賜且估之不會司事者無從侵尅不知妄用非人稽查無法任是如何估減愈減愈於器具工刹削而自侵之數原不減也器成無用竝給造之費盡置無用之地所謂惜小棄大掩耳偷鈴有大計者思之

金湯借箸十二籌卷之四 終

金湯借箸十二籌卷之五目録

籌清野有引

清五穀

總論　李牧急入收保
陳俊絶食破食　秦人芟麥
趙犨徙糧　寇準蹂穀
劉子羽領徙梁洋之積
劉惟河焚漑河粟　于謙運通州倉

清水泉

總論

秦人毒涇上流

長孫晟毒水上流

劉錡毒潁上流

清芻艸

唐太宗救思摩燒雜秋艸

劉仁恭焚塞下野艸

劉錡毒艸

夏元昊潁地

于謙焚艸

斡漓不擾牟駝岡

邱瓊山論

清竹木

總論

清屋宇

總論

劉錡焚城外居民數千家

趙立焚廢屋爲火池

种師道詰李邦彦不焚城外民居

清硝磺鉛鐵

總論

清油蠟

總論

清什物

總論

清地面

總論

卷五目錄終

金湯借箸十二籌卷之五

淮南李盤小有原名長科
京口周鑑臺公
古鋒韓霖雨公

籌清野

兵法曰軍無糧食則亡從來賊無輜重擄掠為資彼已先犯兵家大忌譬如嬰兒斷其乳哺立可餓殺若借兵齎糧無共甚矣韓清野

清五穀

凡賊將至城外各鄉鎮大戶收米在家與糴糶待價者着落里保一聞警報催運入城任民開糶堆積止許城中糴賣不許粒米出城其搬運難盡者嚴督糧長糴買上倉賊見四野無粮豈能四五十里外搶別縣之粮食攻我縣之城池哉如不肯預期搬運致資盗粮米入官為守城兵夫用

但人情不肯早圖須高明相機酌處

小民雖愚非不知賫盜之為害也然屢令不從者其獘有二一城中積貯無所盖鄉民生於鄉長於鄉城內無立錐之地其忍輸而暴露之乎一私藏官府難測恐不免假名賒借所以寧死不從也必先料理在城無碍官地聽其告佃以為倉廒或官地不足時勢急廹則將本城僧道編成什伍各令住居一二寺觀其餘除本寺奉祀神佛外令鄉民各炤米

数多火鎖房圍積此外再與空房二間一居其男一居其婦既令得避火又令得使典守官與憑始焰事平日仍還本主必不巧借備賬等名白取米粒親與指誓天日亦不相欺有不樂從者斗此外如有積稉不從登時梟首以警其餘先由體其不得已之情而後行吾必不貸之法可耳文本民所積之米多少官不得問糴糶官不得問仍聽與民貿易

以通有無蓋鄉民得以米易錢則鄉民便城民得以錢易米則城民便且以在城之米而糴於在城之人則囊漏貯中之說也

李牧急入收保

李牧趙北邊良將也嘗居代雁門備匈奴為約曰匈奴即入盜急入收保匈奴終歲無所得

東漢光武擊諸部連破之乘勝輕進反為所敗

陳俊絕賊食

陳俊曰賊無輜重若絕其食可不戰而殄也光武遣俊將輕騎馳出賊前視人堡壁堅完者敕令

因守放散在野者因掠取之賊至無所得遂散敗

光武以命世之雄戰賊不足陳俊以一將之智破賊有餘中其要害故也合李牧收保觀之可以想清野之效矣

秦人芟麥

晉桓溫伐秦指秦麥以為粮既而秦人悉芟麥清野以待之溫軍之食而還失亡以萬數

黄巢使其驍將孟楷將萬人擊蔡州陳州刺史

趙犨徙糧入城

趙犨完城塹繕甲兵積芻粟六十里之內民家有資糧者悉徙入城楷下蔡州界移兵擊陳犨伺其無備襲擊之殺獲殆盡擒楷斬之巢聞之怒營于州北立宮室百司為持久之計時民間無積聚賊掠人為糧生投于碓磑併骨肉食之

舂磨寨

置舂磨寨縱兵四掠數十州咸被其毒攻圍三百日終以糧乏解去

寇準發穀

澶淵之役寇準檄令州縣堅壁鄉村入保金幣

自隨穀不從者隨在瘞藏

宋子羽須從梁洋之積

宋劉子羽守蜀聞有金兵須從梁洋之積至金人深入而饋餉不繼乃殺馬及兩河軍士以食疫癘大作乃引退子羽吳玠追襲其後墮澗死者不可勝計餘兵悉降故雖入三郡而得不償失也

劉惟輔焚淝河積粟

金人掠淝河劉惟輔擊敗之已而復至惟輔顧淝河尚有積粟恐金人因之以守急出焚之

于謙運通州粮

土木之難虜勢長驅于謙曰通州倉欲守之或不能悉以與虜則可惜宜令官軍皆給一歲祿俸聽其自運仍以贏米為之直通倉遂空虜解去

清水泉

秦人毒涇上流
長孫晟毒水

凡賊將至城外水泉皆投毒藥

春秋晉師伐秦秦人毒涇上流師人多死

隋達頭大集兵將犯塞長孫晟曰突厥飲泉易

可行毒因取諸藥毒水上流逢頭人畜飲之多
死于是大驚曰天雨惡水其亡我乎因夜遁虜
追之斬首千餘級

劉錡毒潁

金兀朮攻順昌宋劉錡遣人毒潁上流戒軍士
雖渴死毋飲于河飲者夷其族敵遠來晝夜不
解甲飲水輒病

清芻草

唐薛延陀眞珠可汗發兵二十萬擊突厥思摩

太宗燒薙秋草

不能禦遣使告急太宗救思摩燒薙秋艸俟其將退奮擊破之

劉仁恭焚草

唐盧龍節度使劉仁恭習知契丹情偽每霜降輒遣人焚塞下野艸契丹馬多飢死常以良馬賂仁恭買牧地

劉錡毒草

順昌之後劉錡遣人毒艸敵馬食者輒病

元昊赭地

契丹主帥騎兵十萬長驅入夏境元昊見契丹兵盛乃上表謝過請收叛黨以獻契丹主猶豫

未決元昊以未得成言又退師三十里以俟凡三退將百里每退必赭其地契丹馬無所食因許之和元昊遷延以老之度其馬飢士疲因進兵急攻契丹主大敗從數騎走還

土木之難虜乘勢長驅而南于謙曰虜所急者草諸廠宜聽軍稍力取之不則盡焚之毋以飽虜焉

于謙焚草

賊恃馬以為强馬恃草以為命斷草則馬失

孫子曰先奪其所愛則聽矣宋不能清野故也

其命賊失其强制之易矣

斡濰不單抵都城西北據牟駝岡天駟監獲馬二萬匹芻豆如山蓋郭藥師熟知其地故導金兵先據之

邱瓊山曰自古國都于其近郊必有牧馬之所其間必積芻豆為飼牧之具無事時資以牧育固便然意外之變不可不慮金人之屯牟駝岡此明鑒也燕都去邊伊邇已巳之變

倉卒焚芻豆千萬見者莫不悔惜然事已即
休勿有言者竊惟都城東北鄭村壩二十四
馬房其倉場儲積如京如坻請于無事時即
其地築為一城以圍護其積聚及移附近倉
場咸積其中就將騰驤等四衛官署軍營設
于其中特敕武臣一員守鎮仍司羣牧四衛
官軍不妨炤舊論班内直下直回城屯住是
亦先事而備之一策也

清竹木

竹木行貨多負郭若不移徙皆賊攻城之具須令各商將已登岸者速運入城開賣其在水各排移百里外隱避小港中甃置以待賊過復業如遠入官公用

清屋宇

城外三丈內若有房屋賊可潛伏屋下擊射守城軍民或即用其梁柱作梯上城或順風放火

或就本屋運土幫城起閘而登皆無可奈何有近城一丈以內者城身又低于屋此不守之城也合行嚴禁一毫不留違者以通賊論

劉錡禁民居數千家

宋劉錡守順昌城外有居民數千家錡悉焚之若令人使嚙指無此胸襟膽力矣然亦俟寇近事急乃行盡賊遠則居民不服賊近則撤燬不及競緣之道當其机得其宜可也

趙立撤屋燃池

金撻懶圍楚州急趙立命撤廢屋城下燃火池

种師道詰李邦彥

壯士持長矛以待金人登城鈎取投火中金人選死士突入又搏殺之乃稍引退

金人南下种師道入援既至帝命師道于政事堂共議師道詰李邦彥曰聞城外民居悉為賊殺掠蓄積甚多亦為賊有當時既聞賊來何不悉令城外居民撤去屋舍移其所畜盡入城中乃遽閉門以遺賊資何也邦彥曰倉卒不暇及此師道笑曰亦太慌忙耳左右皆笑

清硝磺鉛錢

硝磺鉛鐵火器之用關係匪輕不可棄以資敵容販冶坊多在城外須先查鋪行及冶坊姓名遇有警報着該地方保甲押催硝磺鉛鉄搬運入城聽從開賣違者治以與賊交通之罪其貨沒官保甲不報一體問究如有公用始時價将銀見買

清油蠟

油燭守城要務不可缺乏須查城外一應油行燭鋪于有警之日保甲押民依期搬運菜油荳油桕油桐油蔴油白蠟等項入城聽從開賣如前法行

清什物

四關百姓一聞警報入城避兵一切私財器具如木石銅鉄磚瓦茭蕩糠粮畜牧等類盡徙入城勿留一件徙為賊所焚毁且借為攻城具也

此必至之理萬不可姑息

清地面

壕外里許皆宜曠野若有村落則敵得據而與我守持有臺榭則敵得登而瞰我虛實有土阜則敵借以填壕又碍我砲路有豐草溝渠則敵可隱匿有大樹竹木則敵可資為攻具且砍樹數株倒倚城上可以緣登又橫蟬池中可以涉水須禁絕之

金湯借箸十二籌卷之五 終

金湯借箸十二籌 2

（明）李盤 （明）周鑒 撰

YSP
北京燕山出版社

第二册

籌方略第六……一
籌申令第七……六七
籌設防第八……一二九
籌拒禦第九……二一三
籌阨險第十……三〇三
籌水戰第十一……三三五
籌制勝第十二……四五九

金湯借箸十二籌卷之六目錄

籌方略有引

安鄉民

總法　羊偹匿分防擬

于謙安插　附焰驗方

詰奸細

壕外立栅　分門出入

親識保領

鈐法二十篇

一事權

總說

分信地

總說

和衆志

總說

擇賢能

總說

編丁壯

沿家計派垜夫　更番宿食推禦

編夫近住居

派守兵

總說

早分垜

總說

預演習

總說

專號令

總說

戢青衿

總說

嚴禁約

總論

禁訛言

禁方士

禁宴會
禁茶坊
禁酒肆
禁歇家
禁夜行
禁吹响器舉竿表
禁擅離信地
禁擅入信地鬻麵者
禁私開禁門
禁私回賊話
禁私啟賊書
戒妄動
總說

張遼火起勿動　段秀實不許救火

捕賊盜

總說

羊侃斬軍人　宗澤捕誅舍者

李綱斬不逞　馬知節斬盜

備犒賞

總說

恤下情

總說
擺塘報
總說
重偵探
總說　又評
量軍馬
總說
選鋒彈壓

總說

游兵策應

總說

奇兵更番

總說

北兵外拒

總說

設墩臺

總法　墩臺圖

放砲扯旗口訣　放砲扯燈口訣

守墩約五條　查墩約七條

置望樓

總法

望樓圖　李允則滄州望樓

置遠鏡

總說　遠鏡式

置吊車

吊車式

置繩梯

繩梯式

金湯借箸十二籌卷之六

淮南李　盤小有 原名長科

京口周　鑑臺公

古絳韓　霖雨公

籌方略

荒雞亂鳴此非懸旌盤根錯節利器乃别堂上怡哺林下怫伏几令之人匪歌則哭運什戒風于焉逍遥日無全牛可以奏刀輯方略

安鄉民附始驗法

城外避兵之民有親者依親無親者官為設處如廟寺之類僧道預先報名發令若共一處其餘公館寺觀俱派鄉民棲止大率男子共止數處婦人共止數處門外貼名以便認識可也

梁百姓聞侯景至競入城公私混亂無復次序羊侃區分防擬皆以宗室間之

己巳之變于謙泣奏凡兵出皆出營郭外毋令

避而亦弱郭外之民皆徙入内安揷毋令失所
而囂
附烙驗法
州縣官當平居無事時先令鄉居土民每家作
有柄手牌一面寬六寸長一尺二寸白粉油面
上寫本家壯丁共幾名口年若干歲面色紅白
有無疤記婦女老幼不必細開官標印烙仍給
各家領去待報息將近四面各烙四門進入守

門官吏于門外炤牌點驗若有面生之人牌上無名或年貌不同即時擒拿送審以防奸細夾雜進入為賊內應

詰奸細　三法

一壕外立柵　今日詰奸多在門內且以尫羸之卒執朽鈍之兵不堪太甚萬一有健賊數十假充難民一擁而入先據城門如之奈何須立木柵在壕外百步委廉能官弁帶領精兵百名

前後拒
左右排
焰入牌

全裝利器四十名爲前後排六十名爲左右排
設立焰入牌百面查驗無虞付牌放行大約以
五十人爲一班其牌週而復始陸續傳送門內
仍設嚴兵防守驗牌放進

兩門聽進
兩門聽出

一分門出入　奸之所以難詰者以人衆往來
擠塞得以乘机混入無蹤物色耳以四門言之
當分兩門聽進兩門聽出違者即以軍法處治
進門百姓一一魚貫而行不許喧嘩攙越則法

度清肅奸細無所容矣

一親識保領　城門出入紛紛最難清察委之門役徒資措詐耳今于每城門內各設一公所鄉紳孝廉一人佐貳官衛官一人輪管各帶有眼力辨言貌者數人惟本府本縣人聽其出入各鄉鎮及別府州縣人雖上司差委亦必細詢然後放入果係城中姻戚往來等人必得城中親識保領然後放入遊食僧道一槩攔阻

守土官居中調度

一事權

守土官為主居中調度城上分為四面四角守正一人守副二人俱以佐貳副倅或大小鄉紳孝廉若明經上舍内有老成練達執法嚴明者亦可為之聽其處斷一面之事督率城衆教演守法守城悉行軍法欲救一城性命難作一些人情主守須借之威權便宜行事

處斷一面之事守城悉行軍法主守借之威權

分信地

鄉官協守

請鄉官協守城門各就其家之便情之合者分配又將在城舉監生員省祭等官及衛所能幹官生各派分樓鋪分班輪管晝夜廵視信地已定庶事有責成

李綱百步法

李綱守都城以百步法分兵備禦即此意陳規所謂分段落則易守也

和衆志

吐谷渾阿柴有子二十人命諸子獻箭取一則

折之取十九不能折諭之曰孤則易折衆則難摧戮力同心可以寧家保國至敵彊寇逼同舟遇風誰為局外者乎凡同城之人願相和如弟兄相喻如臂指若有暴橫奸私執拗敗羣之人衆共罰之然後申明必行之法設處必需之財料理必用之器言期必行行貴神速事尚有益不必功自己出也言苟可用不必議自我發也首事之人公虛敏斷盡之矣

擇人所服者推之

擇賢能

有十人之能者統十人有百人之能者統百人有千萬人之能者統千萬人先要擇十人百人千萬人之所服者而推之是得一人即得十百千萬人失一人即失十百千萬人也柔懦者不為長昏愚者不為長暴橫者不為長執拗者不為長奸私者不為長志不奮發力不强健者不為長蓋一面稍疎三面雖嚴何救于一面之失

一城數萬人之命付于守城之人守城數千人之命付之十餘守者何等關係可不擇人

編丁壯

守城必派垛夫編夫難論門戶富家大廈千間貧家一室懸罄一門之夫貧者安肯心服非獨此也人情安樂則願生窮苦則思死一旦有警彼貧者糊口不暇豈能餒其腹餒其家執干戈而捍矢石乎必也酌量闔城垛共若干口富戶

炤家計厚薄派垛夫多寡

更番宿食柜禦

編夫近各人住居

共若干家各炤家計厚薄公派垛夫多寡如家丁義男不足所派夫数許出值雇募貧民代為看守如此則富家無丁而有丁貧民無食而有食彼此相資之術實彼此相安之道也

每垛多則三四人少亦兩人庶可更番宿食柜禦若只一人不二日精力已疲賊衆倦攻之豈不悞事

編夫守城東西南北要近各人住居若不分遠

大銃佛狼機

近亂編者官吏重究

派守具

通計本城共有若干垛口見今通有若干守具各烙信地分派稀密得宜即令慣使官兵領之安置就近鋪廠其餘守具俱置城樓聽候不時之用各城樓及對城外衝要處各置大銃佛狼机等器隨用裝放火器人帶火藥備急用其城樓下預置合用火器鋒利器械弓弩堅固防牌

利斧木棍

分記姓名于城垛

若庫中封貯不足借附近居民空房亦可操夫

每人備利斧一把木棍一條最為得力

早分垛

城内外居民年五十以下十八以上各以方面

分記姓名于城垛粉壁之上以備臨時各認信

地此事倉卒做不得須預安排

預演習

城上人夫認號既畢限于每日飯後巳時始以

教演三日

前號令一連教演三日巳時集未時散庶免臨敵倉皇手足無措日間演習既熟夜間亦須演習風雨之日又須演習兵法所謂每變皆習乃授以兵之意

號令俱出主守

專號令

政出多門軍家大忌一切號令俱出主守一人副貳以下有擅自改易旌旗軍號等類者重治即果有未使須合改易亦必先申主守聽憑裁

奪更移使人畫一可守

戢青衿

從來城守必派諸生謂其才能禦侮志切同仇可督率指揮用資扞圍乃籍其方畧收禦敵之功者固多受其把持成決裂之勢者不少則豪生逞臆橫行主守莫敢問也今聞警時須集敎官諸生於明倫堂設誓有敗類者鳴鼓攻之倘垜夫足用不必派諸生登陴而以本坊緝奸事

把持決裂

豪生橫行

宜托之本坊諸生家自爲守可也

嚴禁約十三條

禁者令民知所戒而不犯也禁而不能止則將未能令軍必敗矣太公曰殺一人而三軍震者殺之是刑上究此將威之所以行也若欲行罰必自貴者始

一禁訛言　警報狎至訛言易興有等造言生事之人或妄減軍情或虛張賊務而輕聽好事

者又從而播傳之最易搖亂人心即時梟斬不宥

一禁方士　星相卜筮筆望氣占風指天畫地道鬼稱神乘風催飄搖之際倡子虛無是之談不惟愚人色變即智士亦心傾果有異術何不報主者以自見乃邪言惑衆如此輕則責逐重則梟懸

一禁宴會　烽火連天兵戈滿地卧薪嘗膽之

不暇尚盤桓杯酒乎乃有少年放達之夫猶然置酒高會試一念登陴守城胥行露立者何人也當嚴行禁止即婚嫁大禮亦應十分簡畧梨園絲竹之戒所不必言

一禁茶坊　奸人設謀定計多在茶坊者慮酒後之言有漏泄也最爲聚集奸宄之藪須嚴禁之違者即將房入官變價充餉兩隣連坐

一禁酒肆　酒肆亦藪奸之所也然與茶坊不

同禁之不便於民惟賦信緊急不許開張鋪面止許零沽留人聚飲者罰亦同前

一禁歇家　歇家不許居住城内恐有奸人窩宅

一禁夜行　城内栅欄之設所以備盗也今夜行者徹夜不止則栅欄徹夜不閉矣虚設何益必委風力僚佐率精兵持鎖鍊專緝犯夜之人重懲一二勢家子弟及悍僕豪奴則小民自不

敢犯而盜賊無蹤乘机竊發矣但今日情面世界每事輙阻必得笑比河清面如冷鐵之人方可令行禁止也

一禁吹响器舉竿表　兵臨城下時城中居民不許妄豎高竿亂吹响器并樂器小爆概不許作恐為賊之應亦恐亂人耳目也

一禁擅離信地　分派一定之後各有職掌矣守門者守門守臺者守臺守垛者守垛守方者

守方守庫者守庫守獄者守獄中軍居中軍營
遊兵居遊兵營奇兵居奇兵營戰兵居戰兵營
務令如山如林整齊嚴肅以備調遣敢有擅離
信地一步者斬首示衆

一禁擅入信地　凡面生可疑之人假托閑遊
貫串信地者必奸人欲潛行窺伺者也即時拿
送究治營兵欲買食物每隊自有火兵一名給
牌入市萬不宜令手藝之人借名交易私入營

盤如修腳篦頭補皮匠賣點心之類

卭州牙將阡能叛高仁厚帥兵討之未發前一日有鬻麵者到營中邏者疑執而訊之果阡能之諜

鬻麵者

一禁私開禁門　城門謂之禁門見不宜擅啟閉也頃因太平日久法紀縱弛守門官偷安自便高寢在家守門軍得錢賣行啟閉任意從此誤事為禍不輕犯者定以軍法從事

一禁私回賊話　凡賊有講話者不許私回廻邏報與中軍酌量回答一面傳令別面隄防暗算

一禁私啟賊書　城外有使至守門者簡實徑導詣主守內外軍民不得輙相見如得飛書持送本營對衆封送主守如城上城下有面生可疑交相接語或擲物件做手勢號色即時解主守究問

戒妄動 恐為賊所乘也

賊內應多在夜間倉庫放火或於空廟及高阜處放火或放砲為號即有十餘人雜入我軍偷至城上砍傷守垛軍士吶喊稱言城破矣賊至矣我軍聞之驚潰賊因乘之大開城門延衆賊而入此千古覆轍也但戒嚴軍士守城者守城妄動即斬守門者守門妄動即斬又急傳守門之人但防內賊勿防外賊凡城內居民各執器

防內賊勿防外賊

械各立門前至天明賊計不行自授首矣

張遼

魏張遼屯長社軍中有謀反者夜驚亂火起一軍盡擾遼謂左右曰勿動是不一營盡反必有造變者識欲以遂動亂人耳乃令軍中曰不反者安坐遼將親兵數十人中陣而立有頃皆定即得首謀者斬之

火起勿動

唐段秀實爲涇州刺史別將王童之謀作亂約夜焚藁積救火則發秀實申嚴警備夜果火即

段秀實

請救火不許

下令軍中行者皆止坐者勿起各整部伍嚴守要害童之白請救火不許及旦捕童之及其黨八人皆斬以狥

捕賊盜

壯丁上城家中無人看守小人乘机為姦為盜但有拿獲者當時打死示衆其飲食不足之人開具手本稟官設法賑借存恤

羊侃斬数人

候景初圍城軍人爭入武庫羊侃命斬数人方

止此即劫盜之漸也

宗澤

宗澤知開封府時敵騎留屯河上金鼓之聲日夕相聞而京城樓櫓盡廢民兵雜居盜賊縱橫

首捕誅舍者數人

澤至首捕誅舍者數人下令曰為盜者贓無輕重並從軍法繇是盜賊屏息民賴以安

李綱

漢人首級

李綱當金人圍城死守時有自門上擲下人頭至六七者皆云斬獲奸細及驗認即皆漢人首級綱于是捕獲數人斬以狥軍又有不逞之徒

殺傷內侍

盜衲襖取絹疋

馬知節盜婦人首飾

乘机殺傷內侍取其金帛而以所藏器甲弓劍納官請功綱命集守禦使司以次納訖凡二十餘人各言姓名皆斬之又有盜衲襖一領者强取婦人絹一疋者皆即斬以狥故外有强敵月餘日而城中竊盜無有

宋馬知節從知定遠軍時部民有盜婦人首飾者護軍上管而遺之知節曰民避外虜而來反爲內盜所掠此而可恕何以肅下即斬之又虜

盜一錢者斬

衆犯塞民相携入城知節與之約有盜一錢者斬俄有竊童兜錢二百者即戮之自是無敢犯者

備犒賞

攻城之日宜專委廉能官一員將銀色三錢五錢一兩二兩至十兩或錢百文以至千文萬文及花紅菓酒之類遇官兵採夫能擊傷賊者即時量功大小對衆獎賞庶人心激勸爭相防守

矣

恤下情

勢在危廹上下同命主將必與士卒同甘苦均勞逸問病撫傷如家人父子民始歸心夏月城上散瓜菓給扇傘貯水水煑香薷飲之類以防暑暍冬月城上每垜加爐火煑椒湯各廠加小火爐以禦寒冷尤可憫者小民生意斷絶餬口無資而宦家富室討息催租急如星火獨不思

城一破則房且不存祖于何有本且盡去息于何收貪而忍忍而愚矣主守合曉諭勸免待事平之日再徵催未晚也

擺塘報

計城外要口四面共有幾處每十里為一塘每一塘撥五人每人一更俱于日午時各領起火六枝手銃五口火繩五根燈籠一盞雨具一副各炤派過信地出城伏路哨探次日午時交代

方許回家如遇賊至即放三銃三起火次塘陸續接應守城軍民炤中軍號令上城守禦凡賊來伏路人不在要路哨伏偷藏人家屋廠園林之內睡熟誤事致賊突入城下攻城者伏路人俱比臨陣退縮軍法示衆如出伏違期及該備隨身前項火藥不如法藥線火繩濕落不堪雨具不整及不候交代而輒回家者以軍法綑打一百割耳如有誤事軍法示衆

重偵探

偵探者一軍之耳目也人失耳目則為廢人軍失偵探則為廢軍乃用兵第一要務每營設偵探五人凡賊中消息營内動靜每日一報以便城中設奇制勝若能近賊營入賊隊打聽得的實消息者破格重賞蓋預知賊人如何攻器我便可防如何詐謀我便可應此尤喫緊一着也

孫子曰自古明君賢將所以動而勝人者先知

也先知者不可取于鬼神必取于人知敵之情者也然重賞之下方有勇夫今人豈肯為一囊之錢数段之縧便拚性命入死地探的耗斗用兵一事須是大手段人為之寒酸纖嗇焉能成大事哉故曰用財欲泰

量軍馬

城中軍馬各有部数必料其多寡酌量分派守堞兵若干守者不出出戰兵若干戰者不守中

軍若干主于彈壓遊兵若干主于策應奇兵若干以備更番各墩各塘各探各門各臺各巡視庫獄徼救火雜項共若干其餘多剩皆統于中軍以聽調用

選鋒彈壓 此係中軍

軍撫選鋒曰北主將宜簡練驍勇絕倫之士數干一一皆力扼虎財命中者以為腹心親自統率鎮撫城中以防他盜來机竊發從來一方有急

必借援兵入上知援兵之益更不知援兵之害如唐郭晞援邠州軍士白晝橫行有不嗛輙擊傷市人椎釜鬲甕盎于道甚至撞壞孕婦邠州守白孝德莫敢誰何此援兵之害中于百姓者也如淖齒將楚兵數萬救齊擢湣王之筋懸之梁上竟滅齊國此援兵之害中于主帥者也所以然者客過强主過弱故生死利害反為客所操縱耳强主之道莫先于選鋒凡智可定國力

足趍羣者宜簡而別之禮而重之睽為腹心張為羽翼主將親自統領內以鎮撫地方外以勦滅盜寇明以震主帥之威潛以杜梭兵之害不至客兵勝于主兵若徒而胄馬而甲者譬如羵羊見草而悅見豺而慄雖有百萬何濟于用者哉

遊兵策應四枝

守堡兵夫終是百姓未諳武藝必將本城素練

之兵饒有膽畧善火器弓箭者分遊兵四枝泒守四面幇助守垜人夫壯其聲勢俟有警協力策應一門有警各門堅壁固守不得輕動以防聲東擊西之患

奇兵更畨二枝

四面城垜既有民夫又有遊兵似可保無事矣但恐賊多攻久兵力不支須設援兵二枝一屯城東北隅一屯城西南隅有急各焰信地急為

應援與遊兵更休迭戰以保萬全或城中奸細放火即用此兵救之

屯兵外柵

凡遇敵警須于各城外要害處只相去十數里屯兵分營柵守截殺與城中相為犄角與城下羊馬墻內遊兵相應援要知此兵之屯在于牽綴賊勢使其左右顧慮不敢併力攻城而勝算在我矣故堅守為上策輕出為下策畏避不敢

出為無策

設墩臺

墩臺高三四丈必占山坡高處直起不用階級上下皆用軟梯每一墩小房一間床板二扇鍋灶各一水缸一碗蝶各五油燭鹽米足一月糧火一盆五軍守之銃十門青紅白黑四色大旗各一面紅燈五盞粗徑二尺長三尺蝦羊角梁紅色為之上用油蓋防雨下如墜防風石長竿一根轆轤車繩全備墩軍瞭視賊從何方

入犯晝則放砲扯旗夜則放炮扯燈鄰墩如式
接應照下口訣行之
放砲扯旗口訣
一砲青旗賊在東　南方連砲旗色紅
白旗三砲賊西至　四砲元旗北路凶
放砲扯燈口訣
一燈一砲賊從東　雙燈雙砲看南風
三燈三砲防西面　四燈四炮北方攻

墩法舊舉狼烟但南方狼糞絶少拱把之草火燃不久且遇陰霾何以瞭望懸旗懸燈其法誠便　大約作堠以遠為宜以高為貴以簡為便

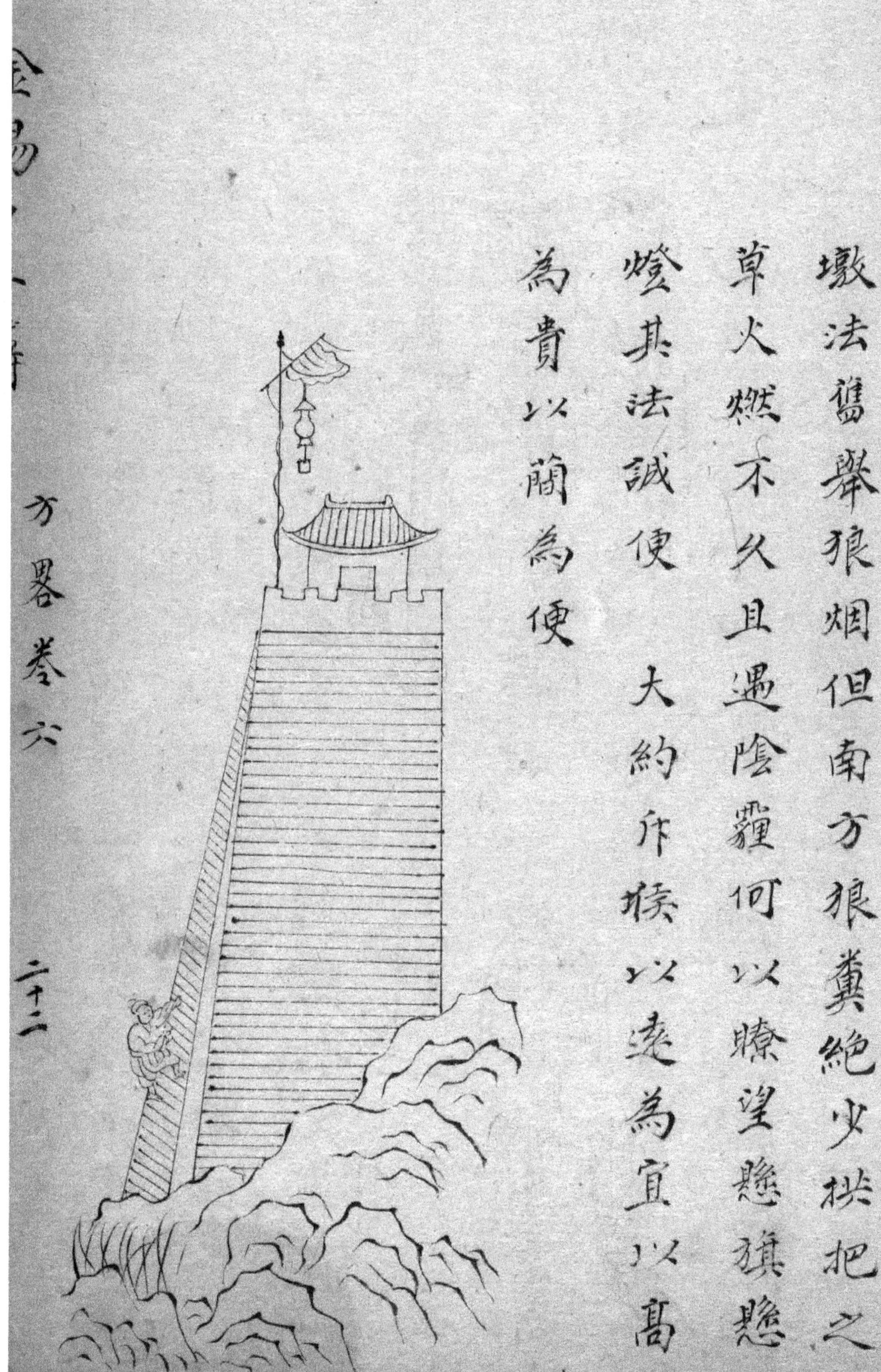

守墩約

一本墩失悞放炮扯旗扯燈賊至鄰墩之下鄰墩放炮扯旗扯燈而本墩後接者軍法示衆

一本墩見賊放炮扯旗扯燈而鄰墩接應失悞者鄰墩軍法示衆

一墩軍不准調用每月一名運薪水二名為一班分為二班半月一换赴墩若聞警報務要盡數在墩有下墩回家者無警綑打割耳有警軍

法示衆該管官連坐

一應備前項什物軍器欠缺一件雖不欠缺而不如法者墩軍綑打割耳勒限置辦該管官連坐

一遇警後但經放過火器油燭不許過三日即要補完遲者以缺少軍法治

查墩約

一每月不拘次數不定日期四面分撥人員藏

點查不到者綁解治罪

一差點人員敢受分銀粒米與墩軍所得之罪一體均治雖素親信並不輕減

一差閱人員不逐墩親到却在總路拘查或託人代查及到墩又點查不明者一體綑打沿墩示衆

一差查人員致墩先數單足五名即看火種有無次看火藥油燭完欠次看號銃裝收何如次

看旗燈有無損壞次看旗桿豎置何如桅繩扯試是否堅壯次看水缸有無水次看米菜等物見存用過數目次看碗碟睡臥處所是否在墩宿歇

一試銃試旗扯旗而不放銃放銃而不扯旗皆不椄應知是演習也

一初立墩必須照依報警習學預于十日前通行鄰近居民及上司知會否則恐驚地方耳目

後不信矣

一官府經過止擊掆鑼不許擅扯旗舉燈放砲以疑鄰墩遶者以妄報殺息軍法治

置望樓

望樓高八丈以堅木為竿上施版屋方濶五尺竿兩旁釘鐵鋒八十個用索上棚四條各一百二十尺中棚四條各一百尺下棚四條各八十尺共鐵橛十二個各長三尺橛端穿鉄環凡起

樓用鹿頰木二各長一丈五尺深埋之出地八
尺用鐵叉會竿數條如船上建檣法其高亦有
百二十尺棚索隨而增之版屋中置望子一人
能視三四十里者手執白旗以候望敵人無寇
常捲旗來則開之旗桿平則寇近垂則至矣寇
退徐舉之寇去復卷之此軍中預備之道也
大約望樓用一柱者樓防傾仄顛仆夾柱者為
佳三柱者尤佳其樓須可升可降方妙

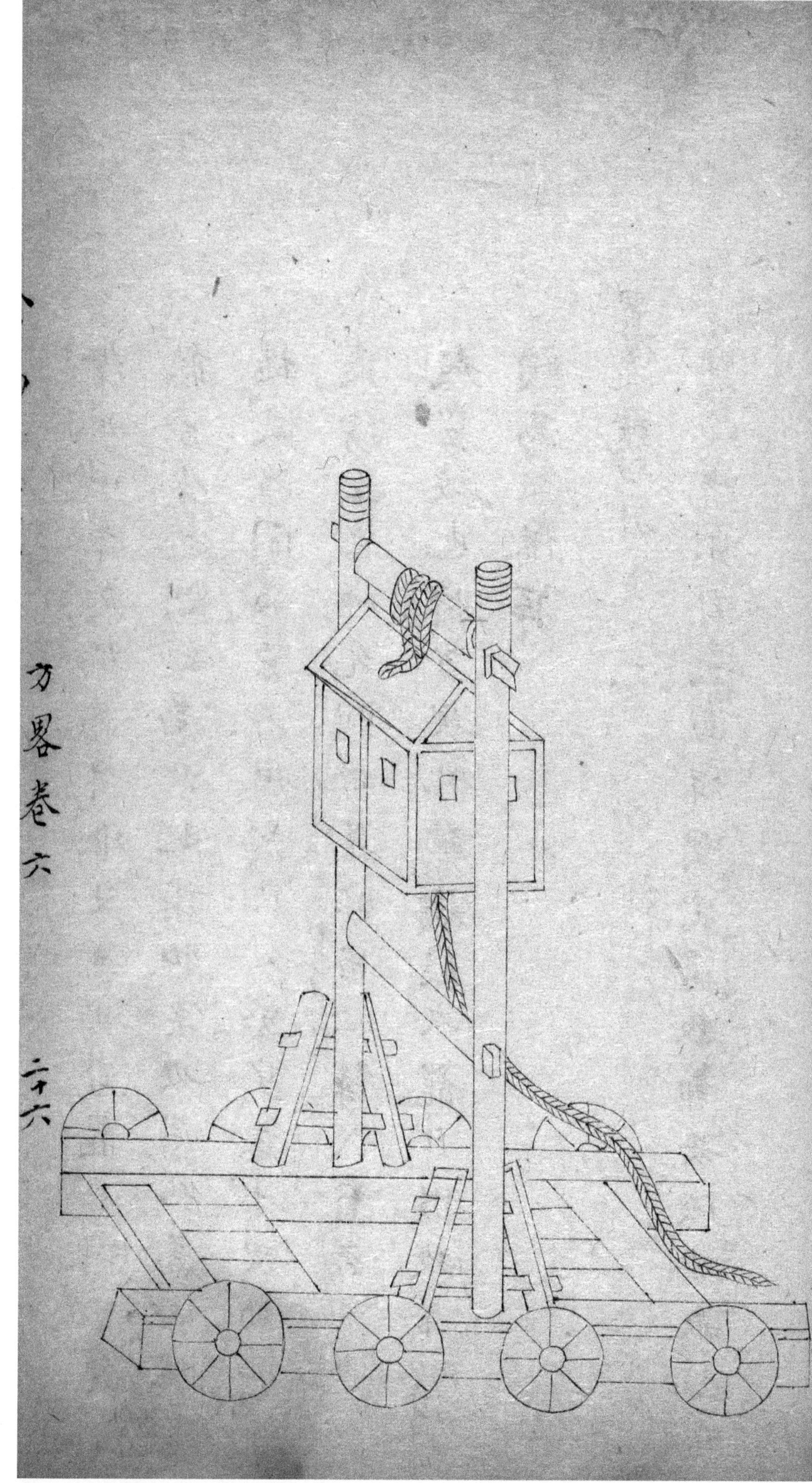
方畧卷六
二十六

滄州城下起樓爲斥堠望十里自罷兵後人莫敢登李允則曰南北既講和矣安用此爲命撤樓徙浮圖北原上州民旦夕登望三十里即時飛謗至京師允則曰某非留心釋氏實爲邊地起望樓也時方與北鄙議寢兵罷斥堠故不欲顯爲之備耳

置遠鏡

望遠鏡出自大西洋國用筒數節安玻璃兩端

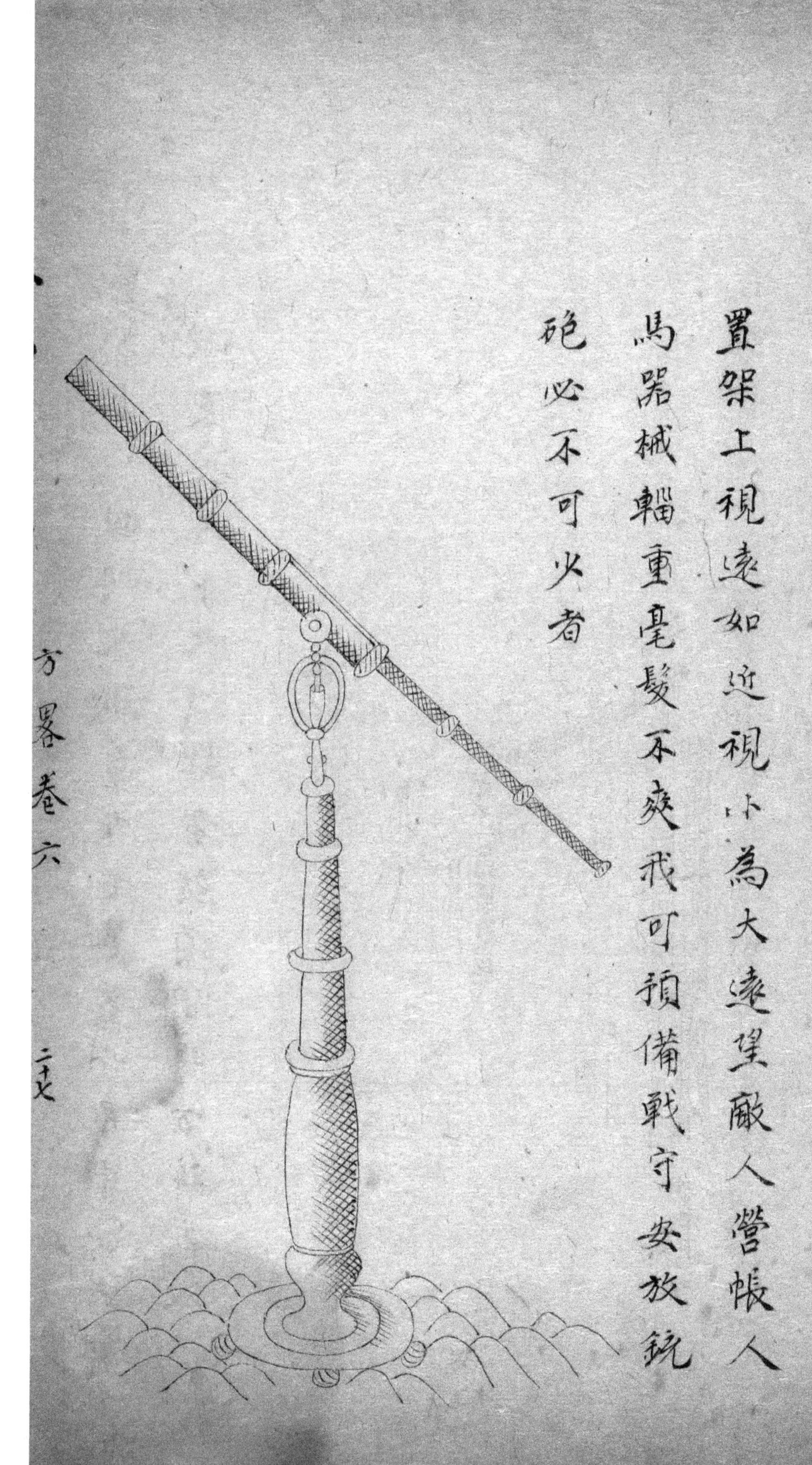

置架上視遠如近視小為大遠望敵人營帳人馬器械輜重毫髮不爽我可預備戰守安放銃砲必不可火者

方畧卷六　二十七

置吊車　四門及敵臺左右各置小吊車四五架
以便兵上下及逃難者然須問明方許吊入

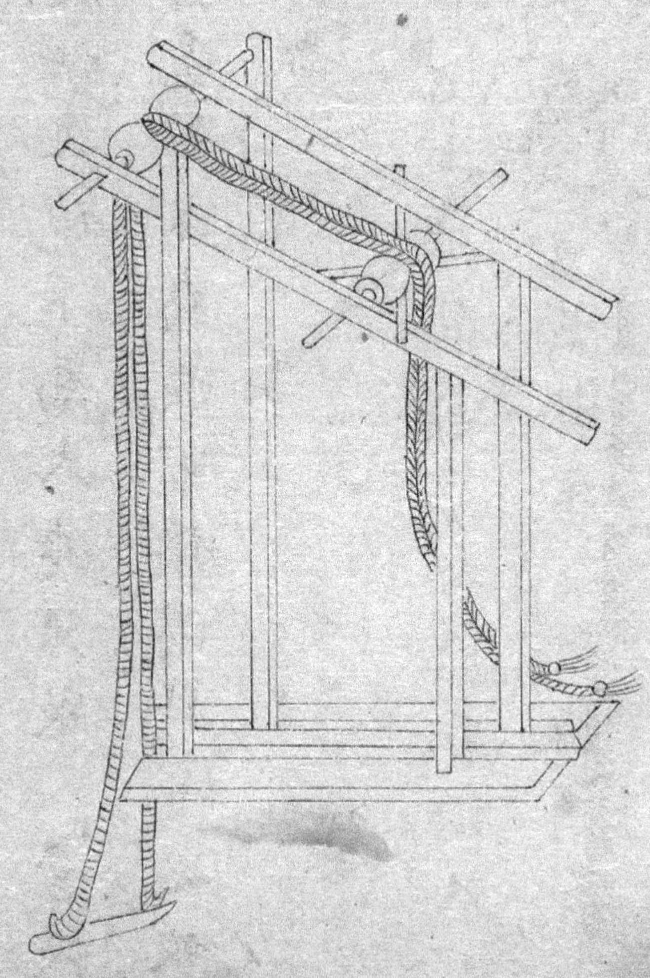

置繩梯

巨繩繫橫梲爲軟梯凡登高則用之

金湯借箸十二籌卷之六終

金湯借箸十二籌卷之七目録

籌申令 有引

中軍號令

總説

四方號令

總説

旗幟燈火號令

總説

中軍黄紙雙燈式

八方懸燈式
中軍坐纛黄旗式
八方各色旗式
守垜號令
泒班換班
分伍立長
書名挨法
傕後傕值
五垜為伍圖
城長旗式
雉長旗式
垜燈
城外懸燈式
城外火毬式

有警輪守　無警輪廵
傳食　歇宿
使利　糞罐
積石三種　懸石圖
捧器圖　灰瓶圖
泥水　壘臺
設栅門　送供應
備紙筆　処邏兵

申令卷七目錄　二

廵警官　斬逃亡

加犒勞　隄防匕乘

對敵號令

總引　齊心引劉錡李第二段

壯胆引李顯忠一段　定氣引魏義張宏範二段

定脚　專目

静氣　堅志

燭奸

遊兵號令

起火流星　各鋪火種

各門快馬

目録畢

金湯借箸十二籌卷之七

淮南李　盤小有（原名長科）

京口周　鑑臺公

古絳韓　霖雨公

籌申令

令者令民知所遵而易從也必上無疑令斯下無二事從木之威賢于反汗多矣故借之一字與智仁勇嚴為將之首務也輯申令

中軍號令

城中高處可以四面瞭視之地或就樓鋪或立敵房主守居之設立中軍旗號用十二丈黃布大旗一面桅杆長五丈預備黃紙雙燈一盞單燈分青紅白黑紙各一盞（黑紙難明乃代以綠）又備青紅白黑小旗各一面大流星爆百枚大銅鑼一面巨鐘一口碗口砲六口手銃亦六口（用止三口多三口者備不响也）其隨銃應該木馬火葯火繩送子等件俱

大旗
雙燈單燈

小旗
大流星爆
大銅鑼
巨鐘
碗口砲
手銃

吹鼓手
無警上城

小令旗
掌號放砲

下城

鳴鑼撞鐘

夜以代燈
旗

備足撥好軍一名專管火種日夜瞭城外伏路號火銃砲吹鼓手八名平時無警凡遇上城時有小令旗一面上書掌號二字吹手見此旗方掌號放砲三敲即將大黄布旗豎起以便人齊上城遇下城有小令旗一面上書鳴鑼二字見此旗方鳴鑼撞鐘一次即將大黄布旗落下以使諭衆下城遇夜以燈代旗吹手若不見掌號之旗掌號之燈切不可掌號不見鳴鑼之旗鳴

喇叭換更

有警放砲搖旗

夜間放砲乂燈

鑼之燈切不可鳴鑼每更盡吹喇叭二鼓催人換更如有警日間放砲三鼓搖動黄旗如東方警則加青小旗東南隅則加半青半紅小旗餘方倣此擊鼓催兵落旗鼓止夜間放砲三鼓乂起雙燈如東方警則加青單燈東南隅則加半截青半截紅燈餘倣此擊鼓催兵落燈鼓止游兵戰隊各認方色策應而諸原派守城者不得擅離信地以防鼓東擊西也如二方三方四方交

發亦各認本色策應失悞者斬

四方號令

本方旗號

四面城樓四角樓亦各豎本方旗號以六丈布為率而游兵將領雉城長各認本方色旗如本方有警晝則摇動本方色旗夜則义起本方色單燈擊鼓催兵夜或再加流星無事則鳴鑼止之

本城雉旗

本城雉有警則摇動本城雉旗夜用小單燈城門及四隅油燭火藥遶單種火等項俱炲中

軍

旗幟燈火

中軍十二丈黄布大旗一面竿長五丈晚用黄紙雙燈

四門六丈青紅白黑布大旗四面竿長二丈晚用各方色單燈黑紙雖明以緑代之下倣此

四角六丈大旗四面東南方上半青下半紅西南方上半紅下半白西北方上半白下半黑東北方上半黑下半青竿長二丈晚用各方色單燈如東南方上

（青下紅餘可類推）

每百操二丈各方色布旗一面竿一丈五尺（晚用小單燈）

每五操五尺各方色小布旗一面竿七尺（晚用小單燈墜城下）

中軍焰四門四角大小方色旗各一面以便傳警（晚用各方色單燈）

旌旗金鼓所以一人之耳目也爰製八卦之

旗以太極為中軍其詭設物象書符畫魅弗取也夜則以燈代之

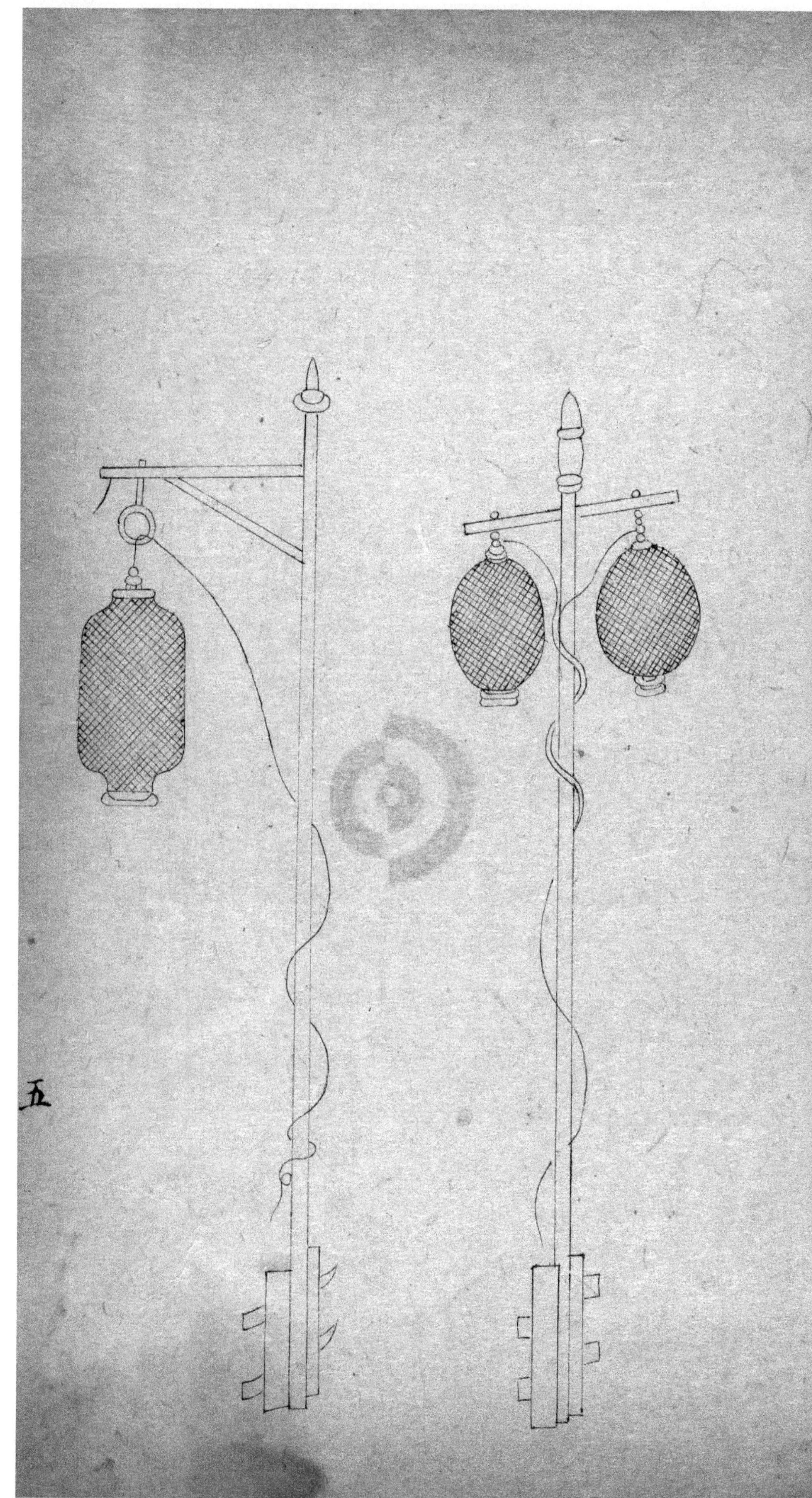
五

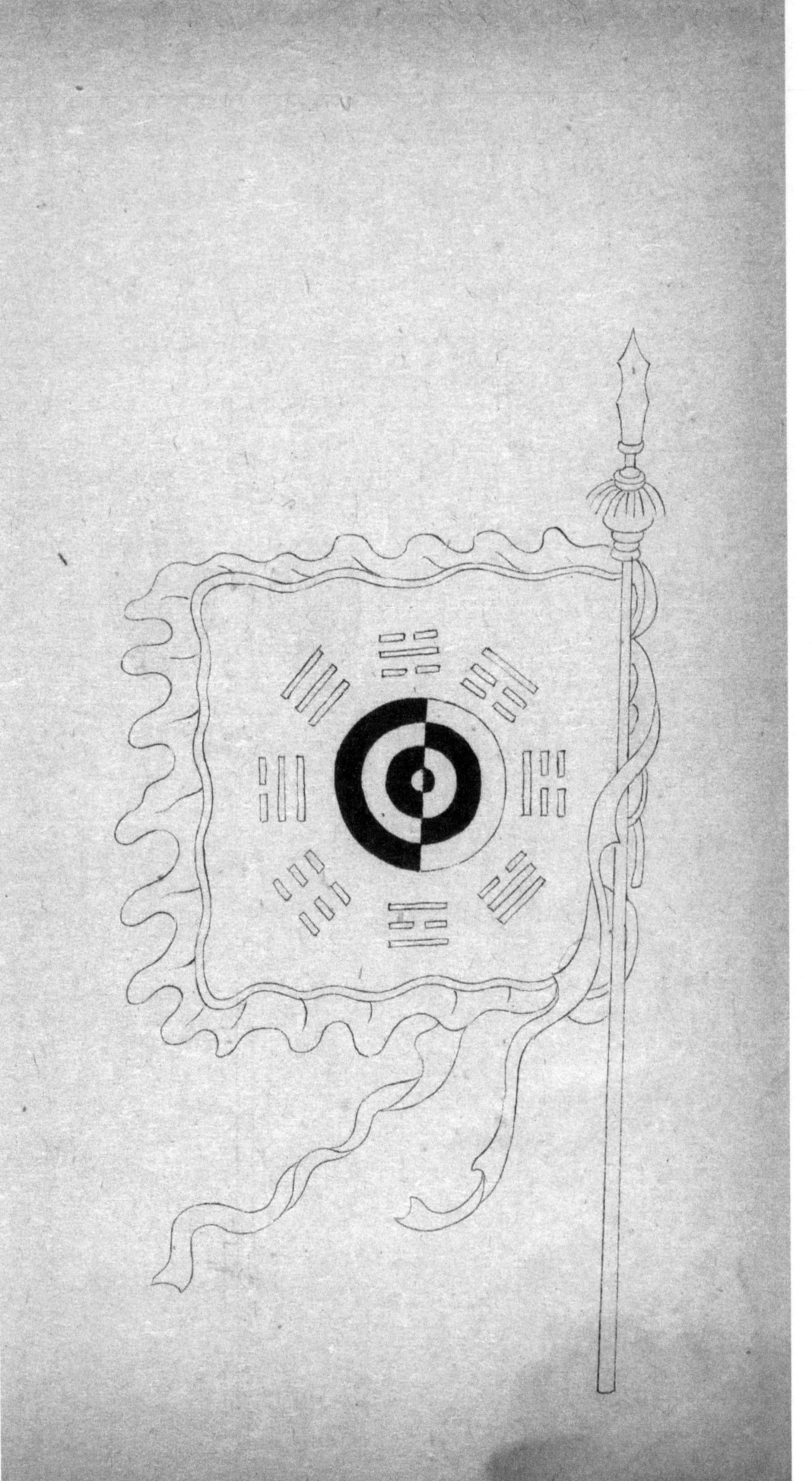

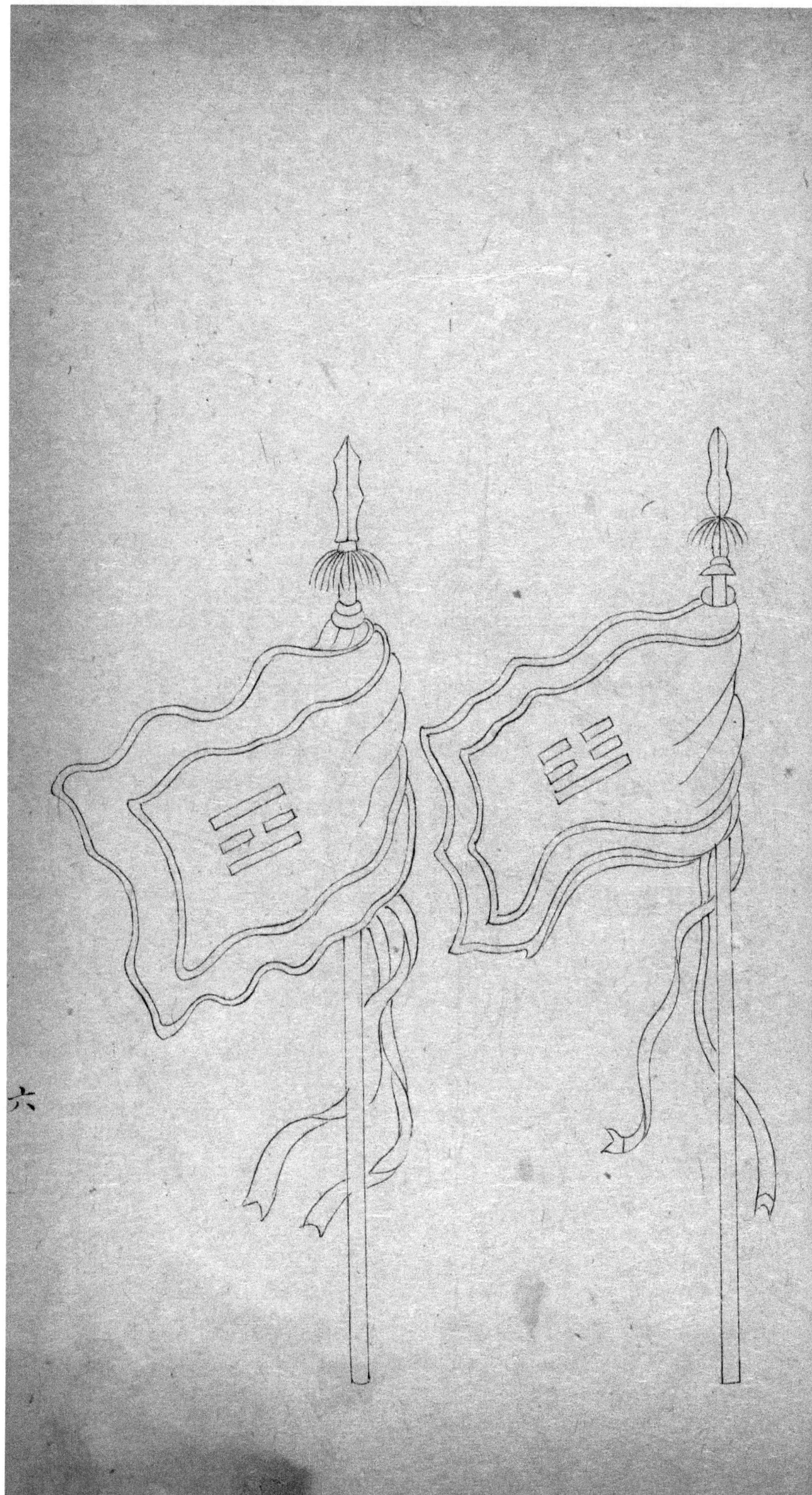
六

◎

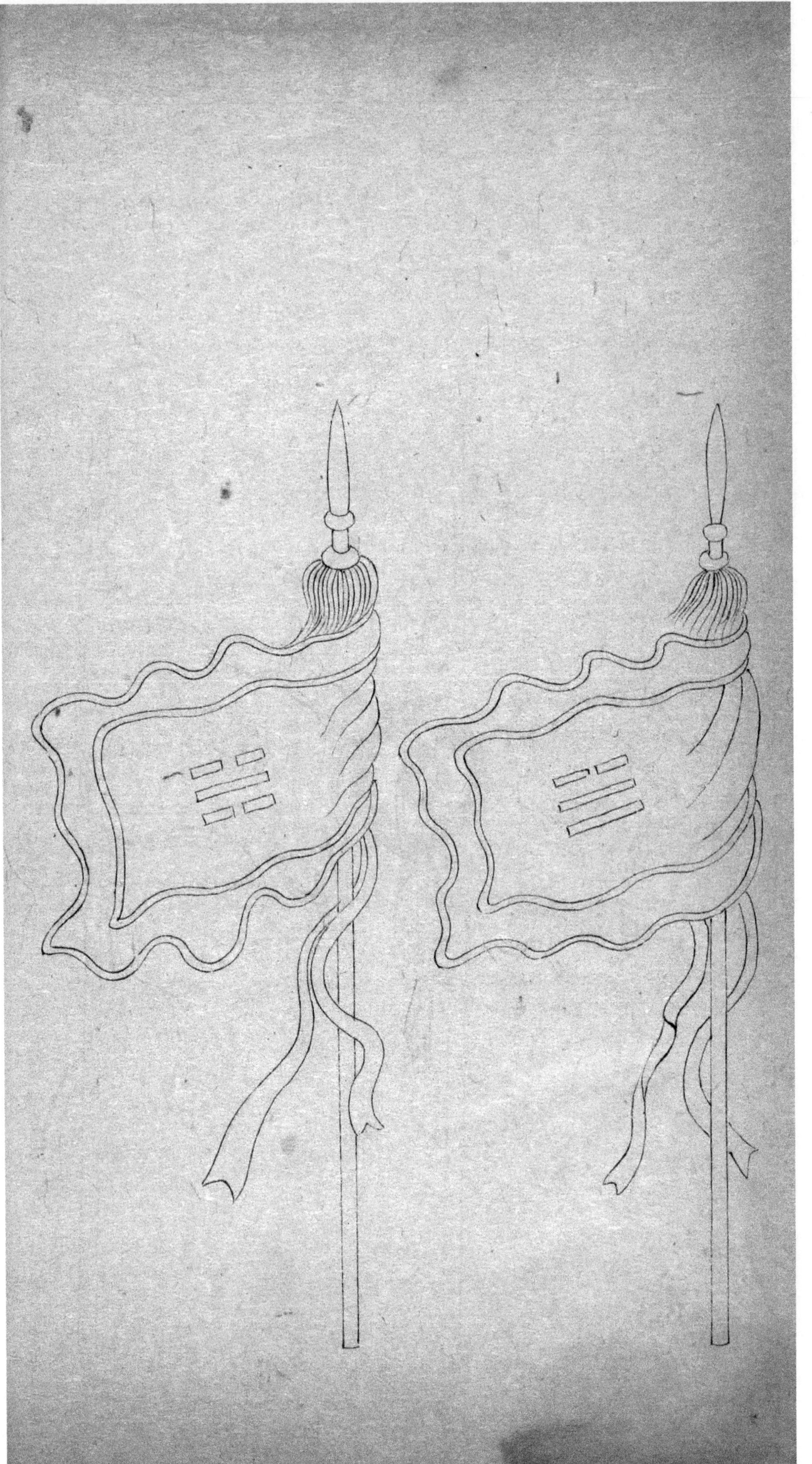

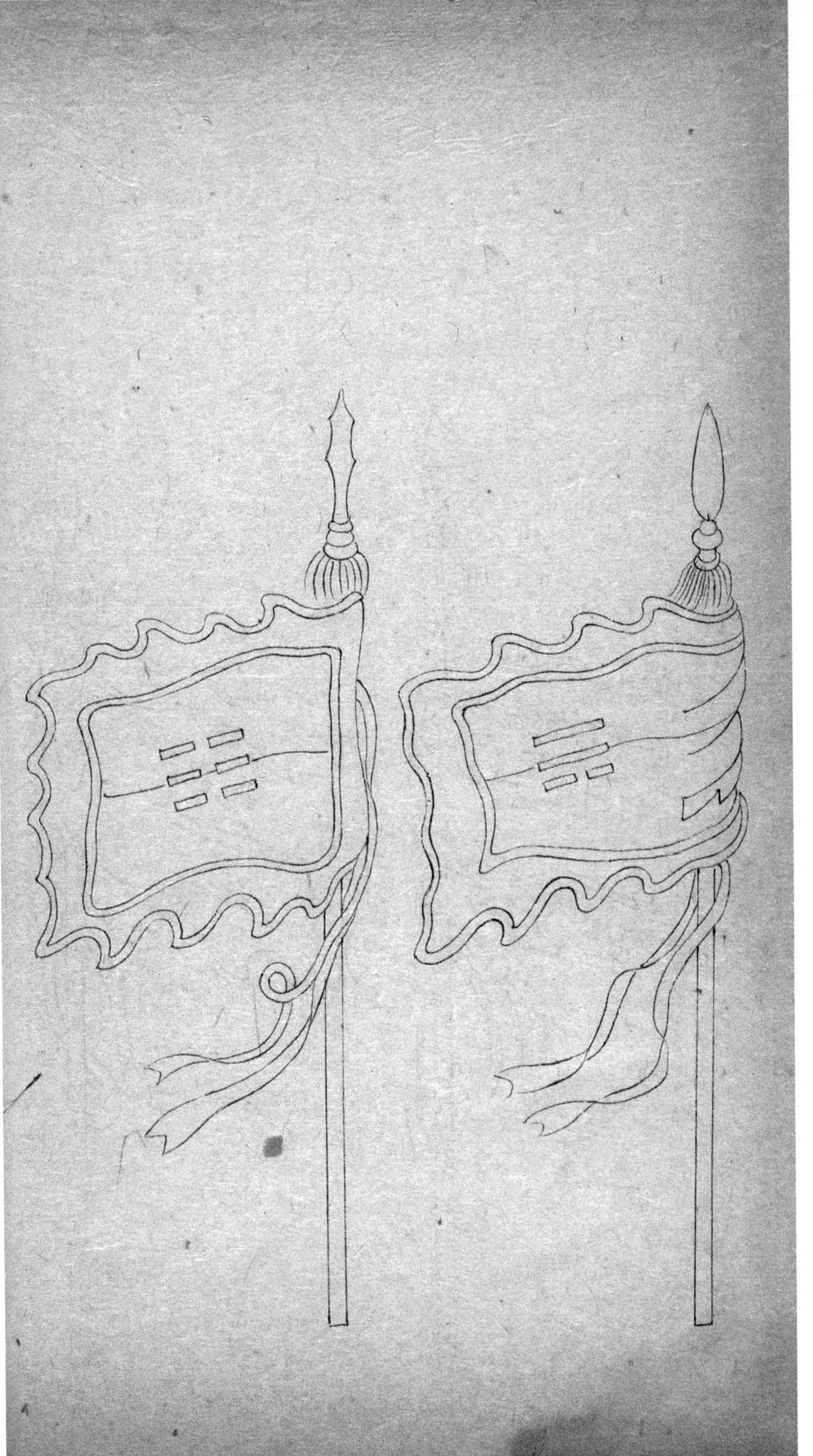

更番迭換

伍長
城長
雄長

守墩號令

一派班換班　守墩夫必計其多寡派作二班或三班每一墩用灰粉白内書墩夫姓名各認定防守更番迭換以休養息力如頭班一晝一夜次日即改二班再次即換三班各置簿定限彼此不得推諉

一分伍立長　五墩為一伍立一能幹者為伍長二十五墩有城長百墩有雄長伍長城長雄

若人數多則城長雉長當在垜長之外

伍長旗

長各執旗伍長填五垜夫姓名在城內城長書五伍長姓名在旗內雉長書四城長姓名在旗內各有統領各有分責庶可齊一亦便查核東面自南起伍長旗寫天地元黃字號城長旗寫東城一東城二字號雉長旗寫東雉一東雉二字號餘可類推各門各角又分管各雉長白日止竪旗號各長輪守之非寇至不用軍民上城以息其力

排旗真正姓名

一書名椄法　凡垜口上用石灰塗白將各戶所出之人或正身或僱人俱要真正姓名左右排書其鄉紳之家即書某鄉紳出某人一一明列有力大戶僱人數多亦上書本名下書所僱姓名以便臨時查點既受若值應代若役如有

替身椄法問決

違悞替身椄法問決主人亦以失于譏察輕重抵罪

僱募本坊

一僱役僱值　守垜僱募者本坊人戶止可僱

申全卷七　九

本坊之人如本坊無人方可跨坊另僱所僱之
人俱要强壯守本分者不得以老弱奸棍充数
每日工食官定價米二升錢十文殺賊有功犒
賞在外

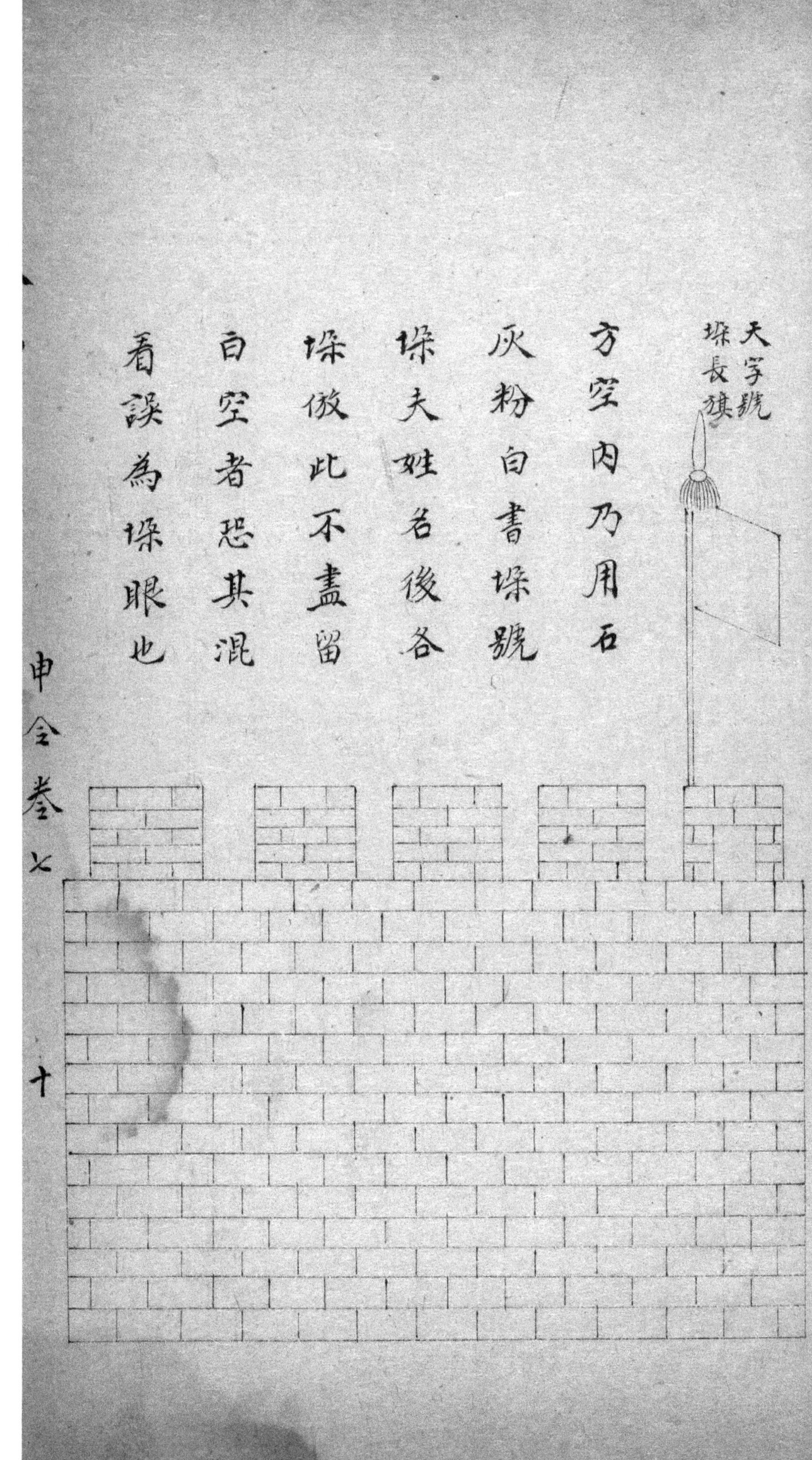
天字號
垛長旗
方空內乃用石
灰粉白書垛號
垛夫姓名後各
垛倣此不盡留
白空者恐其混
看誤為垛眼也
申令卷七
十

十一

十二

◎

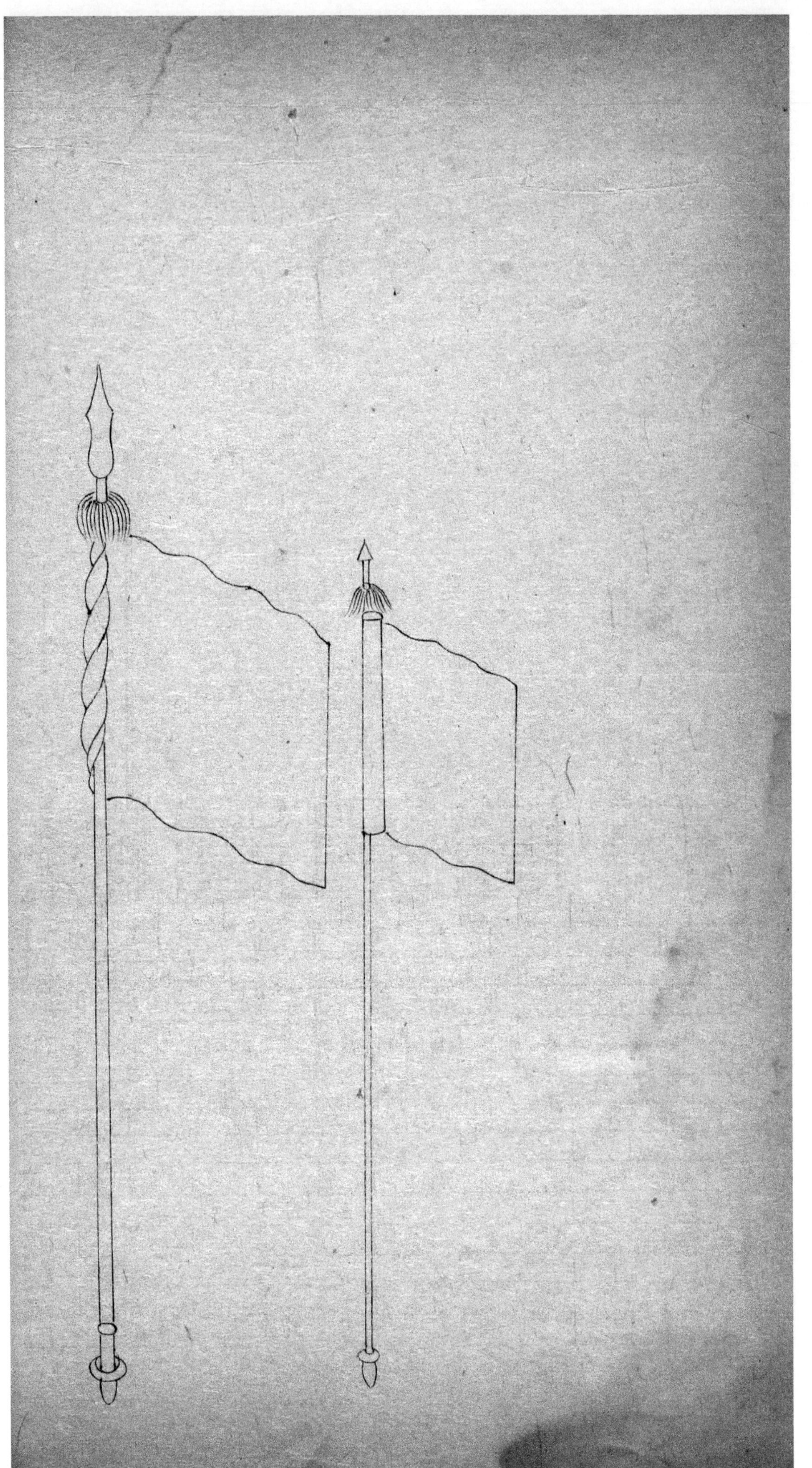

五垜一燈

防雨防風

十垜一火毬

一懸燈　每五垜一燈用新油紙者方明亮燈上用一油紙蓋以防雨蓋上仍壓一小瓦片以防風若篾箬蓬蓋尤佳每燈製一挑竿索懸城下離地七尺火光下映我能見賊賊不見我換燭即輪更之人不許悞事然懸索置細止勝一燈庶賊不能攀躋每十垜用一火毬所費比油燭減易燈油垜長派備

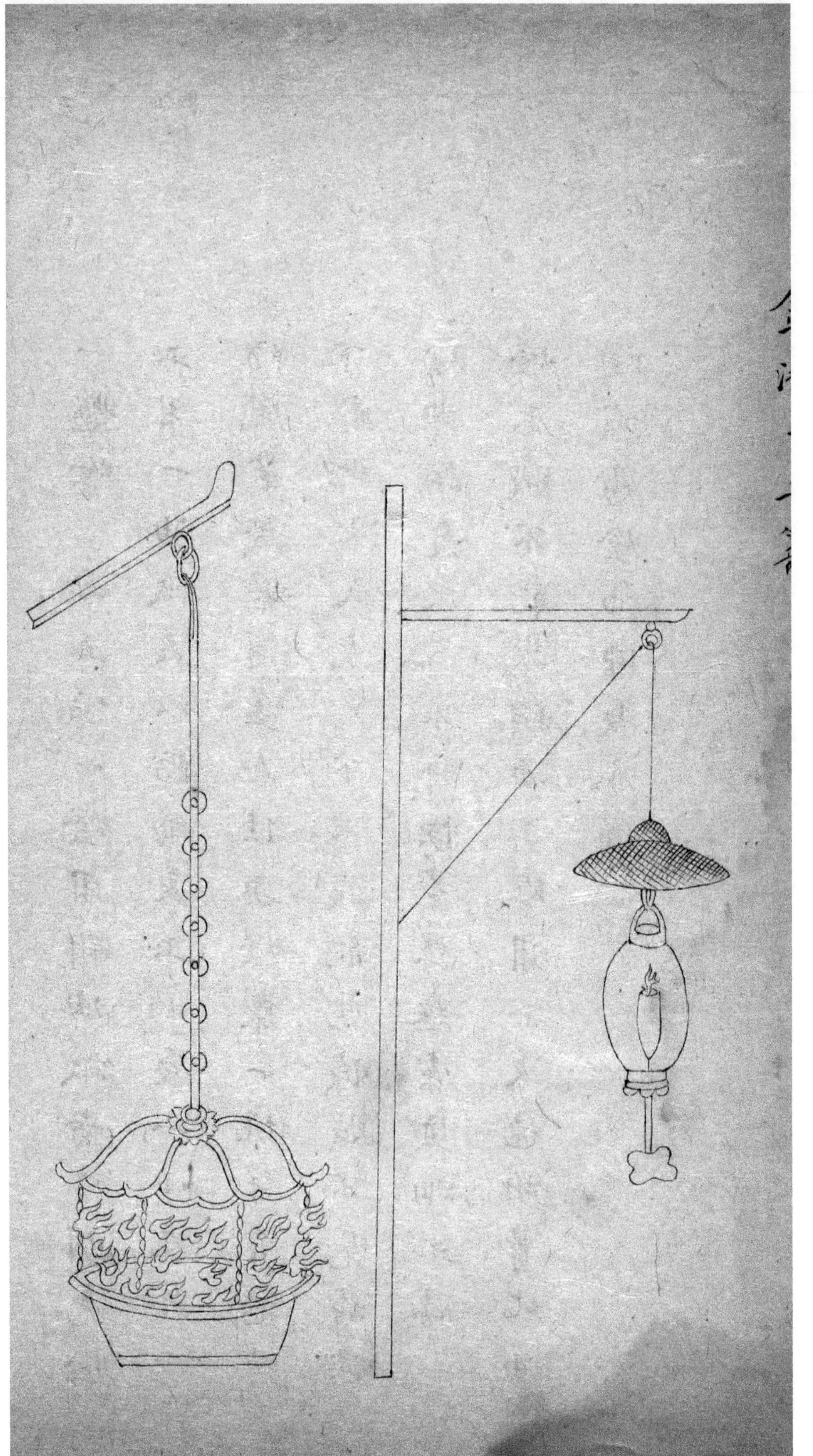

一人輪守
一更
每更一夫
登石擊柝
木牌

一有警輪守　每夜一人輪守一更每垛各置
一石大二三尺高稱之每更一夫執小旗登石
擊柝站立既高則可以俯瞰五垛城下有無奸
細其餘四人穩卧倘遇有警喚醒同伍四人則
名雖一夜之守實止一更之勞也轉更輪換聽
中軍喇叭各門應之每伍置一木牌伍長註定
某人某更不得推諉失悮該直者要注定眼力
不得滅燈火又戒出頭外望以防飛矢銃彈所

傷輪睡者亦不得脱衣如聞中軍砲響懸起渡
燈則同伍者一齊向外持械站立力非候中軍
落燈止號方許就睡
一無警輪廵　以三十垛為一牌每夜止用一
垛之人上城一名廵上半夜一名廵下半夜各
帶器械燈火靜行視聽不必擊梆有所見聞鳴
鑼警衆止在三十垛界内往來廵視其夜廵或
家人或僱覓仍要正身出其不意親為查點以

正身查點

防偷安次早將牌轉送下戶每月輪流一遍週而復始一年一家不過數夜就是小本生意白晝貿易夜間巡城亦不耽悞

一傳食　凡守城人戶以一日爲率辰申二時不能不食

無警送飯

無警時送飯聽四門梆起各城長傳梆送飯人方許上城再次傳梆送飯人即時下城如私自下城飲食者立斬

私下城立斬

有警造飯

有警時造飯城下各伙所分人口五保屬一火頭一日三飯三更

時麵飯火頭各焰所管之人以器盛飯城上人用索援取每鹽菜總一盤有送私食者不禁

私送食不禁

一敵宿每垛口五箇立草敞一間下用版鋪勿使泥濕傷人上用苫蓋四面皆堪遮蔽風雨遇樓鋪即聽以樓鋪充之不必另立

草敞

一便利五垛共大鐵鍋一口如灶式下可容火大小便利悉具在其内備長柄澆杓數把賊來攻城勢必仰面煮令沸熱用杓澆或用箒噴

大鐵鍋

澆杓

砌

各聽人使

一糞礶　先以人清塼槽內盛煉擇淨晒乾打碎用篩羅篩細盛納甕內每人清一秤用狼毒半斤草烏頭半斤巴豆半斤皂角半斤砒霜半斤砒黃半斤班毛四兩石灰一斤桐油半斤入鑊內煎沸入薄瓦礶容一斤半者以草塞口擊攻城人或覺熬熱澆之可透鐵甲中則成瘡潰爛放者仍以烏梅甘草置口中以辟毒

三種石

入城納一塊

一積石　石有三種一曰擲石自一觔半至五六觔者每垛一堆高圓三尺又五六十觔者五塊措辦不及令入城者人納一塊一曰大石每垛一塊或磨盤或陸軸或搗衣石大約一人之力能舉者預布垛頭賊椎車頂門下梯肩版將此石向頭椎打一石不中又借鄰垛一石擊之不中又借一石必退而後已一曰懸石用上大石足鑿一孔下繫鐵繩上續蔴繩用法同之

懸石

一棒器　用有底通節麄竹二尺每丁埋一箇

在垜口裏面各軍所執器械鎗刀銃矢棒筒內

立之

一灰瓶　取生石灰末入小瓶内每垛須積一堆將口塞住如賊臨城從上拋下擊打灰飛損目不能久立

灰瓶

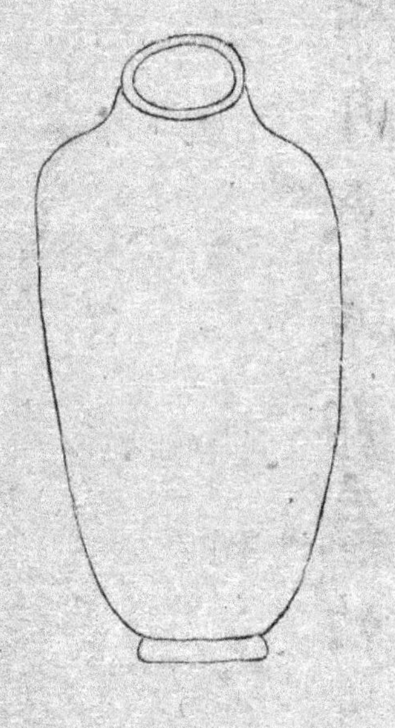

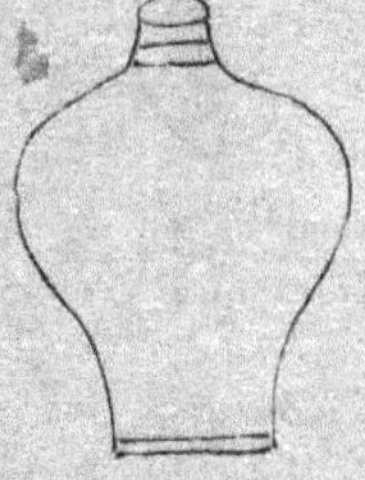

泥壘小臺

一泥水　賊戴木排門扇木船竹圈之類遮護其身突來攻城此時矢石不能擊長鎗不能入何以破之須用水和泥擲之泥在木上不墜泥多則重又擲巨石於泥上石亦不墜泥石相壓戴者不能勝自然退矣

一壘臺　垜口太高難以外望各炤信地泥壘小臺須要垜口齊胸以便下視若原有石砌臺基更妙

竪立栅門

一設栅門　上城處竪立栅門撥兵看守不許垛夫私下反閒雜人潛上一防攪亂軍伍一防奸細外拾止放飯換班一開至晚中軍放砲則封鎖不開如緊急則茶飯挐送城上止於換班放出

典掌

一送供應　城上每段立一典掌置小旗數面凡遇需用物件寫字貼旗上舉示城下城下各段亦有主者預簡備用雜物各為部分謹伺舉

巡邏兵十名

旗即應從上城勿令緩急缺之又設雜役軍人量爲多寡專司負挈所需物件

一備紙筆　每雜頭備桌一張筆硯一副小紙條寬一寸者一百以備緩急取物寫字傳知

一設巡邏　各垛兵勤惰不一須常稽察然使人人點名更更喧嚷則守垛者不能瞌睡精神困疲非計也當以城門爲限如東門至南門之類每門設巡邏兵十名置小紅旗一面中書巡

挑燈執旗

邏字每更兵二名輪班絡繹巡視上挑燈執旗往來垛口不許吽喝打梆摇鈴若有垛夫熟睡不行瞭望并垛口燈火斷滅者隨掣更旗次早總巡官處稟究仍行喚醒點燈不許擅自喝打責法重治

巡警官二員

更牌更箭

一設巡警　邏兵猶恐踈虞每門設巡警官二員各與馬匹置更牌更箭如東巡至南門時值二更東門官將一更箭交付南門城樓上官驗

共五斬

牧南門官隨付二更牌與東門為驗輪番送周
次早送總巡官處查考若各官將牌箭私授不
親巡警者查出以軍法重治其巡警官先察巡
邏十人若見各垛口偶有睡熟失瞭隱燈者挈
其更旗巡旗次早并送總巡官處究治亦止許
巡視不得呼喝敲梆驚擾守垛之人
一斬逃亡　守垛夫下城逃走遊兵拿獲到官
立斬使人知守不必死退必不生不畏敵而畏

戒

風雨加勞

一加犒賞　夜中或值風雨正奸人乘機竊發之會宜倍加嚴謹預備蓑笠臨時取用當風雨之夜無論家人僱人格外加勞

一防乜乘　賊之攻城也有乜乘乘我之倦如日夜勞苦神疲力竭之類乘我之怠如日久心安官不戒訓民不恐懼之類乘我之忽如風雨雪夜賊遠賊稀思想不到之類乘我之無備如

兵刃不利矢石不足火砲缺乏之類乘我之踈如城有单薄地有平波外有攻衝之資內有不備不具之類乘我之緩如往日遲心怠意一時招架不及手忙脚亂之類此七乘者城之安危所係不可不慎也

對敵號令

遇有警報中軍晝則放砲扯旗夜則放砲扯燈各軍民炤派信地垛口各執器械垛長城長雖

長率領向外立定相賊遠近施放矢石如有老少塘塞遷延不到者塘長稽名報官本犯即以軍法處治容隱者一併治罪緊要七款開列于後

一守城要心齊　城上四面防守之人無分貴賤大小均以性命為急各為自己身家守非為他人效力也要齊心一體勿懷慳心我飽而人飢勿懷懶心人勞而我逸勿爭利而趨勿懼害

而避勿因小嫌而彼此睹氣勿懷小忿而彼此相爭違者綑打一百至於一垛有急一伍協力一賊上城五夫下手敢有觀望退縮躲避不前者一伍之人俱斬首示衆

劉錡守順昌

軍士皆奮

劉錡守順昌置家寺中積薪於門戒守者曰脫有不利即焚吾家毋辱敵手也于是軍士皆奮男子備守戰婦人礪刀劍爭呼躍曰平日人欺我八字軍今日我當爲國家破賊立功大敗金

李芾守潭州

老弱出結保伍

飲血死戰

人這是一箇齊心的樣子

李芾至潭州城中守卒不滿三千芾結峒蠻為援繕器械峙芻糧柵江修壁及元兵至芾慷慨登陴與諸將分地而守民老弱皆出結保保伍助之不令而集芾日以忠義勉將士死傷相籍人猶飲血乘城殊死戰有來招降者輒殺之以狥這是兩箇齊心的樣子

一守城要膽壯　賊之性命與我一般彼不皆

勇我不皆怯彼不皆巧我不皆拙彼以捨命成功我以貪生取死耳彼在城下仰攻有十倍之難我在城上下打有十倍之易人見賊扒城便爾膽顫見賊上城便欲驚逃不思一人驚走千人皆散一散之間賊俱入城父母妻子箇箇殺死若放開膽力站住不動與賊敵鬭賊安得上城是站住者滿城得活走散者大家同死但有見賊退走一步者登時斬首示衆

李顯忠取斧砍敵

金師李撒師步騎十萬攻宿州李顯忠竭力捍禦城東北角敵兵二十餘人已上百餘步顯忠取軍所執斧砍之敵即退却這是一箇壯膽的樣子

一守城要氣定　凡百餘步外賊吶喊衝塘或先鋒前哨發言要攻者必不可動切忌妄發矢石火器既不中賊又損實用嘗曰守里不如守丈守丈不如守尺愈遠徒勞愈近得力若氣不先定使自慌忙亂放鎗砲矢石器械已盡氣力

已之心胆已亂待賊近城何以敵之此守城第一大戒也離城數十步方齊立攻打賊退後各人急須嚴守自己垜口聽上人頒賞均分不許爭功爭賞致失守悮事違者以軍法重處

袁紹自出拒公孫瓚瓚兵三萬其鋒甚鋭紹令麴義領精兵八百先登瓚輕其兵少縱騎騰之義兵伏楯下不動未至數十步一時同發讙呼動地瓚軍大敗斬其將嚴綱獲甲首千餘級這是

麴義兵伏楯下不動

勢險節短氣何等完

張宏範命將士負盾而伏

何等氣定

一個定氣的樣子

元張宏範師舟師逼宋于厓山豫構戰艦于舟尾以幔障之命將士負盾而伏矣令之曰聞金鼓起戰先金而妄動者死飛矢集如蝟伏盾者不動舟將接鳴金撤障弓弩火石交作頃刻並破七舟宋師大潰抱其主昺赴水死這是兩個定氣的樣子

一守城要脚定　每垛各有信地東西南北不得過五尺假如賊欲攻西先在東面熱混撤哄

人護東門則西面必鬆他却一枝兵來机一擁自西登城謂之聲東擊西聲南擊北聲晝擊夜聲情擊雨總是出其不意攻其不備八箇字耳

兵法擅離信地一步者斬如攻東雖十分緊要三面之人安定不移自有遊兵火速向緊急之方齊力防護惟許垛長延視往來若遇他人一垛斬首示衆

一守城要目專　目力不精則緩急失候守垛

之人遠望近視頭不敢回顧眼不敢轉睛放銃發箭則端相賊身下石檑木則端相賊腦下鉤刺鎗則端相賊心使鏟斧大棒則端相賊頭見手則斷其手見頭則斷其頭手眼萬分留心不可遲緩一刻毫髮之間生死所係任他千轟萬亂吶喊搖旗只要眼力觀看不可一毫動心凡垛長城長雉長巡視困倦者輪流歇息但有見班打盹怠惰者穿耳示衆

一守城要聲靜　城上喧嘩則號令不聞心志不一警戒不肅目力不專此敗道也故城上相呼各以手勢說話各以喉聲夜間尤要安靜無聲聽賊消息四城門俱有更鼓每交點放砲一聲高聲人大叫一聲云大家小心城上衆人齊喊一聲餘時俱不許動一些聲息使賊不得掩彼形聲探我消息也城上白日屏去鈴柝止豎旗號不許一人喧嚷城上不譁城外有警亦可

傳報以便策應如攻打被傷亦不得大言震喊
高叫驚走但有喎噪閒話者割耳示衆
一守城要志堅　兵貴如山千搖不動百震不
驚庶乎賊智自窮我守可固昔曹成攻賀州日
久不下忽有一人登城大呼曰賊登城矣守城
之人都滚下城賊遂登城此曹成之計一人訛
言萬人驚走以後守城丁寧此令但有一人謡
言惑亂人心者守城之人寸步休移抵死莫動

◎

將謡言之人與先動之人當即斬首懸高竿示衆

一守城要燭奸　賊在城外屯聚以逸待我勞以飽待我飢以寧耐挫我鋭以優游懈我心假言解圍以安我意假言增兵以寒我胆乍動乍靜以疲我精神緩進零衝以耗我氣力忽散忽聚以老我智謀築壘增栅以示我持久我意已定一切勿動撤圍毋喜疾攻毋驚歸師毋躡示

怯毋進約和毋信偽隙毋乘忽退毋解久持毋
戮有進援毋出奔奔必死援必生
古今名將用兵未有無節制號令而能取勝
者今將中軍以下號令合行刊刻守城之人
各給一本如某項人某數款要緊識字者自
讀不識字者聽識字之人解說明白字字依
行

遊兵號令

每門每臺各備起火流星事急則燃之本面遊兵即行接應不許稽遲

各鋪備火種一盆不許種絕

各門備快馬數匹以傳警信

金湯借箸十二籌巻之七終

金湯借箸十二籌卷之八目錄

籌設防有引

防門

槎牌圖　金錐板圖

鐵揷板圖　鉄揷板說

鉄鉉濟南用揷板　刀車圖

羊佩鐢扇　鐢扇圖

七星池　羊佩下水沃火

姚仲酒缶

孟宗政囊糠甚沙

備井水

備水鈌

火月城

楊智積孟薪助火

防垛

懸簾圖

懸户圖

木女頭圖

劉琦埋輪撤扉

張延大環破鉤車

絮被

傍牌

奈何木圖

浮籬圖　垂鐘板圖

笓籬笆圖　皮竹笆圖

木馬子圖　狗脚木圖

洞子圖　布幔圖

防墻

韋孝寬木柵　韋孝寬守玉壁

孟宗政火山偃月城

偃月城圖　突門虛壘

備修築

防奸細

嚴搜逐

查流寓

查寺廟

查樂戶

加外鎖

防窮民

清保甲

查傭工

查客店

立内栅

總引　　　　虞詡三科募士

王式開倉賑貧

防內應一　此係敵間為內應者

禮至掖殺國子　　　吐蕃結婚門者

李希烈使勇士應募

防內應二　此係內賊為內應者

莒婦人縋齊師　　　李自孝陰與蠻通

劉昌裔計斬內應

防詐門

幽州賊詐弓高　也仙詐大同

防詐降

王式捕斬賊諜

防詭冒

欒盈詭冒婦人　李密詭冒婦人

蠻人詭冒婦人　趙暉詭冒救兵

防暴來

司馬懿八日至新城

王德十六騎徑入隆德府

防潛襲

韓軌宵濟襲華州　孟珙襲石冗

防離叛

總引　田單計劓齊降者

劉鄩計斬王彦温

防風雨晦明

李愬雪夜擒吴元濟

李全踏氷襲泗州

防佳節時令節

高歡元旦破秀容　狄青上元奪崑崙

靖難兵中秋破雄縣

防敵退而實進

滿寵料孫權　徐温破虔州

防敵去而復來

呂好問請禦金兵復來

神師道請備金兵再至

防敵聲東擊西

周亞夫備西北　　郭淮備陽遂

李光弼嚴警邏

韓遊瓌備東北　　畢再遇徑趨東城

防敵求和挾詐

侯景偽和陷臺城

防火變

總論

防火藥

磚庫地窖　戒燈備水

防草場

總說

防牢獄

總說

防庫
總説
防隙地
兖州水竇

目録畢

◎

金湯借箸十二籌卷之八

淮南李盤小有原名長科
京口周鑑臺公
古絳韓霖雨公

籌設防

許洞《虎鈐經》曰：善守者，如環，使敵不得其間而入焉。守圍者，棄土閑心。太平時尚思患預防，况烽火已傳，可泄泄視之乎？一刻不防，則

一刻即生鑄端一處不防則一處便開瑕竇甚矣防之不可不早籌也輯設防

防門

樘牌　量城門高下濶窄豎木造之厚四五寸外用鉄葉排釘鋌裹城上照門洞中空一尺濶長渠將樘預懸穿城上兩邊栽壯木二根橫架圓木一根中安二滑車樘牌用麤繩繫住若遇焚城門之患土壅不及將牌放下隔阻

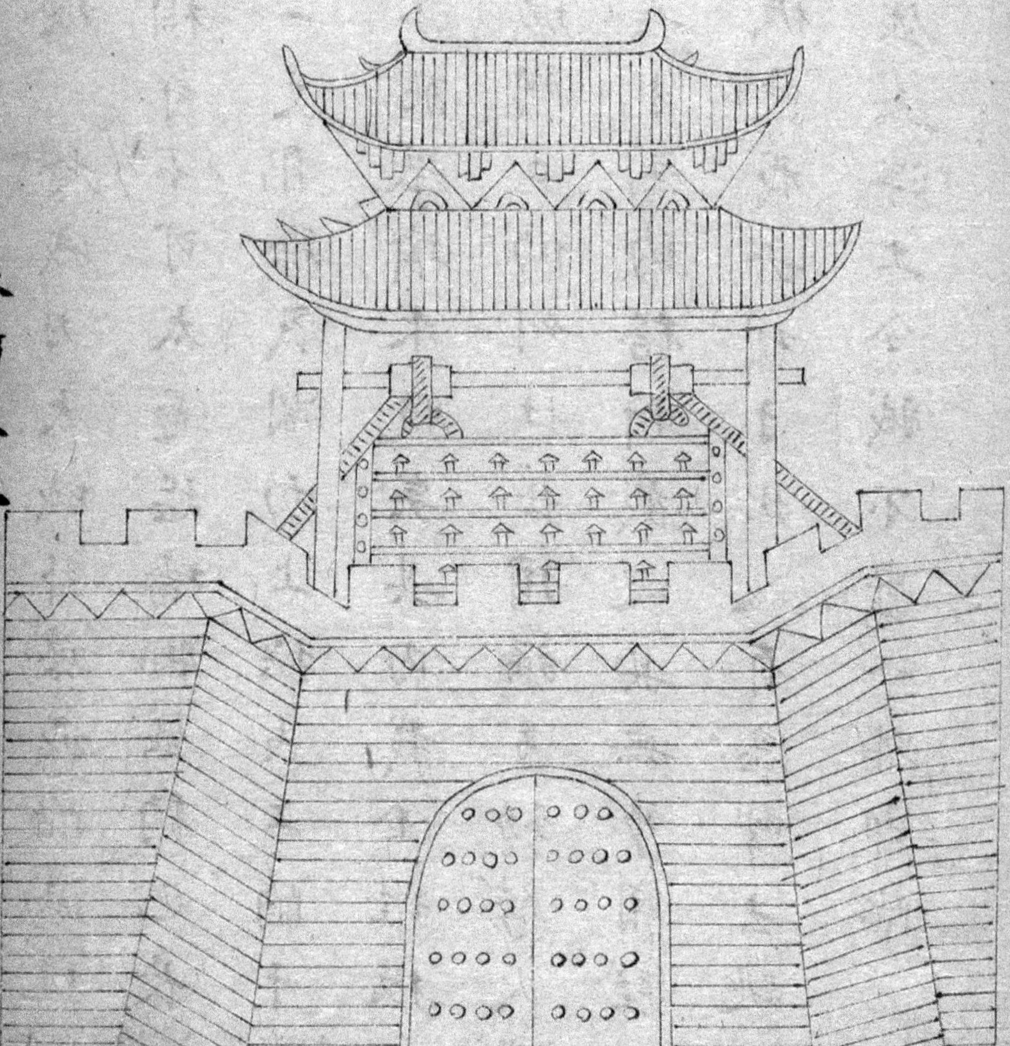

設防卷八

金錐板　越城内大城外築成陷馬坑濶狹與城門相等不可太過恐墻脚虛顫也長可一二丈深一丈有餘底濶而上狹蓋上峭于下賊一墮勢不能攀躋求脫矣其内栽金錐板週圍墻上内城門口仍列壯士用强弓勁弩火器礮石利刃長矛為鈎搭斬截之具無事用壁木搭上為跳板使我兵利于出入有急掣去跳板用薄蘆蓆虛蓋浮土令賊不覺一蹈即陷

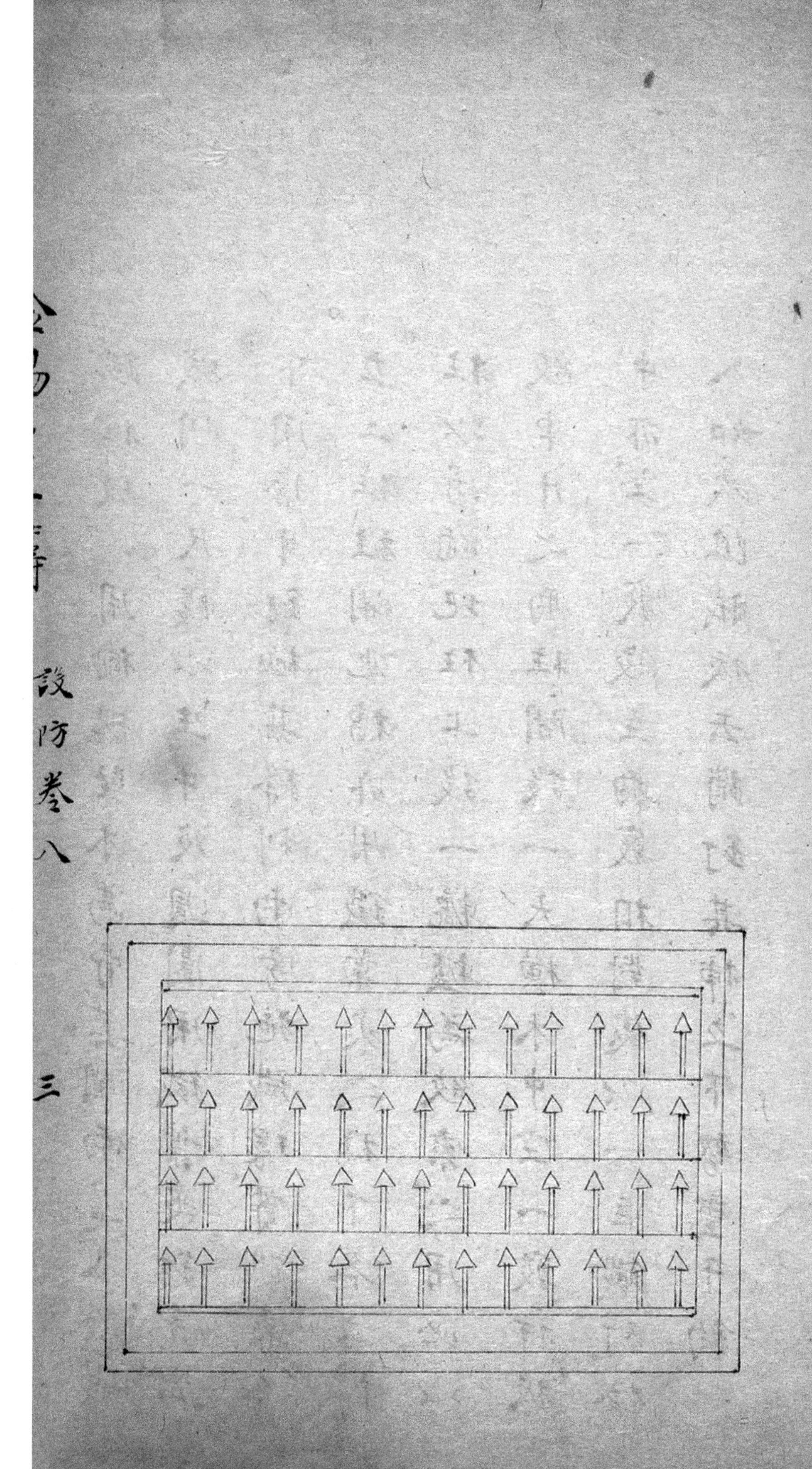
設防卷八
三

鐵插板　用榆槐堅木為骨其濶兩邊各掩過城門一尺幔以生牛皮週圍用鐵葉裹釘完密下用撩牙釘極其鋒利兩旁施鐵環貫鐵索各立二柱柱開池槽亦用鐵葉裹之柱下各立撐柱以防傾圮柱上設一轆轤為絞索之用必以絞車升之兩柱間設一大橫木中空一竅插板中亦空一竅絞至兩竅相對處以一巨鐵釘栓入如欲阻賊拔去銷釘其插立下勢重千鈞

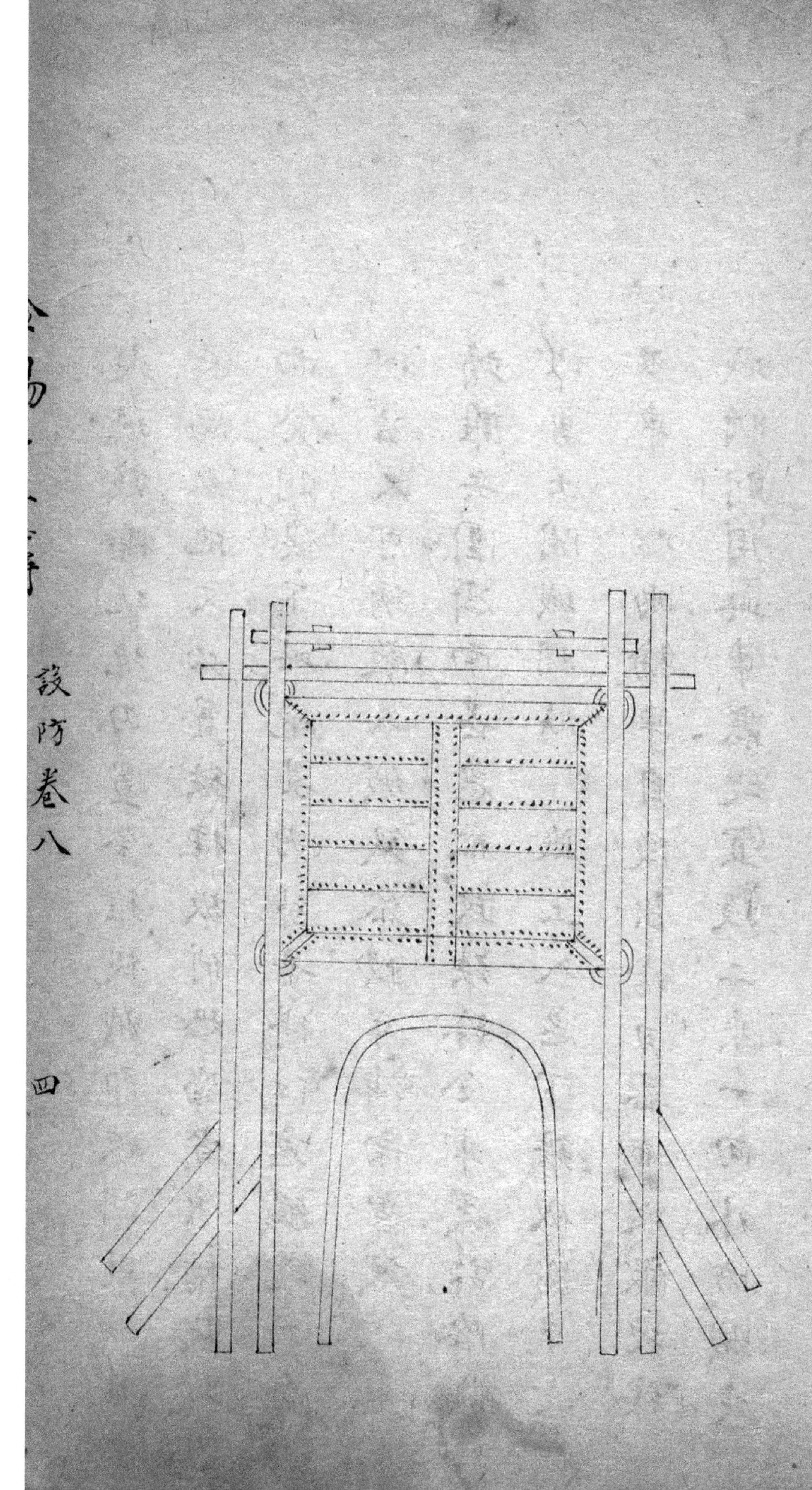
設防卷八
四

越城設陷坑坑內置金錐板賊即破門進一步便陷死地又必置鐵樺板何恐陷者層積賊踐而登則後下此絕其內外吾得任意殲之矣有此法又可誘敵入城鐵參政守濟南曾試之靖難兵圍濟南甚急參政鐵鉉令軍民詐降陰伏勇士開城門候 燕王入急下鐵板幾中之

刀車 以兩輪車自後出鎗刀密布之敵攻壞城門則用此車塞之宜設二乘一向外防賊走

外攻一向內防奸細內應

鑿扇　侯景以長柯斧砍東掖門門將開羊侃鑿扇為孔以槊刺殺二人砍者乃退如用神器從孔對擊威力更倍今人一聞警報將門用石疊砌用土填塞殊為可笑萬一賊隙可乘反阻戰兵出入之路何如鑿扇為妙

釣橋　用榆槐木其制如橋上施三鐵環貫以二鐵索副以麻繩繫屬城樓橋後去城約三步立二柱各長二丈五尺開上山口置熟鐵槽以

架鐵索并繩貫其易起有警挽起斷路併護門

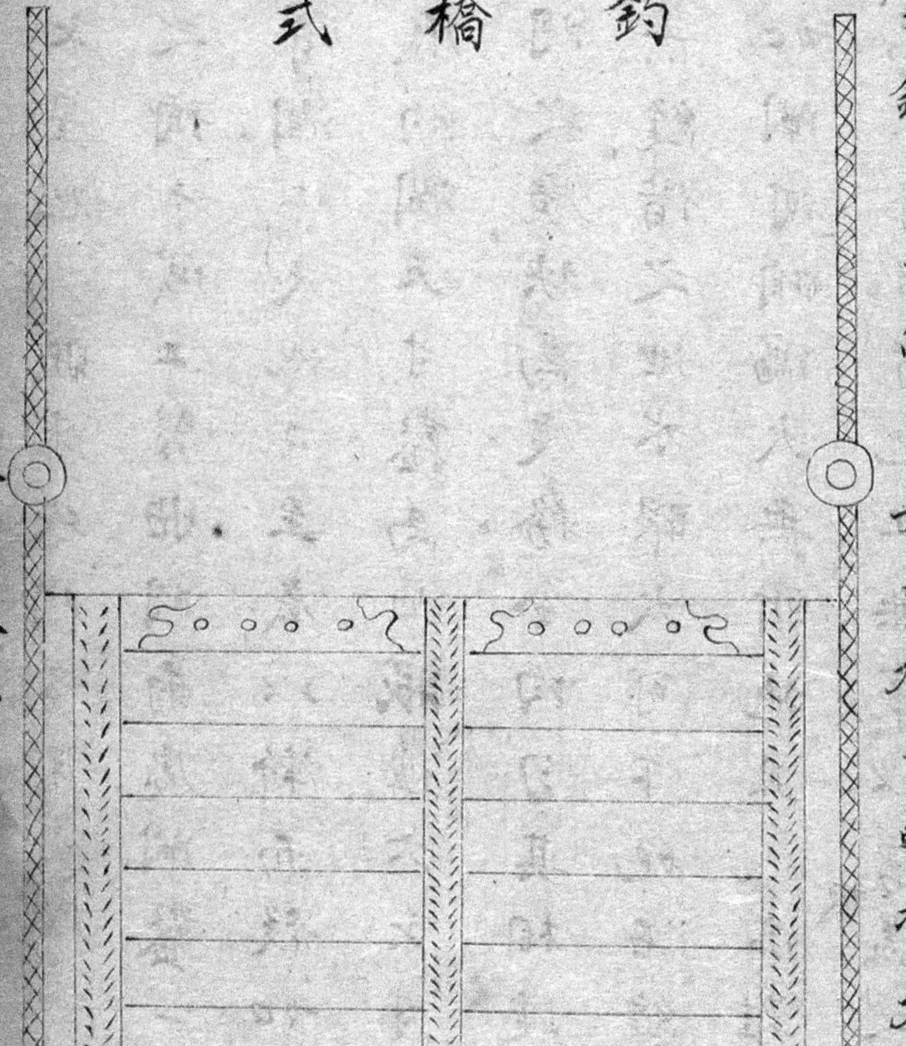

鈎橋式

七星池　賊來攻門多用火燒門須用淋水滅之預于城上緊貼門扇處開鑿一池橫長與門等闊二尺池口至底以漸而殺如屋簷天溝樣底約闊五寸鑿爲七眼徑六七寸每眼相去以門之廣狹爲度務令均勻其相連處橫鑿寸闊一縫借之泄水眼大可下砲石縫狹水不旁注如閘河傾瀉火無所施且人亦難于站立此萬萬不可少者池上無事以厚板蓋之

七星池

其門須在洞外

羊侃鑿門下水

侯景列兵繞臺城百道俱攻鼓聲震地縱火燒大司馬東西華諸門羊侃使鑿門上為竅下水沃火戰士踰城外洒水久之方滅

此即七星池之意但旋鑿之不如預備之

姚仲酒缶

金攻仙人關用火焚樓姚仲以酒缶撲滅之

孟宗政囊糠盛沙

金帥完顏訛可攻棗陽城宋孟宗政囊糠盛沙以覆樓棚列甕潴水以防火糠沙必皆用水浸透入囊

晉石

一法用晉石化水塗門樓常令滋潤火不能害

備井水　城中多濬井泉于寺廟空地添井三
五十眼一備人衆可飲一備火攻猝救
備水缸　棚樓敵臺之下各貯大水缸數口五
垜亦于貯一缸如爲飛火所燃隨燃隨撲不至
取救遠水成燎原之勢
火月城　賊若破月城未破内城城上人須用
火炬擲月城内以月城爲火池多〔添〕多擲竹木賊
不勝烟火自然退出

楊智積盈
薪助火

楊智積隋文帝姪也楊元感反攻城燒門智積於內益薪以助火勢賊不能入

防垛

懸簾　垛口第一切要之物每垛口一木架兩足在內栽城上一轉軸匡檔在外緊貼兩垛邊上安橫木可搭氈毯或用被褥俱以水濕直遮垛口箭不能入但防賊鈎竿須用兩帶繫架內外用兩活撐柱長一尺以鐵圈子釘匡檔兩旁

如欲下視將兩柱斜撐兩垛邊傍遠視高撐近
視低撐下可闊十丈
懸戶　以轉軸作爲小門一扇厚一寸外畫虎頭
兩眼穿透如鵞卵大可以遠窺亦以活柱撐之
不用木架止用兩鐵管狀如環錐尖入垛內更
作楊頭壘入垛之兩傍大約懸戶懸簾撐不宜
太高須防旁箭

木女頭　形制如女墻以版為之高六尺濶五尺下施兩輪軸施楊木二條凡敵人攻城摧壞女墻則以此木女代之

劉錡

癡車
埋輪撤戶

張巡大鐶
破鉤車

劉錡守順昌時諸備一無可恃錡于城上躬自督勵取偽齊所造癡車以輪轅埋城上又撤民戶扉周匝蔽之即以木女頭代女墻之意

尹子琦圍睢陽以鉤車鉤堞所及莫不崩陷張巡以大木置連鏁大鐶拔其鉤而截之

堞身甚薄賊每攻城先用大鉤鉤倒使守城人無所隱蔽宜善禦之然必傳城下方可施力若敵臺腳下有二突門賊至竝殲矣

絮被　懸簾費重不如以民間絮被代之隨被大小長短造成木框被上畨綴小帶為耳以兩竿揭出城外五六尺用水浸透被既虛懸復藉水濕矢不能貫火不能燃守陴百姓有恃無恐又保護女墻一被遮二垜以代懸簾法簡功等

傍牌　又近來賊鉛銃甚多須要傍牌遮蔽一垜一牌更妙力不能及數垜一牌亦可人家鍋蓋垜夫執之亦能却矢毒也況牌乎

奈何木　垜墻之間立架木二根機関横挑木各一根上閣一木木上錯綜釘以竹簽其木之輕重與挑木相稱倒綴虎怕刺每刺一束用小捎大草繩三尺長一頭繫刺束一頭縛二三斤重石塊將石連繩纏于木刺垂墻頭外賊來襲攻不能攀援而上又不能飛越而入一經移動磚石下墜刺木隨落守垜兵夫驚覺即抛打磚石因其無可奈何故謂之曰奈何木也

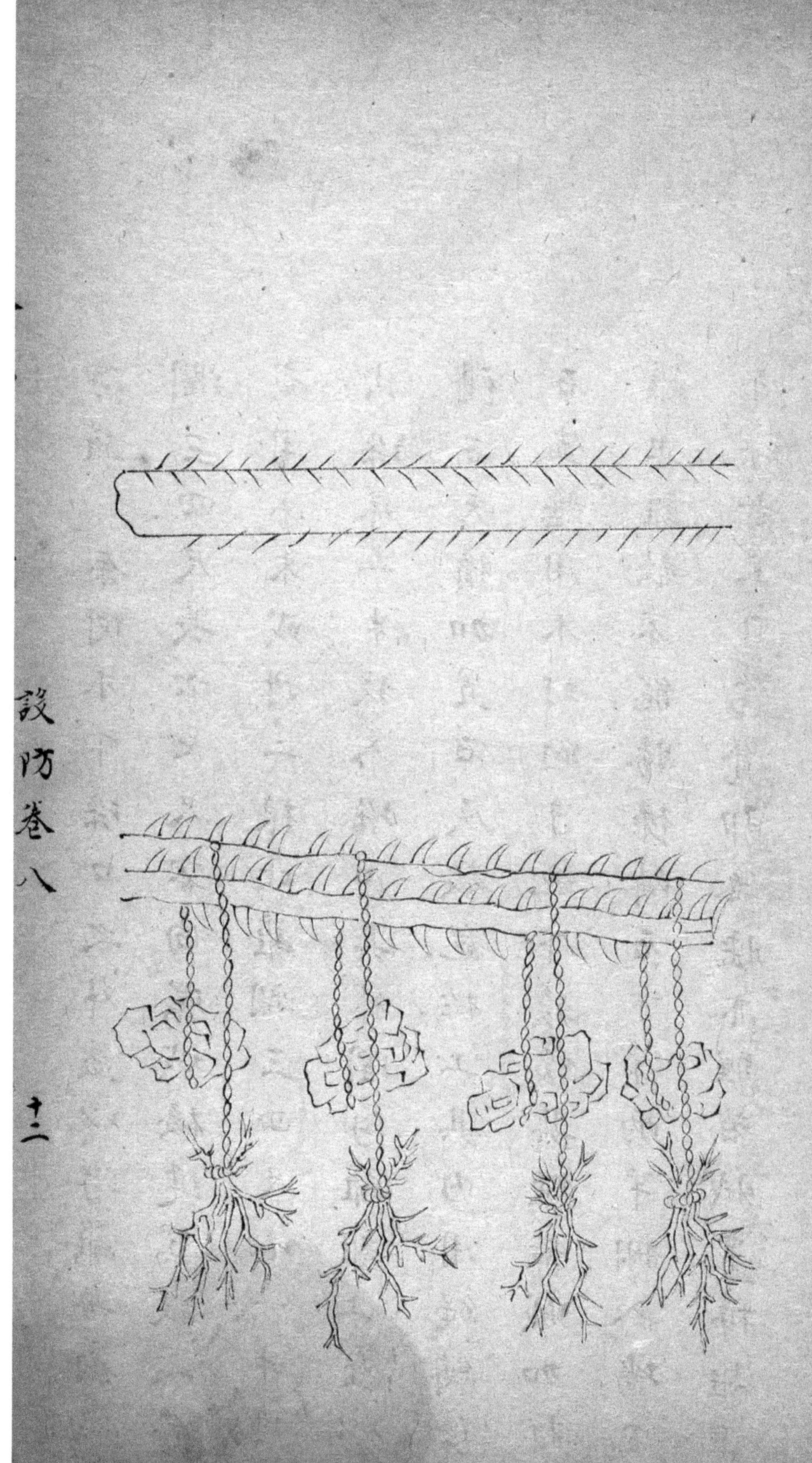

浮籬　奈何木下垜口之外益以浮籬每扇約濶三四尺長六七尺不拘環城棱建駕設之法或用小木或竹二根比籬濶三四尺以一半伸出垜外一半放入垜内其外閣浮籬籬上壓以磚石天晴加置石灰数包於上其内用繩縛墜石處懸用木釘釘于地下鬆緩其繩若賊加梯籬上籬軟不能勝梯磚石下擊兩竿翻入墻内守垜者且自驚覺即倦睡亦醒若賊置梯籬下

而攀附上登則頭觸浮籬亂石交墜矣

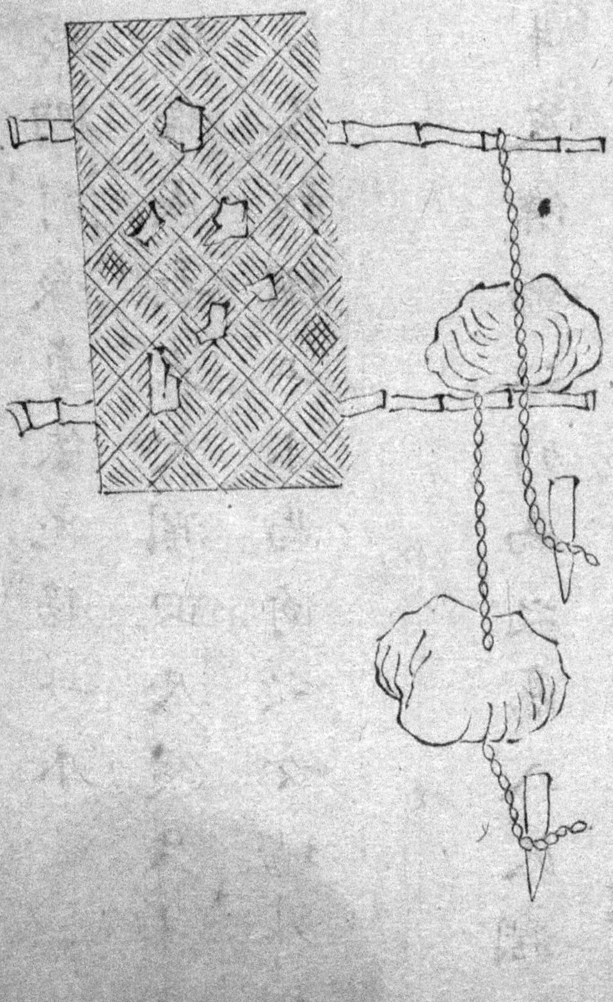

垂鍾版　長六尺闊一尺厚三寸用生牛皮裹開前牕施于戰棚前後有伏兔拐子木

篦籬笆　荊柳編成長五尺闊四尺縵生牛皮背施橫竿長七尺戰棚上木馬倚之女墻外拘脚木掛之

皮竹笆　生牛皮條編江竹為之高八尺闊六尺施於白露屋兩邊以木馬倚定開箭牕可以射外

木馬子　一橫木下置三足高三尺長六尺

狗脚木　植二柱女墻内相去五尺準墻爲高

下柱上施橫鈎掛

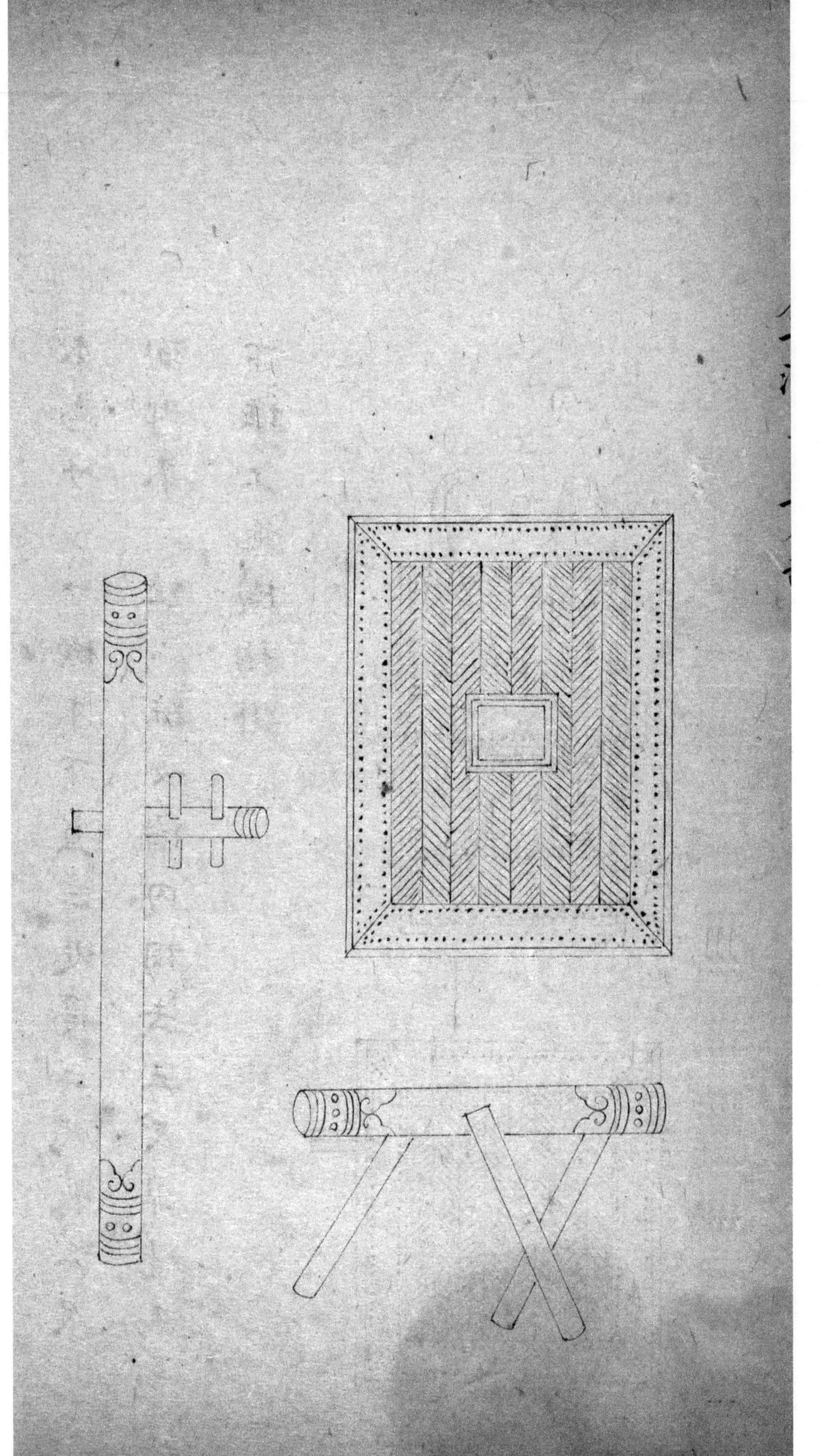

洞子　用木製長一丈濶三尺外直裏裹外密裹𥿄密處以大麻繩編如竹笆樣城樓闕即遮蔽之

布幔　以複布為幕度矢石來處以竹竿張掛去城七八尺居女墻之外以折矢石勢一說結麤繩為網如布幔張掛掛亦可護女墻楼櫓西魏韋孝寬守玉壁城外又造攻車車之所及莫不摧毁雖有排楯莫之能抗孝寬令縫布為幔隨其所向則張設之布懸空中車不能壞

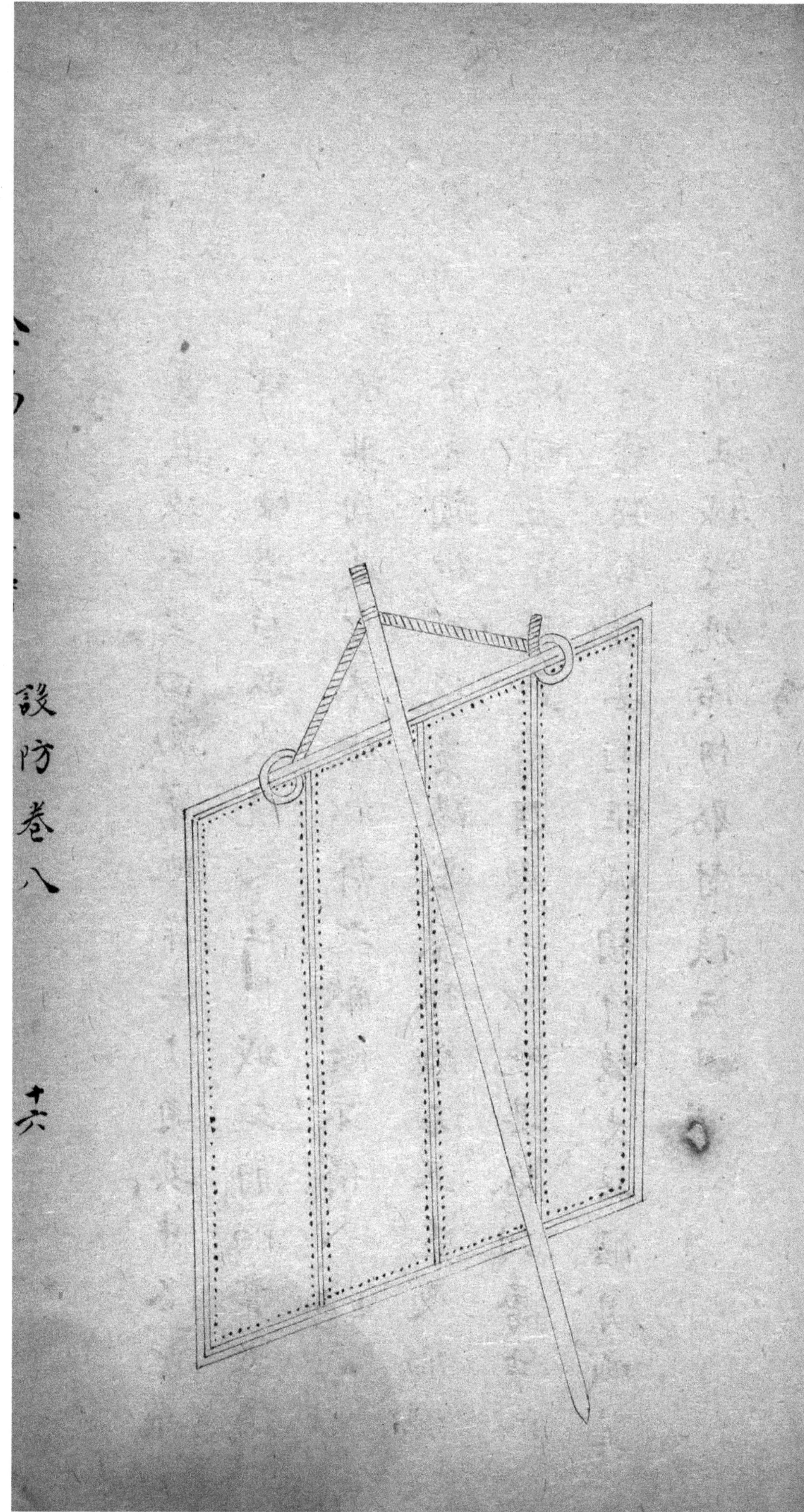
設防卷八
十六

◎

韋孝寬木柵

孟宗政火山

築偃月城

防墻

高歡攻玉壁四面穿地作二十道其中各施梁柱以油灌柱放火燒之柱折城並崩陷韋孝寬隨其崩處豎木柵以捍之敵終不得入亦一法也

金完顏訛可攻棗陽募鑿銀鑛石工晝夜陷城城頹孟宗政孟薪架火山以絕其路列勇士以長鎗勁弩備其衝距城頹所數丈築偃月城翼傅正城深坑倍仞躬督役五日成

裏濠

突門虛臺　賊攻椎衝車至城下以弓矢仰射
而以兵鐵衝挖城長五六尺餘柄以麤木為之
每去一軌則以衝椽入五六人兵坐具柄而撼
城不能支矣若有突門虛臺從旁夾擊安能害
我哉制詳首卷茲不復贅

備修築　城中每面備磚一萬萬土數十車石
灰千斤水百甕每十垛用鐵鍁二張鋤刀二口
門六扇丈五長杆四根備攻破城垣當時修補

防奸細

一嚴搜逐　從來賊欲攻城必有內賊為應或一年半年粧為客人僧道筭卦傭工皮匠裁縫賣菜販果修脚篦頭在本城躧探道路採訪虛實窺伺貧富交結守門牢伴為腹心買囑在官人役為耳目甚者包攬皂快管幹守門一動一靜無不皆知一計一策無不傳報圍城時或舉火內應或預配城鑰開門或揚言賊已入城惑

亂衆心有司須預先謹防臨時移徙但有房主歇家混留者查實奸細一同打死賊無内應雖開門不敢徑入此守城第一要務

一清保甲　保甲既已行之平日更當清之臨時十家一牌互相覺察不許容留面生之可疑之人事發連坐坊長五日一查報即是原住居民若兵臨城下蹤跡詭秘舉動可疑許稽察報官若捉獲真正奸細一名登時破格重賞又每

家給一腰牌開寫年貌籍貫有牌方准放行

一查流寓　流寓五年三年以上與比屋一体編户僦居一二年者除可疑人定行驅逐外餘查其眷屬多寡親戚保結何人生理何事如無眷屬及有眷屬無親戚保結者一概驅出境

一查傭工　麵糟染磨絲邅等店類多各處傭工人必取隣里保結果係久傭方准容留如係新來及無保結者竟行驅逐店主容留連坐

一查寺廟　奸人潛跡多住寺院尤宜防者無名菴觀見一客至便視爲奇貨安閒從來今惟責成僧官又立住持六人如民間之有約正副者然先將各寺院分造東西南北四簿其菴有牒僧幾衆無牒行者幾衆名山偶到客僧幾衆此外流僧槩逐其行脚往來准禪堂施飯即遣他往不准留宿別有沿街結黨坐募齋供說帳談因者嚴驅逐之立一小票印散各僧房所留

過客開報家鄉姓名逐日往住持登簿每月十
日一送堂查如客留異言異服之人以容留奸
細論僧官一體治罪道紀司亦如前法行
一查客店城外關廂與在城不同一店中有
客數人先令房主具結保開店之人次令店主
具結保客人其衆客中尤擇一年長住久有資
本者具結保衆客人凡新來之客俱照此行
一查樂户不良之人挾重貲而至多以倡家

為窩宅蓋倡家原為客設又惟利是視自不必
詰所從來而始受之明矣刱有倡即是盜慣為
賊主者子除在籍樂户外皆流倡也地方不得
賄留然有衙門積蠹為之護持地方明知之而
不敢過非奸人第一穢藪哉宜嚴行驅逐至在
籍樂户着牌頭造册共幾家幾名幾口出示曉
諭使知不在亦内者即係流倡庶人人得以舉
首仍着牌頭立一獨脚簿將各家留宿客商姓

名逐十日送捕衙驗實隱匿者連坐
一立內栅城中最慮潛伏須于各街巷口設
置栅欄每夜懸燈撥夫執器械嚴守晨昏啟閉
即官府夜行須譏察以防奸細
一加外鎖甕城內一層門向外者晚用外鎖
撥謹慎有身家壯丁守之防城內奸細砍門而
出

防窮民

賊之所至甘心從逆者皆窮民也賊一入城引賊焚搶富室者皆窮民也賊尚未來額手祝天日望其來者又皆窮民也先事而誅則冤甚且不可勝誅臨事而防之則無及亦不可勝防要知窮民不顧而走險者非有大志圖富貴不過生計盡絕圖救一刻之飢寒賒一刻之死亡耳所謂做一飽鬼死亦瞑目之説但安撫得宜衣食不乏皆我荷戈登陴相

與傷力捍賊之赤子也反仄之罪豈獨在民乎許洞云被圍者當先安其内而後及其外漢虞詡唐王式皆識此机者今載于左

虞詡設三科以募壯士

東漢朝歌賊數千人攻殺長吏屯聚連年州郡不能禁虞詡為朝歌長到官設三科以募壯士掾吏以下各舉所知攻刦者為上傷人偷盗者次之不事家業者為下收得百餘人貰其罪使入賊中誘令刼掠乃伏兵待之殺數百人

攻劫者大盜也偷盜者竊盜也傷人者所謂天罡地虎也不事家業者所謂游手無籍者也數者法所必誅而詡乃急取用意深矣

王式開倉賑貧

唐裘甫亂浙東王式討之入越州命諸縣開倉廩以賑貧乏或曰軍食方急不可散也式曰非汝所知及平賊械甫送京師斬之置酒大會諸將請曰公始至遽散粟何也式曰賊聚穀以誘飢人吾給之食則彼不為盜矣且諸縣無守兵

禮至昆弟仕邢

吐蕃以婦人嫁門者

賊至則倉穀適足資之耳皆拜曰非所及也

防內應

春秋衛人將伐邢禮至曰不得其守國不可得也我請昆弟仕焉乃往得仕及衛人伐邢二人從國子巡城掖以赴外殺之遂滅邢

唐維州據高山絕頂三面臨江在戎虜平川中是漢地入兵路初河隴盡沒惟此獨存吐蕃潛以婦人嫁此州門者二十年後兩男長成竊闢

無憂城

李希烈使勇士應募

壘門引兵夜入遂爲所陷號曰無憂城

唐李希烈反朝廷以汝州與賊接境刺史韋光裔懦弱以李元平代之既至募工徒葺理城郭希烈乃使勇士應募執役版築凡入數百人元平不之覺希烈遣將以數百騎突至其城應募執役者應於内縛元平馳去

以上皆敵人奸細爲内應者

春秋齊伐莒莒子奔紀鄣文從而伐之初莒有

莒婦人縋齊師

婦人莒子殺其夫已為嫠婦及老託于紀鄣紡焉以度而去之及師至則投諸外或獻諸子占子占使師夜縋而登登者六十人縋絕師鼓譟城上人亦譟莒共公懼啟西門而出齊師入紀

李自孝內應

唐蠻軍抵成都城下成都十將李自孝陰與蠻通欲焚城東倉為內應城中執而殺之後數日蠻果攻城久之城中無應而止

惜乎其枝止此也若能因機設伏誘令入城

從而殲旃不更快乎

劉昌裔計斬內應人給二縑

唐吳少誠遣兵掠臨潁兵馬使安國寧與節度使上官涗不叶謀翻城應少誠營田副使劉昌裔以計斬之召其麾下人給二縑伏兵要巷見持縑者悉斬之無得脫者

以上乃本城反側為內應者

防詐門

幽州賊挾詐

唐幽州賊叛乃高守備甚嚴有中使夜至守將

不内旦乃得入中使大詬怒賊諜知之他日偽
遣人爲中使夜至城下守將遽納之賊衆隨入
遂陷

也先挾詐

土木之變大同堡塢蕭條城門晝閉是秋虜奉
上皇至城下約賂至歸駕郭登閉門不納遣人
奏曰臣奉朝廷命守城不敢擅啟閉竟不出劉
安孫祥霍瑄出獻金帛虜笑不應擁駕去

防詐降

金湯十二籌

唐裘甫寇浙東王式討之先是賊諜入越州軍吏匿而飲食之式至詐引賊來降實窺虛實式悉捕索斬之嚴門禁晝夜周察賊不知我所為

王式捕斬賊諜

防詭冒

春秋晉將嫁女于吳齊侯使析歸父媵之以藩載欒盈及其士納諸曲沃（車有障蔽者曰藩欒盈詐為婦女也）盈帥曲沃之甲以晝入絳

欒盈詭冒婦人

李密欲據桃林縣縣官不從乃托言奉旨入洛

陽暫送家屬入縣衙一寄以強兵載婦女幂䍦乘車而入遂奪桃林

唐鑾詭冒敗兵

唐鑾進寇巂州竇滂遣兗海將帥五百人拒之舉軍覆沒鑾衣兗海之衣詐為敗卒至江岸呼船已濟衆乃覺之遂陷犍為

後五代漢趙暉圍王景崇子鳳翔數挑戰不出暉潛遣千餘人環甲執兵效蜀旂幟循南山而下令諸軍譟言蜀兵至矣景崇果遣兵數千出

迎惲設伏掩擊盡殲之

頑賊詭冒百出幾於不可方物矣鉤深致隱之術亦此時中流一壺也

防暴來

司馬懿八日至新城

孟達據新城司馬懿討之達與孔明書曰吾舉事方八日而兵至城下何其神也城陷達伏誅

王德十六騎徑入隆德府

宋王德從十六騎徑入隆德府治執僞守姚太師左右驚擾德手殺數十百人衆慴眙莫敢前

見一夜叉

械姚獻于朝欽宗問狀姚曰臣就縛時止見一夜叉耳

兵法簡募良材以備不虞正為此也太守古稱郡將所謂羽翼爪牙者安在哉固可襲而虜矣

高歡河東宵濟

防潛襲

西魏王羆為華州刺史嘗修城未畢梯在城外時高歡遣將韓軌從河東宵濟羆不知覺比曉

乘梯入城

孟珙襲石穴

軌衆已乘梯入城麗尚卧未起聞閤外洶洶有髮袒身露髻徒跣持一白梃大呼而出敵見之驚退逐至東門左右稍集合戰破之軌衆遂遁兵法曰椽候不謹烽火失度一蠢也王麗勇則勇矣疏虞之罪其能免乎

宋孟珙名文彬等受方略攻石穴丙夜蓐食啟行晨至石穴時積雨未霽文彬患之珙曰此雪夜擒吳元濟之時也策馬直至石穴兵進攻自

寅至巳遂破石穴金將武仙易服而遁

防離叛

翻英子曰守者降敵敵若撫而用之則未降者皆二心矣必施反間之計使吾間傳于敵間則敵必殺降者殺一降者則衆心固而不敢降者矣

田單計劓齊卒

齊田單守即墨宣言曰吾惟懼燕軍劓所得齊卒置之前行與我戰即墨敗矣燕人聞之如其

言城中人見諸降者盡劓皆怒堅守惟恐見得

劉鄩計斬王彥温

梁葛從周急攻兖州人心頗散副使王彥温踰城而犇守陴者多從劉鄩乃遣人陽語彥温曰副使勿多將人出非吾素遣皆勿以行又下令城中曰吾遣從副使者得出不者皆族城中皆惑犇者乃止已而梁兵聞之果疑彥温非實降者斬之城下繇是城守益堅

防風雨晦冥乘風雨進兵者甚多因不切攻城故不録

李愬乘雪擒元濟

唐李愬謀襲蔡州夜起師會大雨雪天晦凜風偃旗馬皆縮慄士抱戈凍死者衆始發吏請所向愬曰入蔡州取吳元濟士盡失色夜半至懸瓠城雪甚蔡人不為備四鼓愬至城下無一人知者李祐等坎墉先登衆從之殺門者開關留持柝傳夜自如黎明雪止愬入駐元濟外宅元濟始驚率左右登牙城田進誠進兵薄之火南門元濟請罪梯而下檻送京師

李全謀襲泗州

無備有患如此

宋李全謀襲金泗洲時大雨雪淮冰合全曰每恨泗州阻水今如平地矣以長鎗三千人夜半渡淮潛向泗東城將踏濠冰傳城下掩金人不備儀城上荻炬數百齊舉遥謂全曰賊李三汝欲偷城耶天黑故以火燭之全知有備引還

有備無患如此

防佳時令節

高歡歲首宴會

魏爾朱兆至秀容分守險隘出入寇抄高歡揚聲討之師出復止者數四兆意怠歡揣其歲首當宴會遣竇泰以精騎馳之一夜行三百里奄至兆庭軍人因宴休惰忽見泰軍驚走衆並降散兆自縊死

狄青上元奪崑崙

宋廣源州蠻儂智高反還守邕州狄青懼崑崙關險阨為所據乃按兵不動下令賔州具五日糧休士卒值上元節令大張燈燭首夜宴將佐

大張燈燭

次夜宴從軍官三夜饗軍士首夜樂飲徹曉次夜二鼓時青忽稱病暫起如廁久之使人諭孫沔令暫主席行酒少服樂乃出數使勸勞坐客至曉客未敢退忽有馳報者云夜時三鼓元帥已奪崑崙矣是夜大風雨青率兵度崑崙關既度喜曰賊不知守此無能為也

靖難兵中秋破雄縣

靖難兵起楊松帥驍勇者九千人進據雄縣燕王渡白溝河謂諸將曰今夕中秋彼必不備

飲酒爲樂此可破也亟行夜半至雄縣黎明破城而入松與麾下九千人皆戰殁

防敵退而實進

滿寵料孫權

吴孫權揚聲欲向合肥魏滿寵表召兖豫諸軍皆集權尋退詔罷兵寵謂賊大舉而還非本意也必欲僞退以罷吾兵而倒還乘虚掩不備也表不罷兵後十餘日權果再到合肥不克而還

徐温破虔州

吴遣劉信攻虔州譚全播非守城險不下乃還

徐溫復以兵三千援信子英彥使朱景瑜與之俱曰全播守卒皆農夫妻子在外重圍既解相賀而去全播所守者空城耳大兵再往必克之信引兵還擊虔州全播奔雲都追執之

敵退兵散恒人常情不獨全播爲然觀此正可爲戒

防敵去而復來

呂好問料金師

宋金師北去京師解嚴御史中丞呂好問進言

于帝曰金人得志益輕中國秋冬必傾國復來禦敵之計當速講求不聽果復來

种師道料金兵

金師退种師道請合關河卒屯滄衛孟滑備金兵再至朝廷以大敵甫退不宜勞師示弱二帝果有北轅之禍

防敵聲東擊西

周亞夫備西北

漢周亞夫拒吳吳奔壁東南陬亞夫使備西北已而精兵果奔西北不得入

郭淮備陽遂

魏郭淮屯北原以非諸葛亮後數日亮盛兵西行淮以為此見形于西欲使吾重兵應之必攻陽遂耳其夜果攻陽遂有備不得上

李光弼嚴警邏

唐史思明圍太原久不下選驍銳為遊兵戒之曰我攻其北汝潛趋其南有隙則乘之李光弼軍令嚴整雖寇所不至警邏不少懈賊不得入

思明運用足稱勁敵若非光弼未易當也

韓遊瓌嚴備東北

朱泚圍奉天盛兵鼓譟攻南城韓遊瓌曰此欲

畢再遇攻西趋東

分吾力也乃引兵嚴備東北

畢再遇進兵薄泗州泗有東西城再遇令陳戈

旗舟楫于石匼下如欲攻西城者乃自以麾下

兵從陡山徑趋東城南角先登殺敵數百金人

潰守城者開門遁

𣪍東擊西淺術耳事極易曉只因膽怯臨時

為賊威所懾不遑顧及所以悞事故為將之

道當先治心心清則能謀心定則能應也

防賊求和挾詐

臺城圍久侯景衆飢抄掠無所獲東城有米可支一年援軍斷其路王偉請偽求和以緩其勢運米入石頭然後休息士馬繕修器械伺其懈擊之景拜表求和梁主許之敕止援軍景既運東府米入石頭復進攻城晝夜不息臺城遂陷

王偉偽求和以緩其勢

侯景拜表求和

防火變

兵臨城下城内居民失火者斬近城居民有堆

救火夫四名

積稻草柴蒿者少則收藏多則移置隙地蓋賊
入內應多舉火為號城中入防變又必多積柴
薪一旦火起居民倉皇狼突莫知所自來奸徒
因乘機竊發矣今須立救火夫四十名各家貯
一水舡缸各方備長大鉤十把舊絮被或絮袋
十條大小水桶五付轆轤十付澆桶十付長梯
五付長鎗五把一時火變則十人持鉤將起火
屋并下風屋鉤倒以水濕絮袋撲之十人司汲

汲水入桶五人抬水登梯十人運澆五人持長鎗巡守要路以防乘機搶掠者城中居民止許本坊赴救他坊百姓不許混救如係守城垛夫巡官將領之家稟明方許下城救應奸人見我鎮靜如此無能為變矣

防火藥

守城最喫緊者提煉精細之火藥貯於一處不惟難于取用抑且聚積可虞不如每門各造磚

庫一所中設地窨外築墻垣每庫細藥粗葯各萬斤方保無虞

藥用罎盛上須多加泥護戒用燈火仍備水具各派專役司之不謹定從軍法

防草場

城堡中堆垛草場必須撥人防護萬分謹慎賊至之日有面生可疑之人但至草場即係奸細火藥庫亦然須即捕而治之

防牢獄

獄因自分必死每幾幸賊寇之來一旦有警豈不生心所以急緩失守者多至内為外應防之不可不早也輕繫者放之重辟者鞫明除之仍嚴諭獄官不得剋減獄食不得受賄縱死因自便不得私放親識出入晝則查點夜則巡邏時委衛官伺察非常亦須防無患之一端也

防庫

庫者聚財之所有警之日垂涎者多宜統重兵彈壓默銷奸謀

防隙地

兖州水竇

唐昭宗攻鳳翔朱温率師迎于岐下王師範欲乘虛襲兖州劉鄩先遣人詐爲鬻油者入城詗其虛實及兵所從入視羅城下一水竇可引衆而入遂誌之鄩乃告師範請步兵五百自水竇啣枚而入一夕遂定

金湯借箸十二籌卷之九目錄

籌排禦有引

排土山

明制其上

芙蓉樓僧騰客　韋孝寬縛木椄樓

陰制其下

羊侃地道引土山　李光弼地道迎土山

排磴道

鈐法二篇

張廵潛投松蒿

拒塡壕

趙法進鐵珠子

王稟火鞲水燈

附攻城二圖

壕橋

摺疊橋

拒雲梯

郝昭火箭

張廵三穴三水

渾瑊地道陷雲梯

楊政橦竿碎雲梯

撞車圖　降魔杵圖
弔樢圖　抵篙圖
叉竿圖　王稟跳樓
附攻城六圖
行天橋　翻梯踏雲未至城
翻梯踏雲已至城　呂公車
雲梯　飛梯附竹飛梯附蹋頭飛梯
拒衝車

手擲燕尾炬　燕尾炬圖

附火頭木驢圖　鐵汁神車圖

楊慶復溶鐵汁

附攻城二圖　半截船

厚竹圍籧　絞車圖

附攻城二圖

木牛車　轒轀車

總論

拒地道

郝昭穿地　韋孝寬掘塹
李光弼地道取懷州
劉仁恭穴地克易州
完顏昂實塹　孟宗政掘坑
風扇車圖　甕聽圖

拒撞木

鉤鐮圖

拒鉤竿

椎刀圖

附鉤竿圖

拒蟻附攻城

夜叉擂圖

飛鉤圖

擂石架圖

拒攀城

仰月鏟圖

狼牙拍圖

車脚擂圖

擂木架圖

鏵斧圖　鐵錘圖

控手斧圖

拒矢石

木幔圖　皮簾圖

竹立牌圖　木立牌

剛柔牌圖

拒砲

虛栅糠布袋　糞麥秸布網索旃褥

拒火

溜筒圖　水袋圖

水囊圖　麻搭圖

唧筒圖　附火車圖

韋孝寬鐵鈎　鐵鈎圖

拒烟

賣醋漿法

拒水

造船決堤

拒馬

地澁　鹿角木

鐵蒺藜　搊蹄

鐵菱角　木菱角

鬼箭撒式　鐵鹿角

刺毬　茅針

鵞項　皂角

踢圈　馬扡

種水　攔馬石

品字坑　馬筒

結草　青穽

白穽　獻白

獻青　芻誘

攔馬繩　以上俱有圖總論

目録畢

金湯借箸十二籌卷之九

淮南李盤小有（原名長科）

京口周鑑臺公

古絳韓霖雨公

籌拒禦

攻常不足守常有餘所以墨子能困公輸彼昏不識一鼓下之或從天降或從地出或從近衝或從遠擊審思四法相師相剋輯拒禦

侯景起土山

芙蓉樓

僧騰客

高歡起土山

韋孝寬縛木接樓

拒土山

侯景於城東西起土山驅廹士民亂加毆捶疲羸者殺以填山旬日衆數萬城中亦築土山應之太子以下皆負土執畚於山上起芙蓉層樓高四丈募敢死士二千人厚衣袍鎧謂之僧騰客分配二山晝夜交戰賊不能進

高歡傾山東之衆西入先攻玉壁于城南起土山欲來之以入城上先有兩樓直對土山韋孝

寬更縛木棧之令常高于土山以禦之

右乃明制其上

侯景之變起土山以臨城城中震駭羊侃命為地道潛引其土山不能立

羊侃為地道引土山

史思明寇太原為土山以攻城李光弼為地道以迎之近城輒陷

李光弼為地道迎土山

右乃陰制其下

拒磴道

張延松明
蒿焚磴道

劉勔用茅
土塞塹

趙法進鐵
珠子

尹子琦圍睢陽以土囊積柴為磴道張延每夜潛以松明乾蒿投之于中積十餘日賊不之覺因出軍大戰使人順風持火焚之賊不能救

拒填壕

宋臺軍圍壽陽劉勔用草茅色土擲以塞塹擲者如雲城內火箭射之草未及燃後土續至趙法進獻計以鐵珠子灌子珠子流滑悉緣隙入草于是火燃草盡塹中土不過二三寸

粘沒喝洞子填壕

王稟火鞲

水燈燃薪

金粘沒喝攻太原諸縣破獨張孝純王稟固守不下填壕之法先用洞子下置車輪上安木如屋形以生牛皮縵上鐵葉裹之人在其內推而行之節次相續凡五十餘輛人運土木柴薪于中先用大板薪次以蘆席然後置土在上增覆如初王稟先穿壁為竅置火鞲在內俟其薪多即使放燈于水中其燈下水尋木能燃濕薪火既漸盛令人鼓鞴其焰亘天終不能填

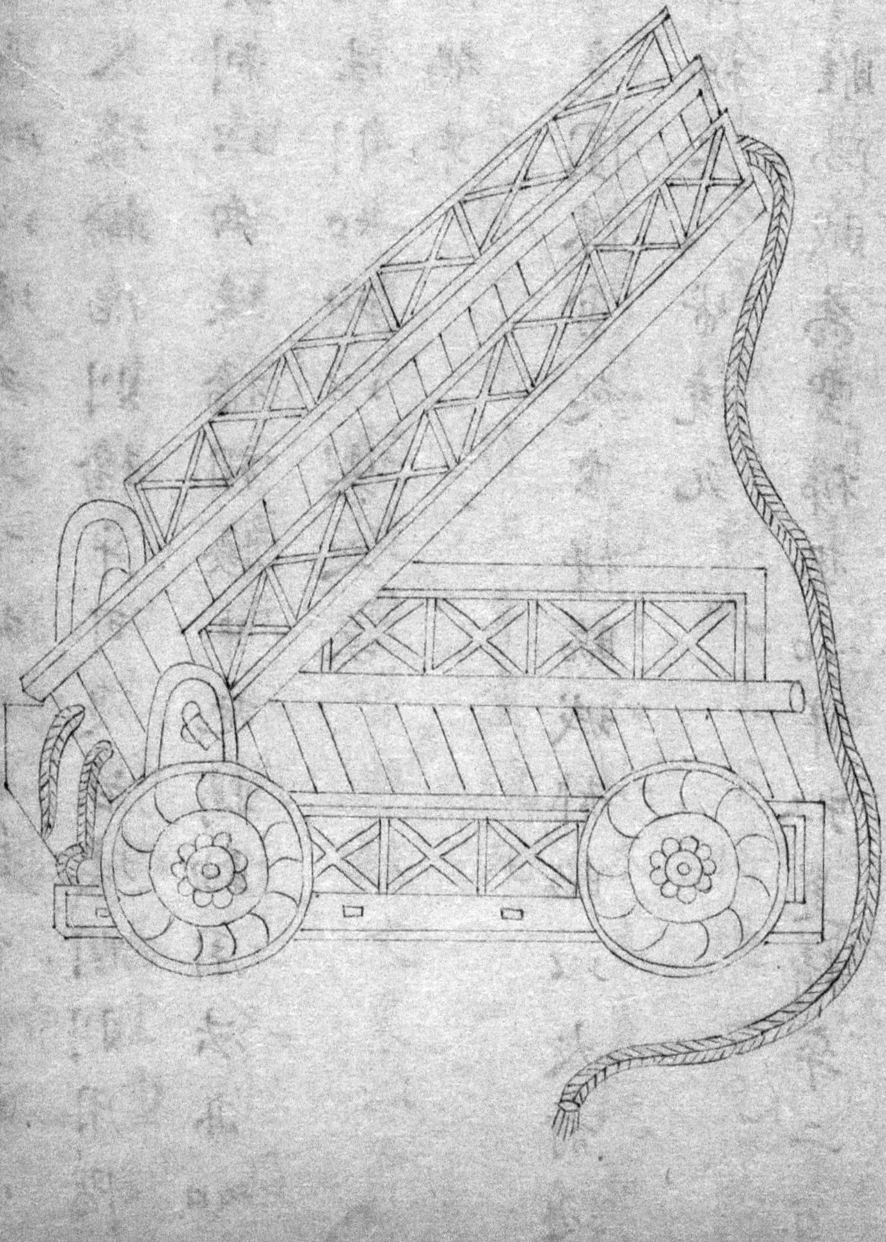

右壕橋長短以壕為準下施兩巨輪首貫兩小輪推進入壕輪陷則橋平可渡若壕闊則用摺疊橋其制以兩壕橋相接中施轉軸用法亦如之知此法則知所以禦之矣

郝昭火箭

拒雲梯 附鵝車

漢諸葛亮圍陳倉起雲梯臨城郝昭以火箭逆射其梯梯上人皆燒死

張巡三穴拒雲梯

張巡守睢陽賊為雲梯勢如半虹置精卒二百

朱泚造雲梯前尹子琦雲梯容二百人今容五百人先知其來路要緊

於上推之臨城廵頓于城潛鑿三穴候梯將至一穴出大木末置鐵鉤鉤之使不得退一穴出大木柱之使不得進一穴出大木木末置鉄籠盛火焚之其梯中折梯上卒盡燒死

朱泚攻奉天使僧法堅造雲梯髙廣數丈裏以兕革下施巨輪上容壯士五百人城中望之忷懼上問羣臣渾瑊侯仲莊對曰雲梯勢甚重重則易陷臣請迎其所來鑿地道積薪蓄火待之

陴城鑿地道

乃度梯之所在廣城東北隅三十步多儲膏油松脂薪葦於上泚推雲梯上施濕氈懸水囊載壯士攻城翼以轒轀置人其下抱薪負土填壍而前矢石火炬所不能傷上援城空名告身使募敢死士仍賜御筆使視功大小書名給之告身不足則書其身城揣雲梯來路先鑿地道下深丈餘上積馬糞深五六尺次二日即令燃火次一日復下柴薪夜燒之是時北風正急賊隨

風椎橋薄城下三千餘人相繼而登城上士卒
凍綏又之甲胄瑊撫諭激以忠義皆鼓譟力戰
瑊中流矢進戰不輟會雲梯輾地道一輪偏陷
不能前火從地中出風勢亦回城上人投葦炬
散松脂沃以膏油讙呼震地須臾雲梯及梯上
人皆為灰燼臭聞數里賊乃引退

吳玠守殺金平金人以雲梯攻壘壁楊政以撞
竿碎其梯以長矛刺之

楊政撞竿碎梯

撞車以鐵葉裹撞竿首逐便移徙伺飛梯臨城撞之較降魔杵為活動

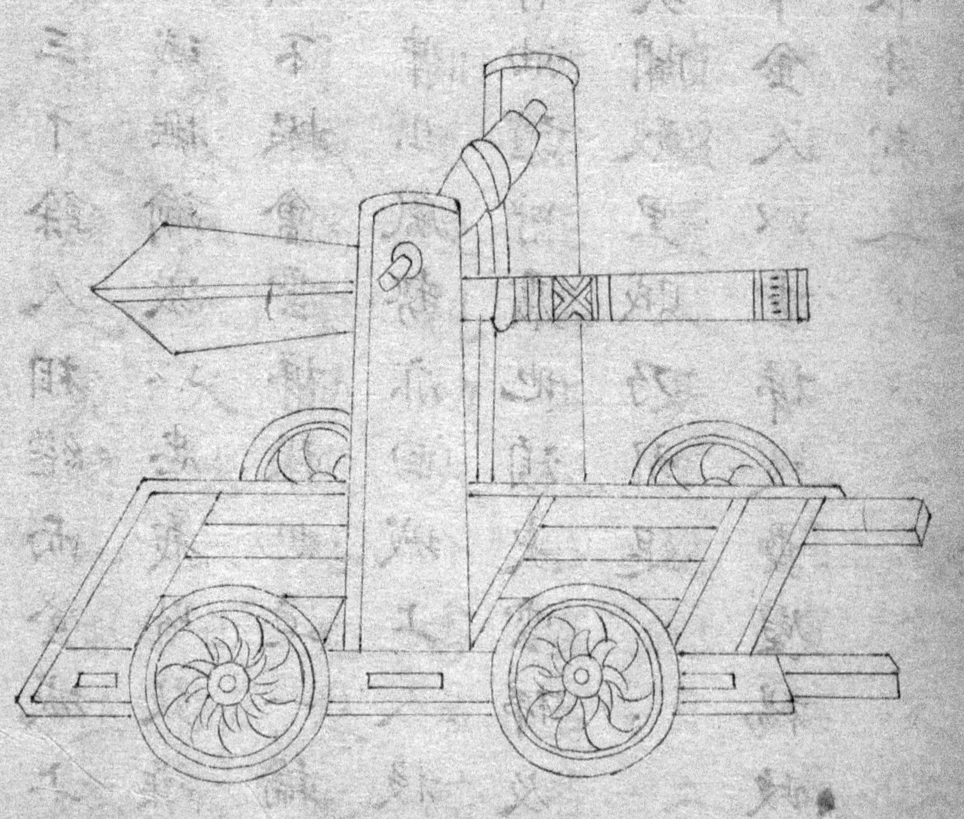

降魔杵攻

車臨城設杵樁住又用撓鈎鈎之然後梭以火炬擊以銃砲

手撬狀類桔槔用大杉木二條一横一竪繫以大索前用鐵索貫石或鐵猫兒出城二三丈後用大繩丈餘數人扛排攻車

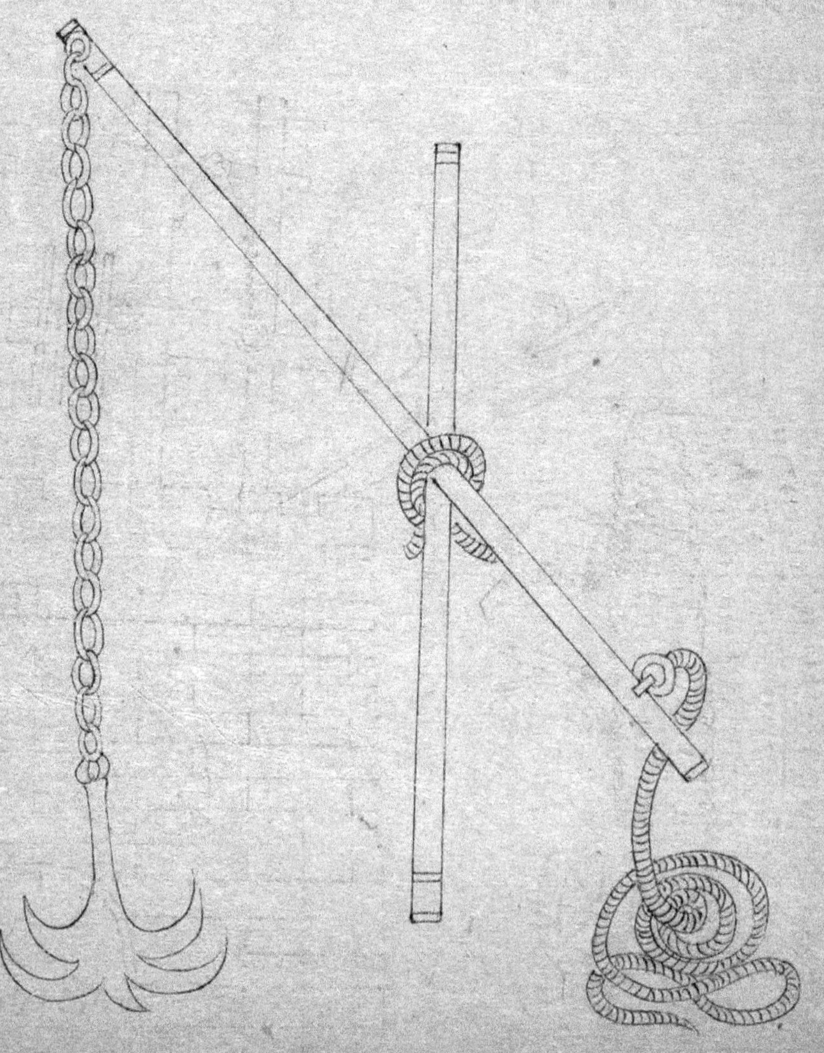

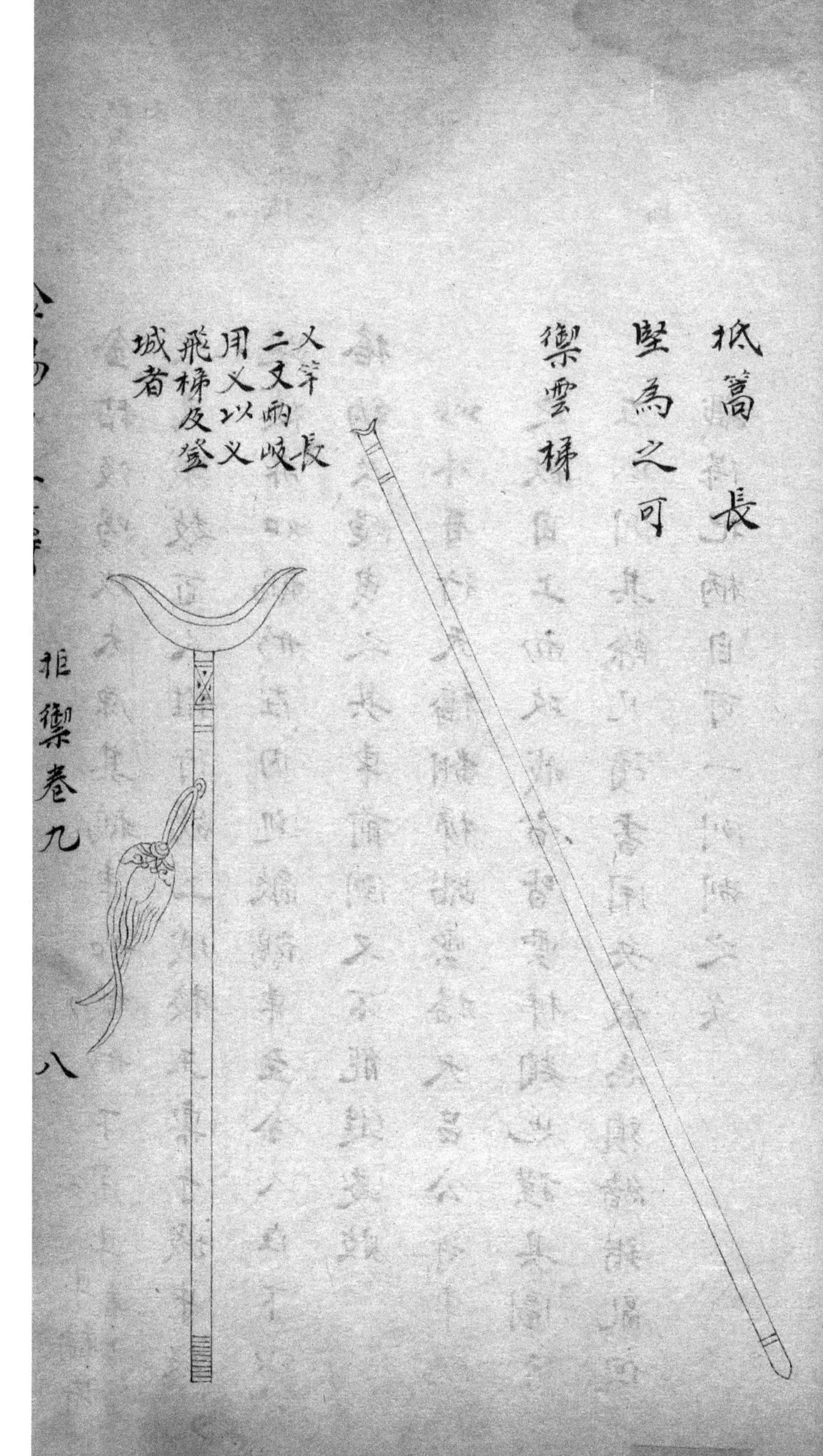

抵篙長
堅為之可
禦雲梯
叉竿長
二丈兩岐
用叉以叉
飛梯及登
城者
拒禦卷九
八

粘文喝鵝車

王稟跳楼

金粘沒喝攻太原其鵝車如鵝形下用車輪冠之皮鐵数百人推行欲上城楼王稟于城中設跳楼亦如鵝形在內迎敵鵝車至令人在下以搭鈎及繩曳之其車前倒又不能進遂敗

此外有行天橋翻梯踏雲梯天呂公等車總之欲自上而攻我者皆雲梯類也謹具圖于左以例其餘凡讀書用兵最忌頭緒錯亂但識得把柄自可一例制之矣

拒禦卷九　　九

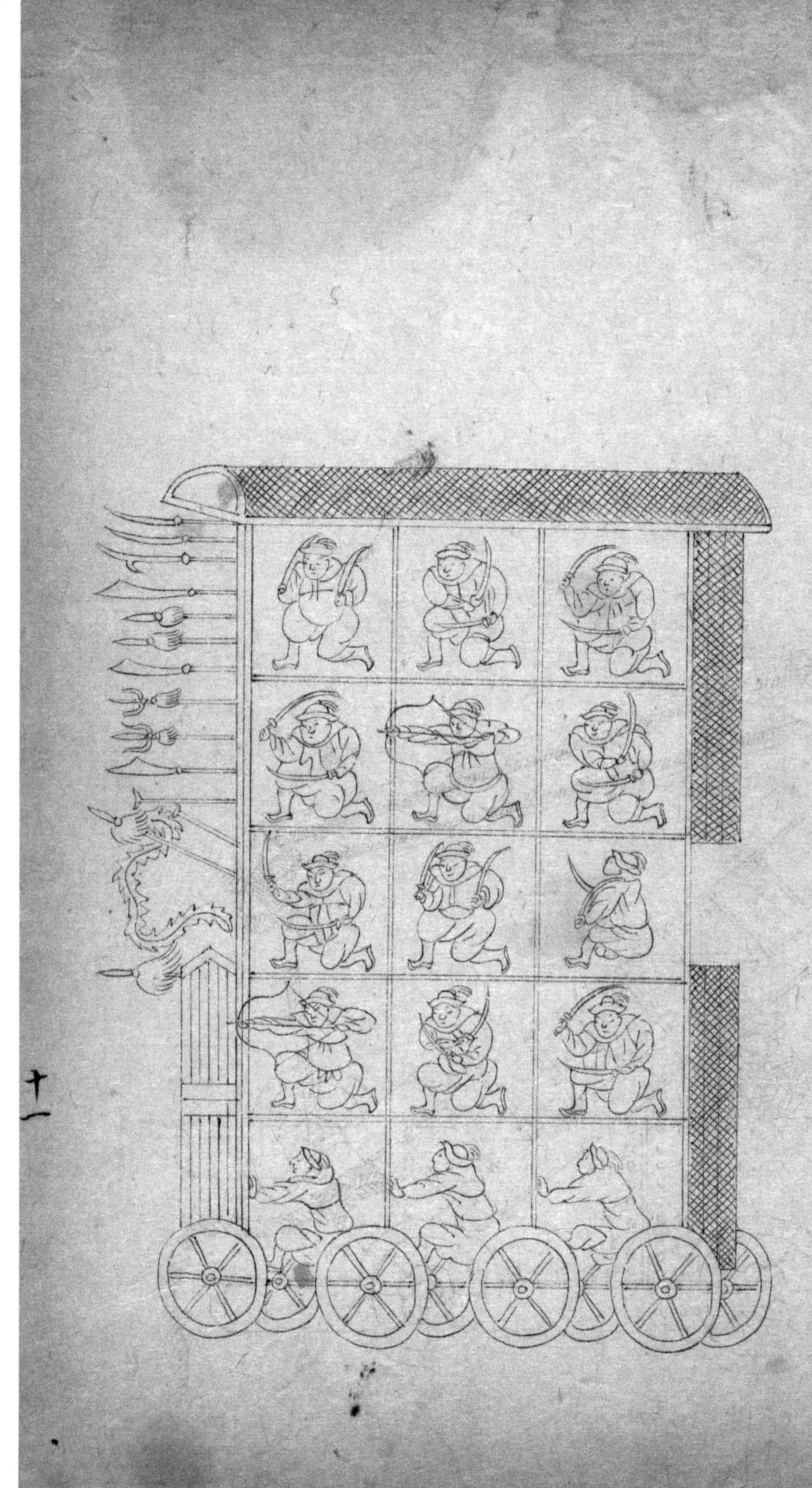
十一

非禦卷九　十二

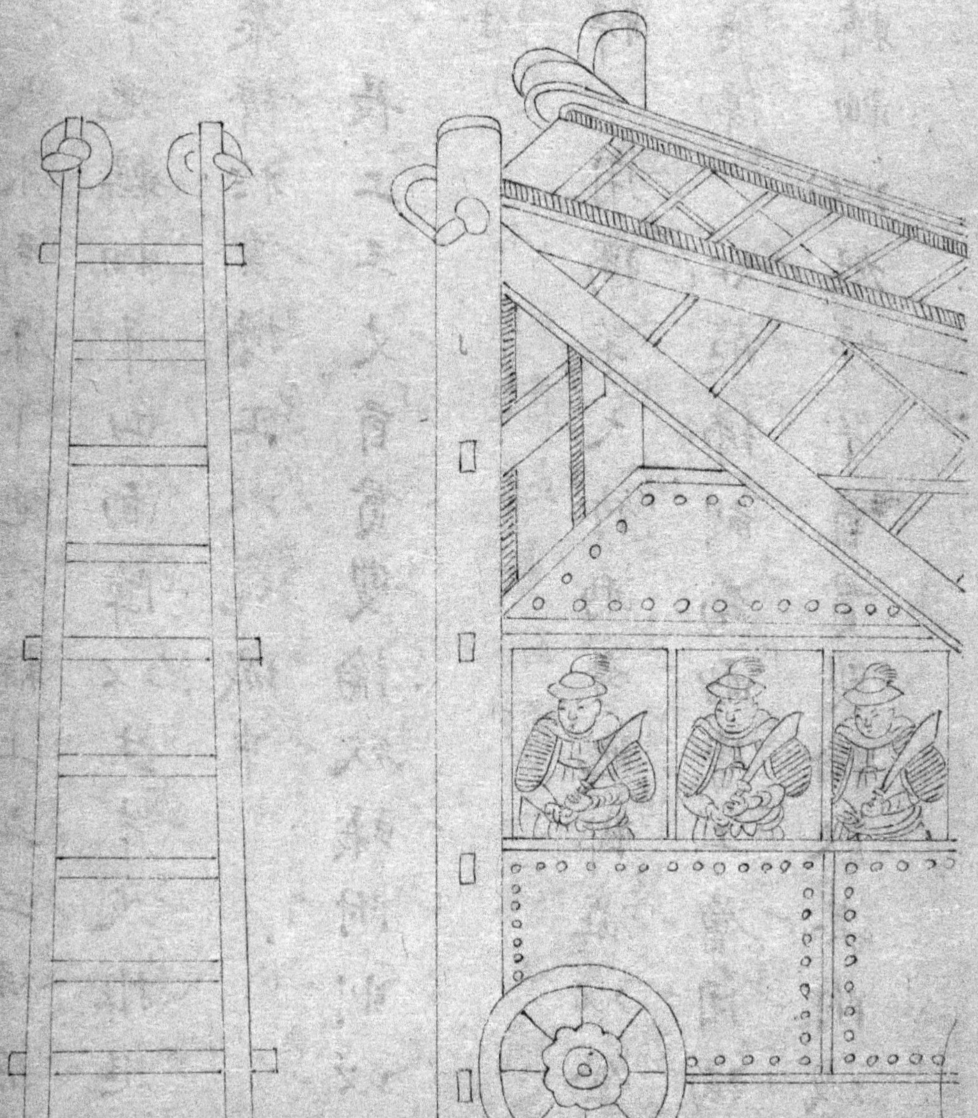

雲梯　大木為床下施六輪上立二梯各長二丈餘中施轉軸車四面障以生牛皮推進及城則起飛梯於雲梯上以窺城中

飛梯　長二三丈首貫雙輪欲蟻附則以輪著城推進

竹飛梯　用獨竿大竹兩旁施腳澁以登

躡頭飛梯　如飛梯制為兩層上層用獨竿竹中施轉軸以起梯竿首貫雙輪取其附城易起

侯景尖頭木驢 羊侃燕尾炬

拒衝車

侯景作木驢攻城城上投石碎之更作尖頭木驢石不能破羊侃作燕尾炬擲焚之俄盡

尖頭木驢 形如轒轀車惟增二輪上橫大木為脊長一丈五尺上銳下方高八尺以生牛革裹之内蔽十人推逼城下以攻城作地道

燕尾炬 束葦草下分兩岐如燕之尾以脂油灌之火發自城上縋下騎其木驢板屋燒之

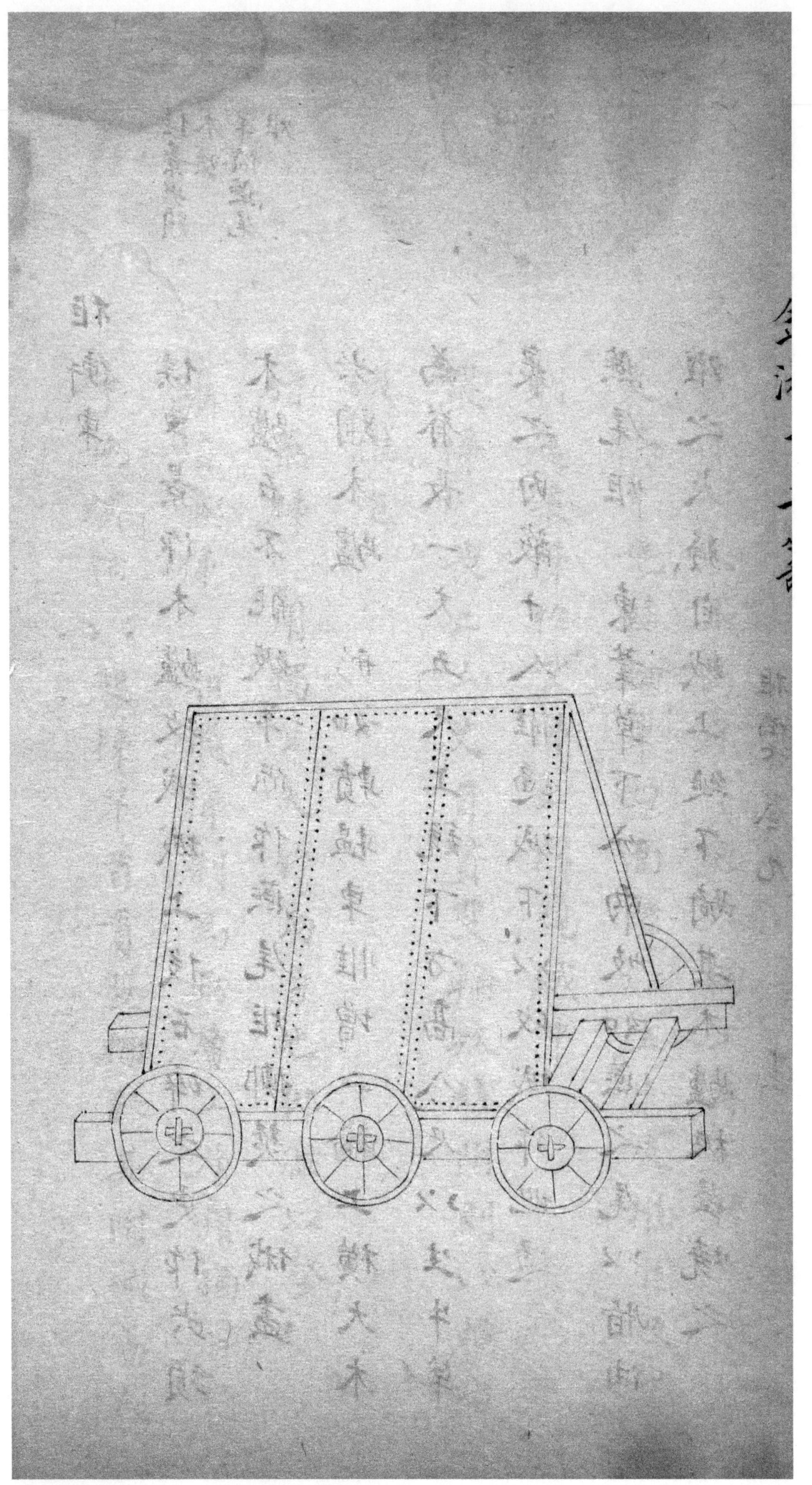

非樂卷九　十四

鐵汁神車　攻城之具莫如洞屋木驢上用鐵葉生牛革縵成滚木檑石不能傷有神車一法用堅木造車下設四輪載以冶爐鎔以鐵汁夾鐵為篩汁之槽槽用夾層中貯水防鐵汁浸漏槽上又加竹槽一層竹槽内塗漿泥晒乾銅錢常炙火上令紅熱易化如賊用洞屋木驢隨推神車以鐵汁注城下如萬道火星四散迸擊雖厚木層革遇之立穿鐵汁用松香牛油同煎

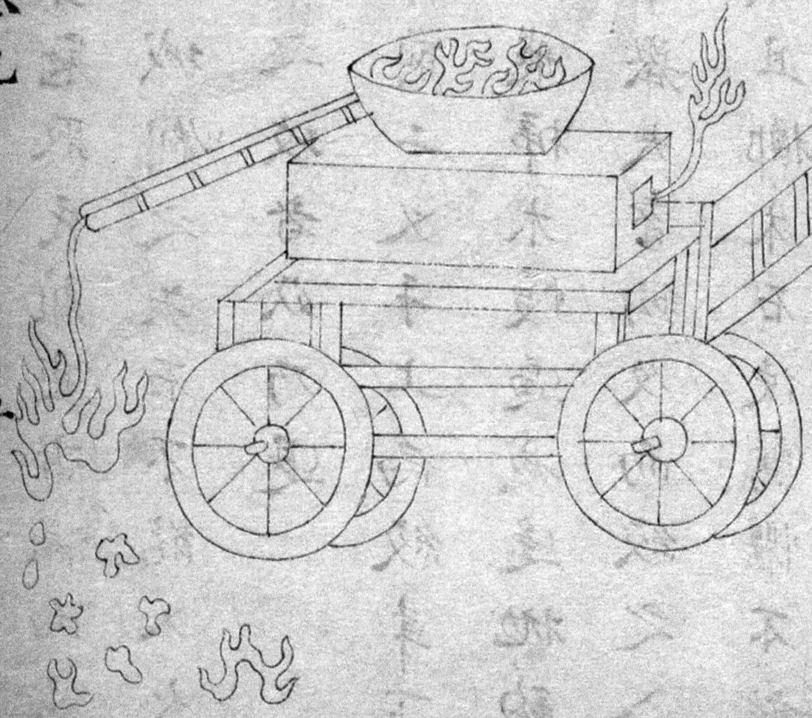

楊慶復拒
籬蓬

鐵汁

唐楊慶復守成都蠻寇取民籬重沓濕而屈之以為蓬置人其下抵城劚之矢石不能入火不能燃慶復鎔鐵汁灌之攻者死乃退

絞車合大木為床前二叉手上為絞車下施四輪可挽二千斤凡飛梯木幔逼城邊拋鈎索挽令近前即以長竿舉大索鈎及而絞之入城如絞木驢待其逼城且擲木石使驚懼不敢出則使二壯士坐皮屋中縋至驢上引絞車鈎索掛搭木驢復棧上挽取入城

十六

此木牛車攻城之具

以堅木厚板為平屋裹以生牛革下施四輪自內推進以蔽人

拒禦卷九　十七

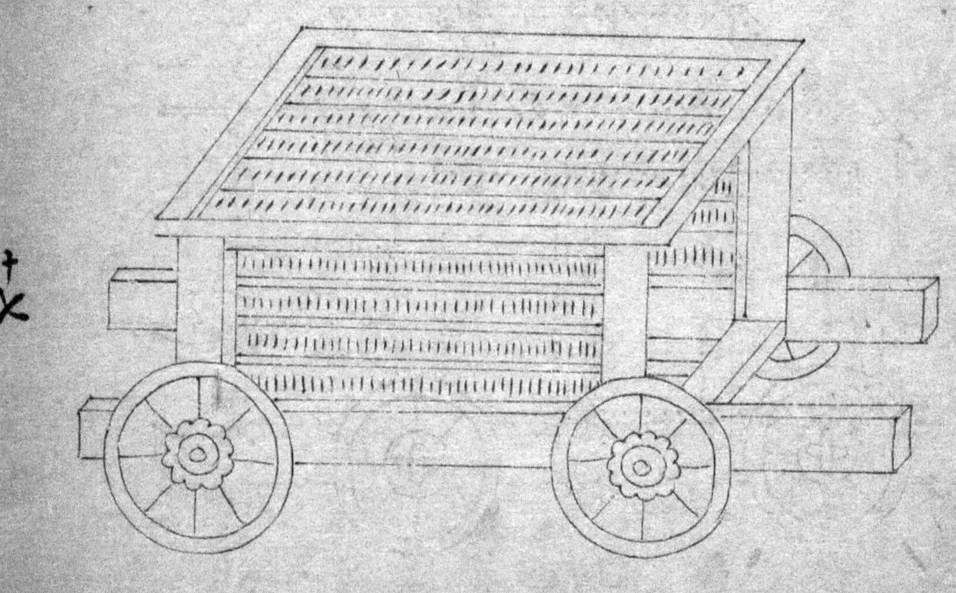

此轒轀車攻城之具

下虛上蓋如斧刃其中勿施枕板可容人着地推車載以四輪其蓋以獨繩為脊生牛皮蒙之直抵城下

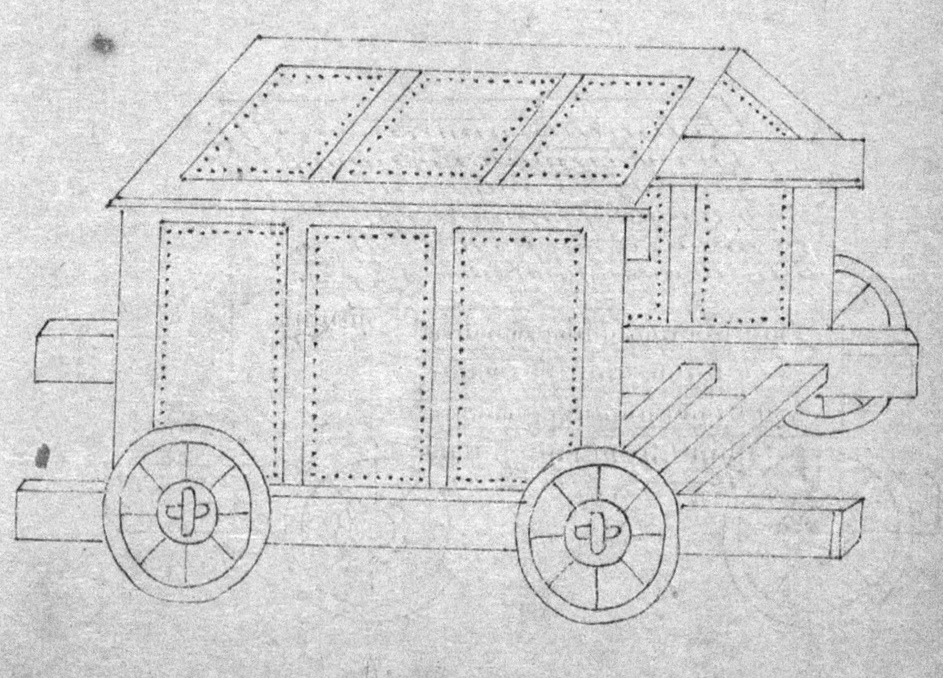

此外尚有洞屋旱船等類諸器攻城極為利害一不能制城立頹矣總之自上攻者皆雲梯類也從中攻者皆衝車類也自下攻者惟地道一法若有突門則一切皆不能施此敵臺突門之制所以妙絕千古

諸葛亮地宂郝昭穿地截地道

拒地道

漢諸葛亮攻陳倉為地宂欲踊出城裏郝昭於城內穿地橫截之

韋孝寬掘塹邀地道

李光弼地道取懷州

劉仁恭穴地入城

東魏高歡攻玉壁於城南鑿地道韋孝寬掘長塹邀其地道簡戰士屯塹每穿至塹輒擒殺之又於塹外積柴貯火敵人在地道者以皮排吹之火氣一衝咸即灼爛

安太清據懷州李光弼令郝廷玉穴地道登陴大呼王師乘城遂取懷州擒太清送京師

唐盧龍兵攻易州劉仁恭穴地入城遂克之

宋岳飛以兵十萬圍邳州甚急城中兵纔千餘

孟宗政掘坑防地道

守將懼遣人求救金完顏昂曰爲我語守將我嘗至下邳城中西南隅有塹深丈餘可速實之守將如其教填之飛果自此穴地以入知有備遂退

金人攻棗陽孟宗政掘深坑防地道

風扇車　二柱二桄高闊約地道能容上施轉軸軸四面施方扇凡地道中遇敵人用扇颺石灰艾火毬烟以禦之

用大甕繞城多置坑令人持入坑内擇耳聰人或聾者坐聽于甕下聽之極遠以防鑿地道

非撞木

鈎鐮　賊用車攻城車與城齊用繩拴繫大堅木五六人懸撞女墻頃刻墻倒此時須用三四鈎鐮鈎挽割斷其繩木自墜下又名提鈎昔年倭攻桐鄉用此破之但要純鋼鋒利一鈎即斷

拒鉤竿

推刀　形如新月長一尺餘曲刃向外須極鋒利安長木柄如賊用鉤竿上城待扒至半城時順竿從上向下着實一推賊手即斷每五垛置一件

鉤竿如槍兩傍加曲刃竿首三尺裏以鐵葉施鐵刺如雞距

拒蟻附攻城

夜叉擂　一名留客住用濕榆木長一丈許徑一尺周回施逆鬚出木五寸兩端安輪脚輪徑二尺以鐵索絞車放下復收擊攻城蟻附者

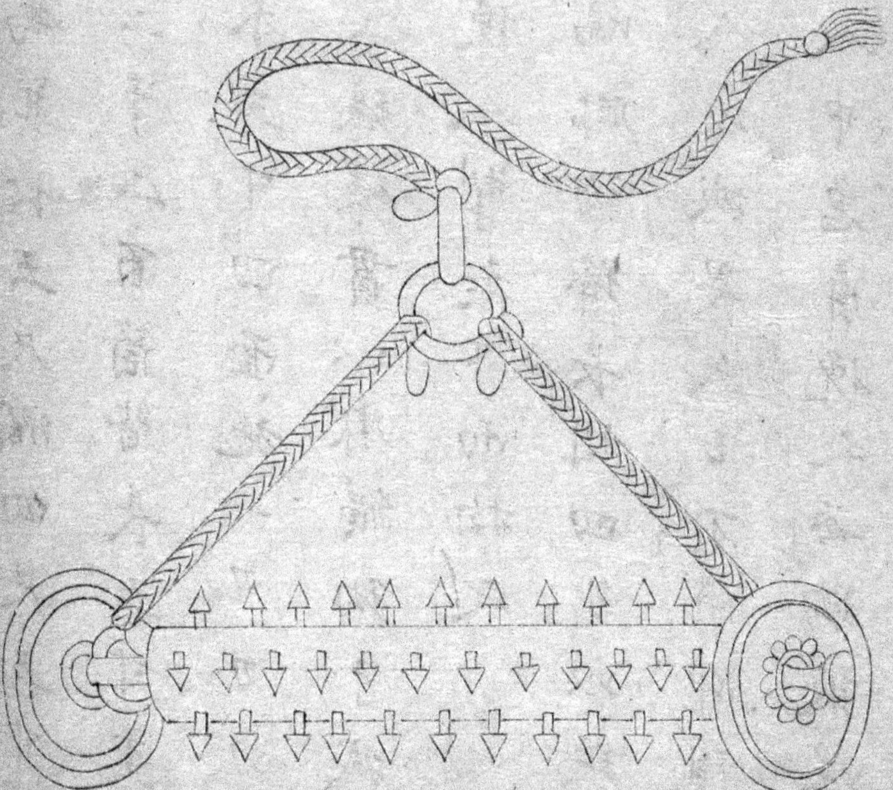

狼牙柏　合榆木爲箕長五尺濶四尺五寸厚三寸以狼牙鐵釘二千二百箇皆長五寸重六兩布釘于柏上出木三寸四面施一刄刀刀入木寸半前後各施二鐵環貫以麻繩鈎于城上敵人蟻附登城則使人掣起下而柏之

飛鈎　一名鐵鴟脚鈎鋒長利四出以鐵索貫之麻繩續之敵人攻城畏矢石不得仰視候其聚處則擲鈎稠人中急牽挽之每鈎取三兩人

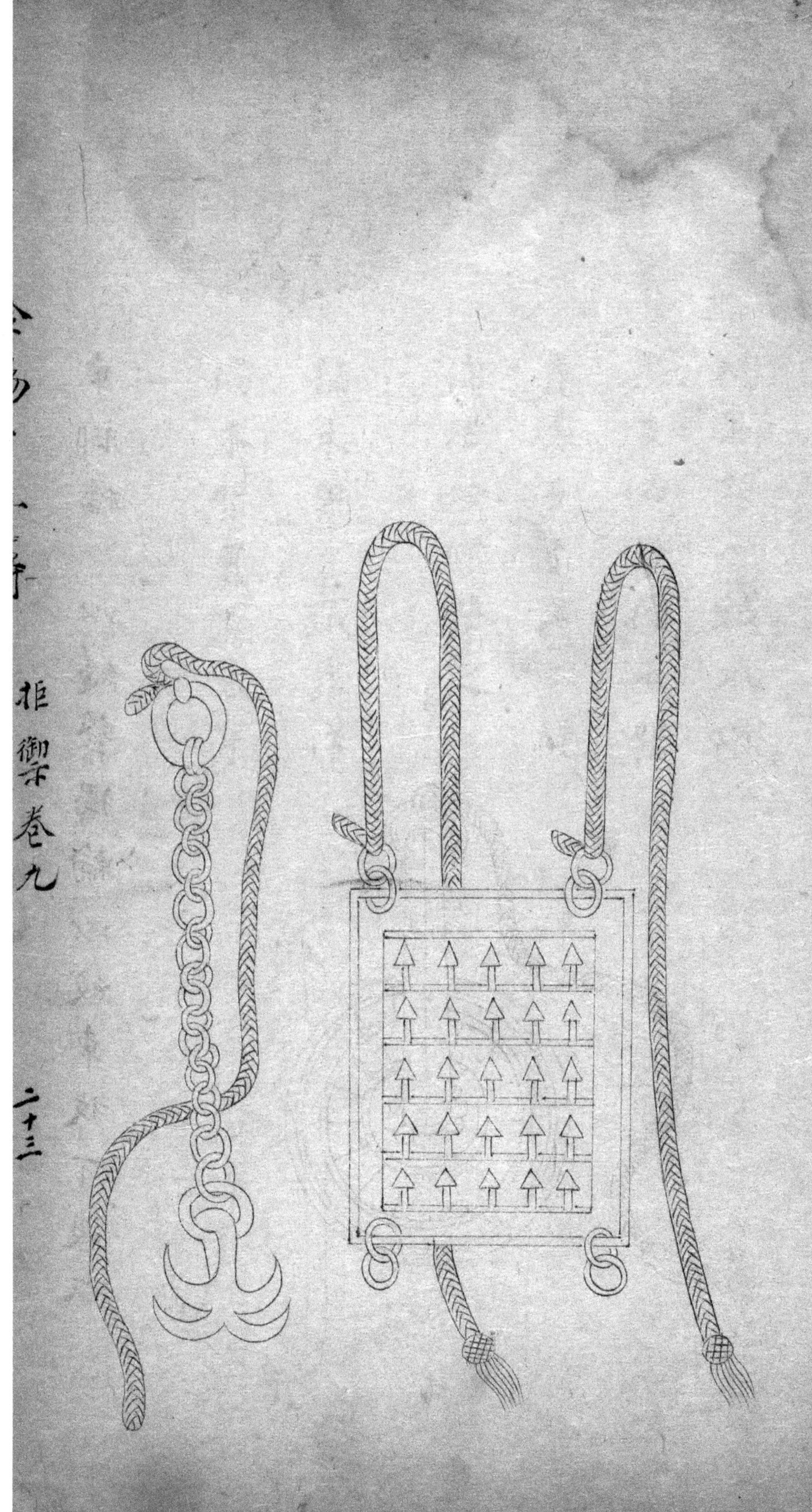
拒禦 卷九
二十三

車脚檑

以繩繫獨輪以絞車放下後收

擂石架　賊攻城衆多必作擂石架置滚石于上以繩作活法傾擊之

擂木架　賊衆作擂木架置滚木于上溜擊之

拒攀城

錛斧　頭重三斤柄長二尺每垛一件賊至垛口或暗約奸細上城用斧盡力砍之後鎚亦同

剉手斧　直柄橫刃刃長四寸厚四寸五分濶七寸柄長三尺五寸柄施四刃長四寸用于敵樓戰棚蹈空版下鈎刺攻城人及斫攀城人手

柜矢石

木幔　以薄板為柜如屏裹以生牛皮施桔槹載以四輪以繩挽之凡有攻城蟻附者則以幔禦矢石

皮簾　以水牛皮為之濶一丈長八尺横綴皮耳匕箇凡城上有闕則張掛之皮不可棚緊蓋柔能制剛也

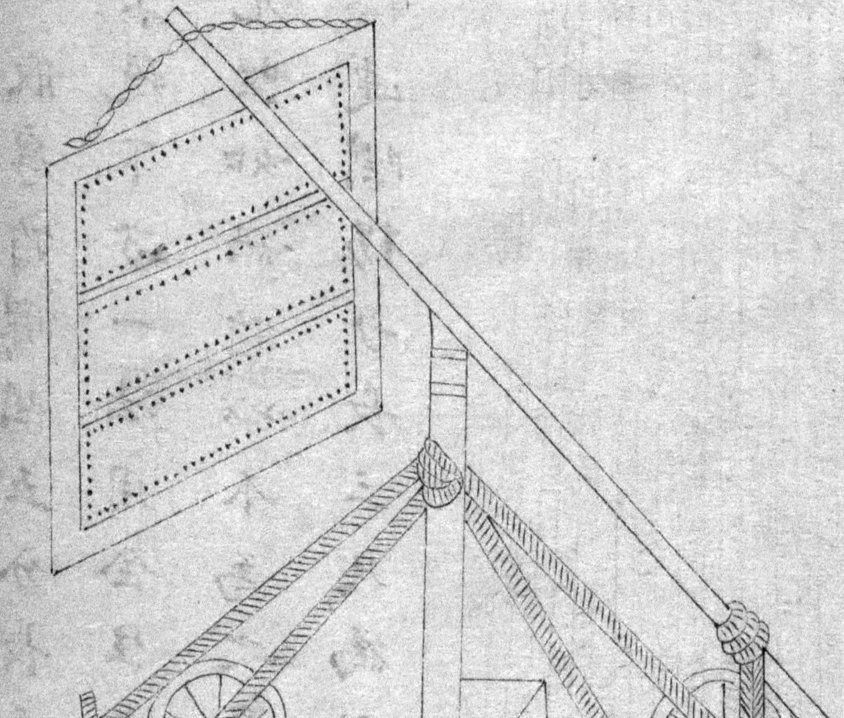

竹立牌 取厚竹條闊五分長五尺用生牛皮條編成上銳下方一法用全生牛皮穿空以厚竹編之尤堅如無竹以木為之高五尺闊三尺背施橫楅連閑楞子長三尺為之竹立牌

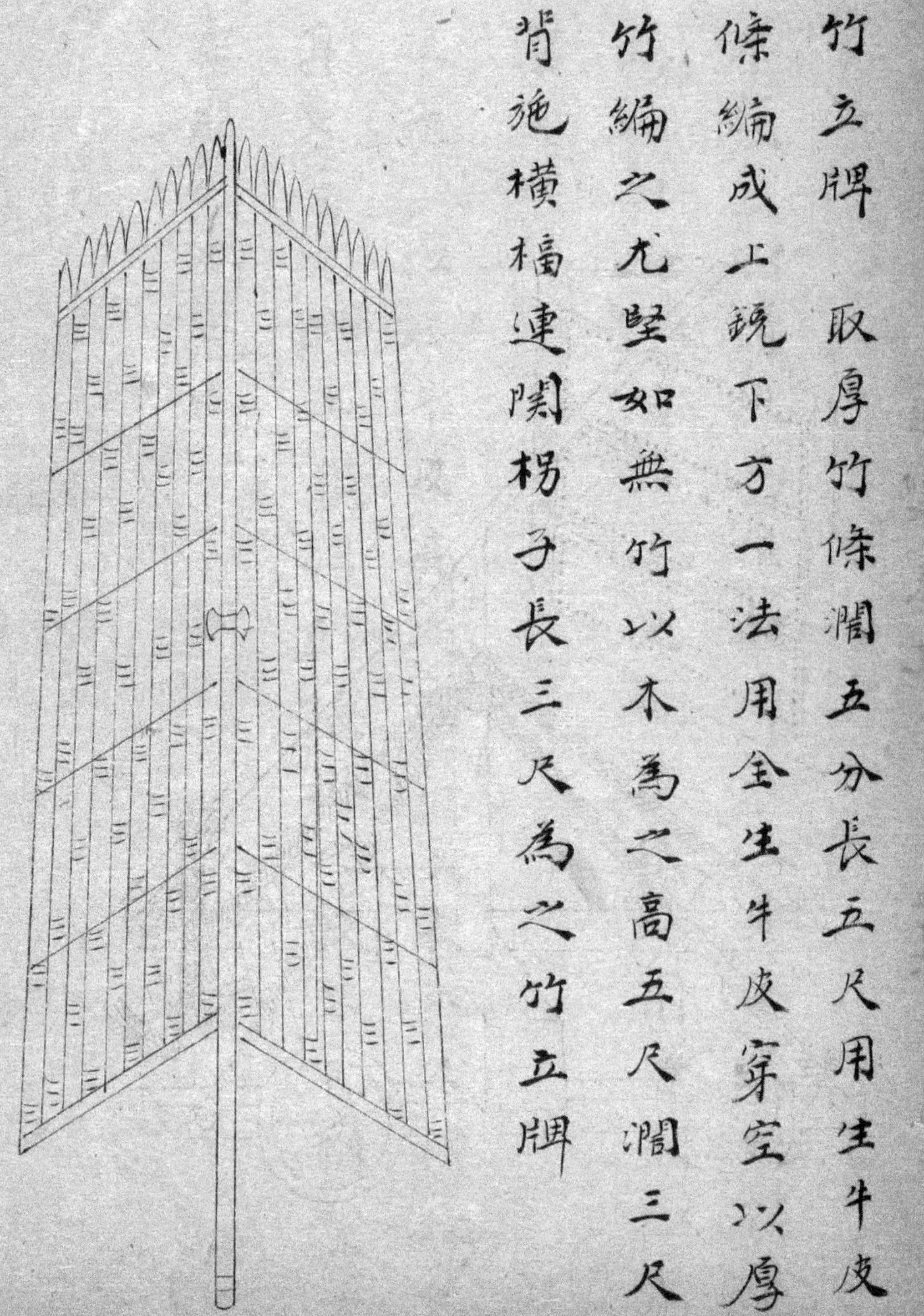

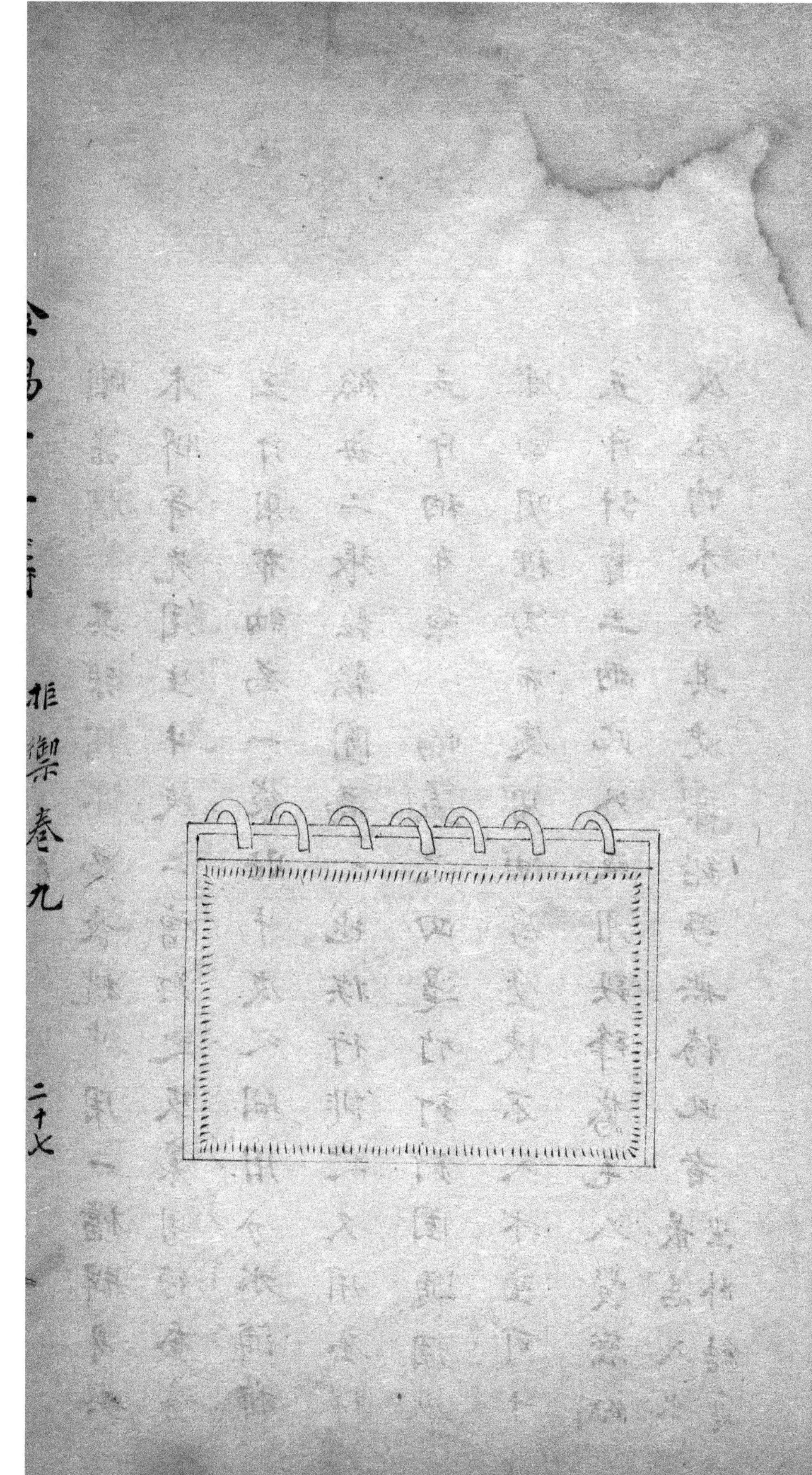

剛柔牌　其架用木爲長枕中用一檔牌身與木牌等先用生牛皮二層釘之皮裏用好蚕綿三斤用布納爲一袋貼牛皮之間用分水薄綿紙每二張鬆鬆團爲一毬挨行排之又用蚕棉五斤衲布袋一幅蓋之四邊竹釘釘固通用灰漆四明裡面布處用油厚塗使不入水重可十五斤計費五兩此外或用鉄鋒鷹毛人髮窰紙皮漆竹木类其遮禦鉛子無勝此者最忌入水坐卧結寔

剛柔牌式

拒砲

金人攻城先列克列砲三十座聽鼓齊發砲石入城大于斗樓櫓中砲即壞王稟先設虛柵

王稟虛柵

糠布袋

艮嶽諸石皆道君皇帝竭民力致之者

攢竹砲

石與城平

馬糞麥稭

網索旃褥

下置糠布袋在樓櫓上雖為所壞即時復成蒙古兵併力進攻金龍德宮造砲石取艮嶽太湖靈壁假山為之其圓如燈毬狀蒙古破大磑碌礡為攢竹砲有十三梢者每城角置百枚更迭工下晝夜不息數日石幾與裏城平城上樓櫓皆故宮及芳華玉溪所拆合抱之木隨擊而碎金以馬糞麥稭布其上網索旃褥固護之其懸風板之外皆以牛皮為障砲不能入

拒火

溜筒 賊以火燒城用鐵溜筒貯水傾滅之或云宜下濕沙滅之若用水油焰愈熾多致失事

上用竹筒下用鉄管城上注水于本斗内傾瀉

水袋　以牛馬雜畜皮渾脫爲袋貯水三四石以大竹一丈去節縛于袋口若火焚樓棚則以壯士三五人持袋口向火蹙水注之每門置兩具

水囊　以猪牛胞盛水敵若積薪城下順風發火則以囊擲火中古軍法作油囊亦便

麻搭　以八尺桿繫係散麻二斤蘸泥以蹙火

唧筒　用長竹下開竅以絮裹木桿自竅唧水

◎

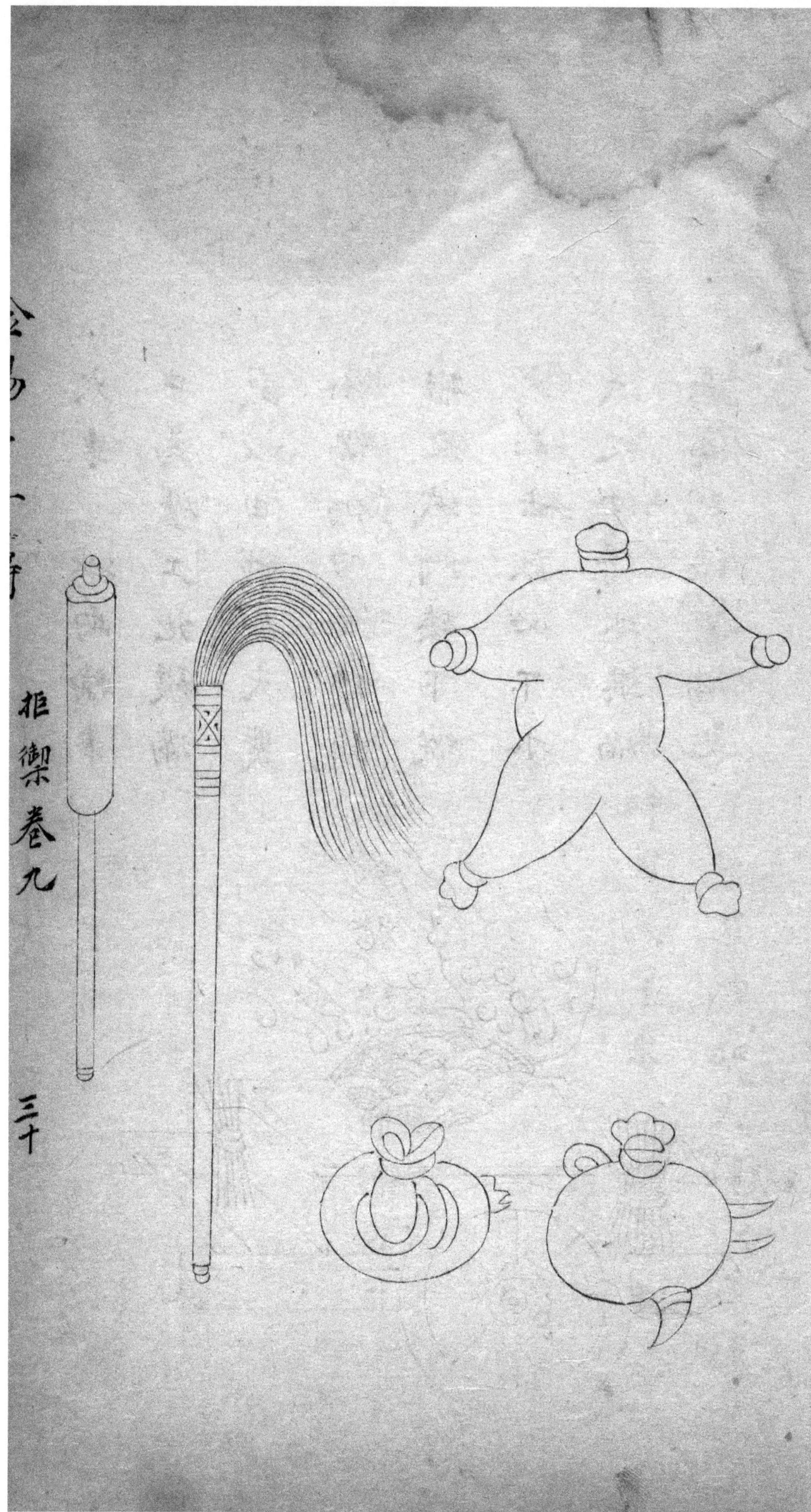

火車以兩輪車中為爐上施鑊滿盛以油熾炭火爨令沸仍四面積薪推至城門樓下縱火而去敵必下水沃之油得水其焰益高則樓可燔也

高歡松竿

韋孝寬鐵鉤

高歡攻玉壁縛松于竿灌油加火規以焚樓㡳孝寛作鐵鉤利其鋒刃火竿來以鉤遥割之松麻俱落

鐵鉤式

但要純鋼鋒利一鉤即斷方可

甕缸醋漿

築墻

造船

決提

拒烟

賊若縱烟向城則列甕缸以醋漿水各實五分人覆面于上其烟不能犯鼻目

拒水

我城若居卑下之地敵人擁水灌城速築墻壁壅諸門及低陷處城中速造船一二十隻募解舟檝者載以弓弩鍬鑊每舟三十人自開暗穴銜枚而出決其提堰

拒馬

地澁　逆鬚釘布版上厚三寸長闊三二尺

鹿角木　擇壁木如鹿角形者斲之長數尺埋入地深尺餘以閡馬足須遍布城外

鐵蒺藜　置賊來要路古所謂渠答也

搗蹄　四木鬭方徑七寸横施鉄逆鬚釘欄路

鉄菱角　布水中刺人馬足壕中天旱水淺則布之城外有溪陂可絶者布之木菱角以三角重木爲之

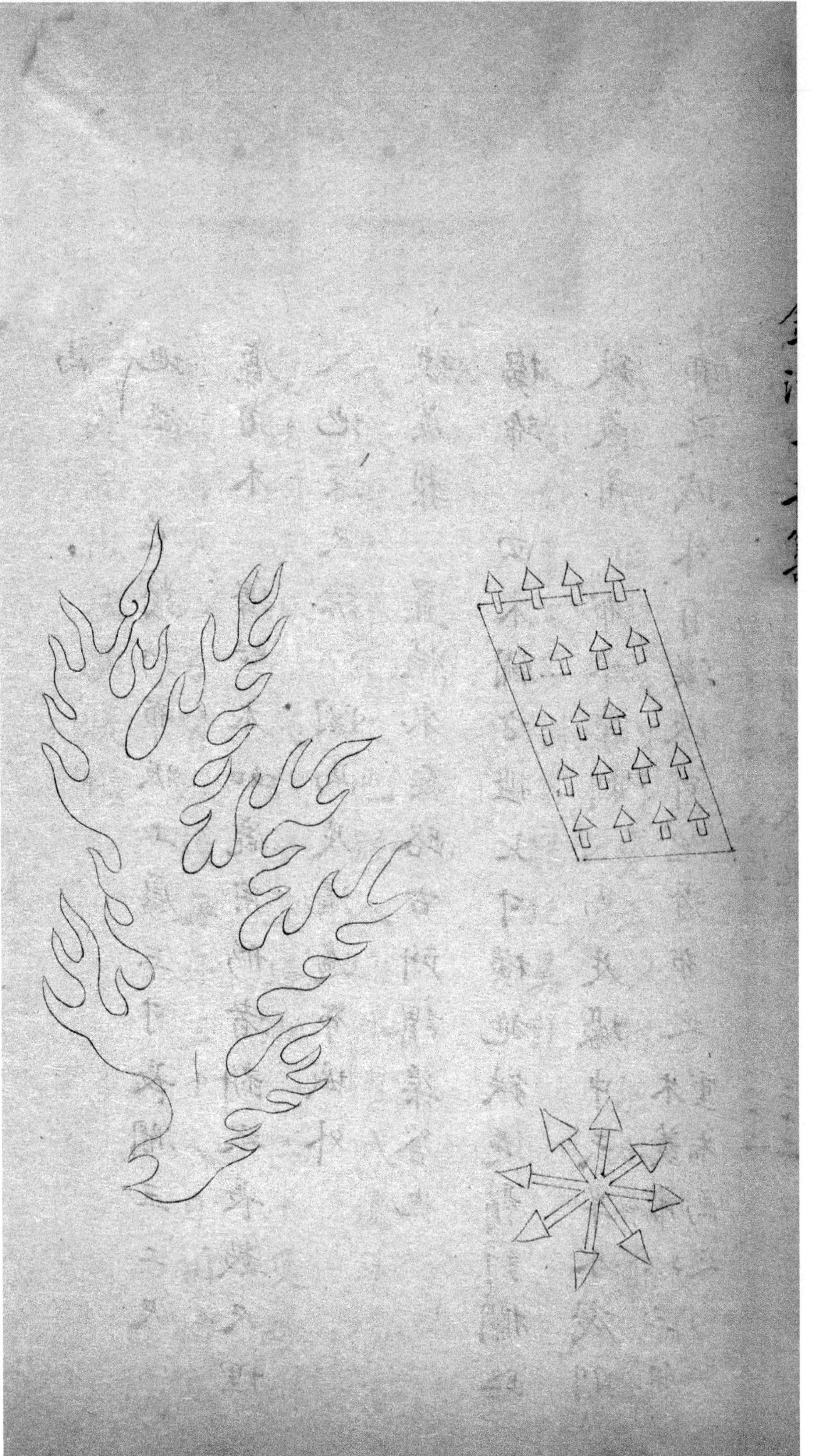

鬼箭　鐵蒺藜之小者糞汁糞藥製之戳人馬脚内爛故曰鬼箭裝竹筒内筒用茅竹去皮方

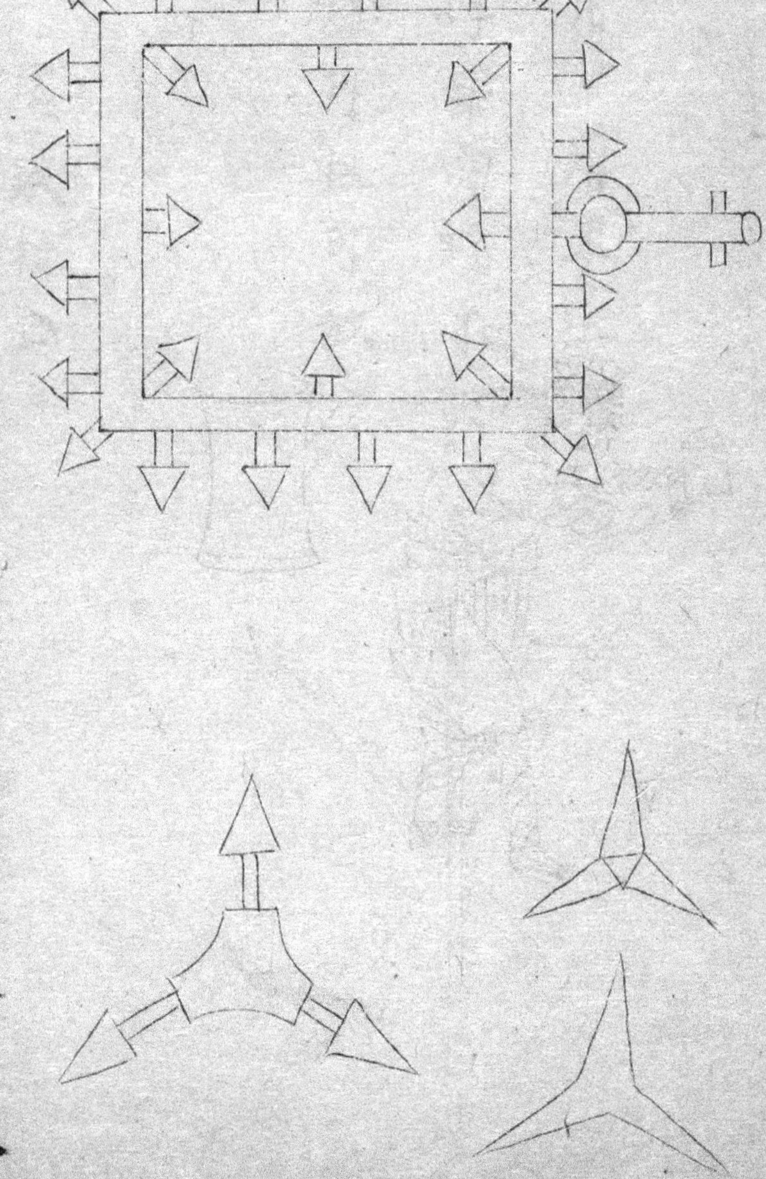

不梨長一尺上用木盂下用原節為底用時手
提撒之下地均匀且速而不結以為阻馬守險
之用

鐵鹿角　用木三條交入撑架兩頭木尖貫鉄鎗可收可放

刺毬　用鉄打四方有鋒中有蔕

茅針　其形如針以鐵為之

鵞項　形如鵞項上下鉄刺

皂角　以鐵為皂角刺

以上須預先打造臨用以繩栓撒地皆蒺藜類也

踢圈　以竹為圈揷於馬道以索結繫竹圈以釘釘草蓋處或浮土埋之馬至套圈輙倒

又有用活結繩圈再加竹圈上馬至套圈縱出竹圈而此活結繩圈一動輙緊馬足拽住

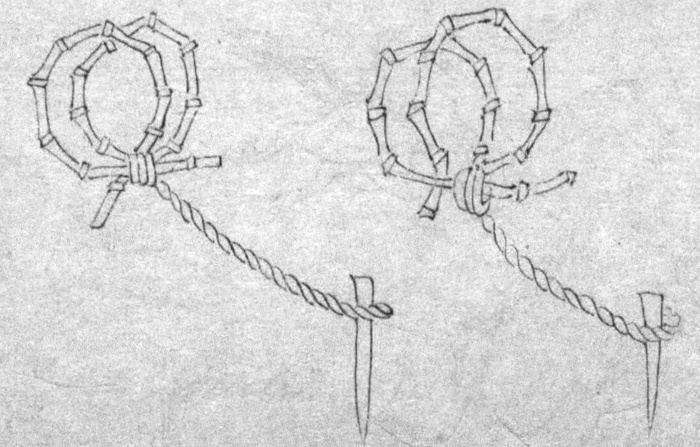

馬拖　用竹削成筋大長数倍於筋其錐頭鋭用以鑽地尾用熱湯煮過搥碎和麻皮成索索尾安扣頭扣轉于竹片之上仍将鎗桿拽索於竹片首若馬被套而走則索尾之鎗自戳馬腹

種氷　凡賊來遇
嚴冬之時相度坡
塘城岸高低處令
軍士灌水乘寒結
氷使其滑溜令賊
不得趨馬不得騁
又可灌水凍沙為
營壘曹操嘗用之

拒禦卷九

三十六

馬筒　或磚砌或木桶
或無底瓦瓶或通節茅
竹伏埋隱地內筒底揷
鐵錐鐵刺馬足且陷且
刺不能前進穿深一尺
每隔尺許設一筒遍曠
濶無城塹處必當布置
以限賊騎長驅

結草　掘溝澗斷橋塞住大路賊漫野而行預先結合野草以絆馬足使不得馳騁

斷木　度林木賊所必繇處伐斷其木橫亘塞路又須留根一半相連使擡移不便

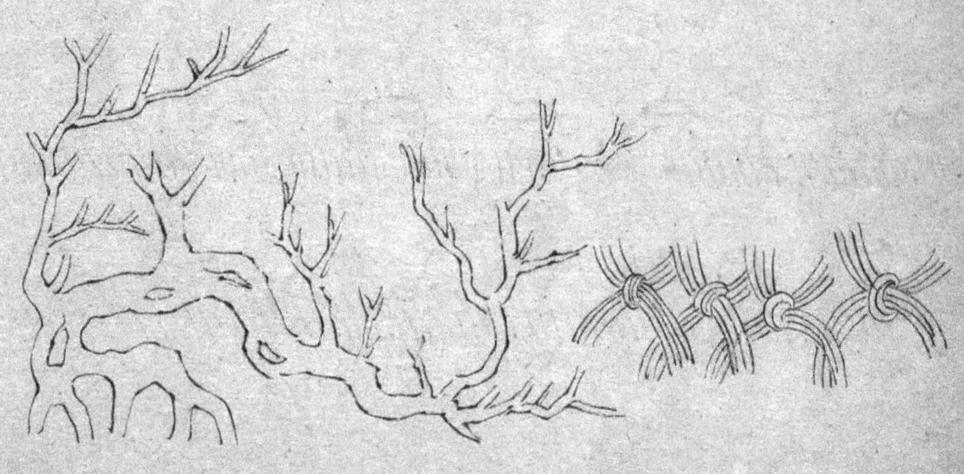

青窠　麻麥草芥生
處掘窠下揰凶器上
闊竹竿鋪以蘆蓆移
一樣麻麥草芥鋪之
白窠　於沙泥白地
處掘窠照前鋪置亦
就彼處沙土遮蓋使
賊不疑

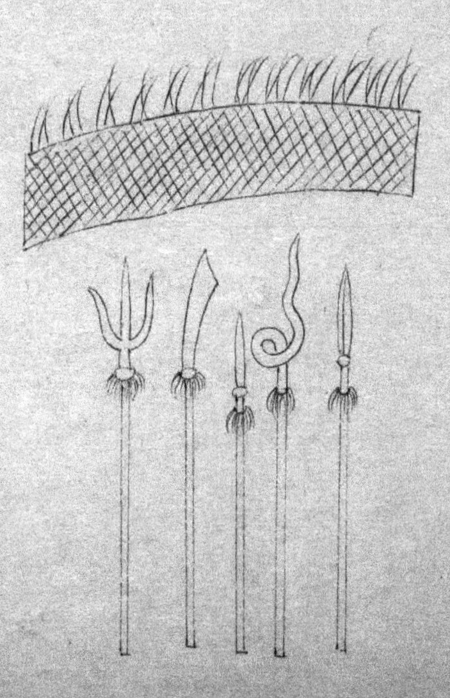

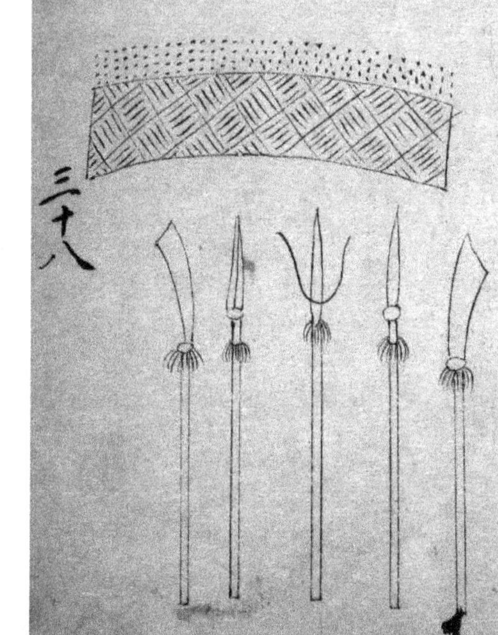

獻白　賊馬入境必之水飲宜於陂池溪澗中設置錐刺使馬望水奔飲受傷

獻青　賊馬久不收放望有青草必奔食之宜於草地中揷鎗刺使馬入陷

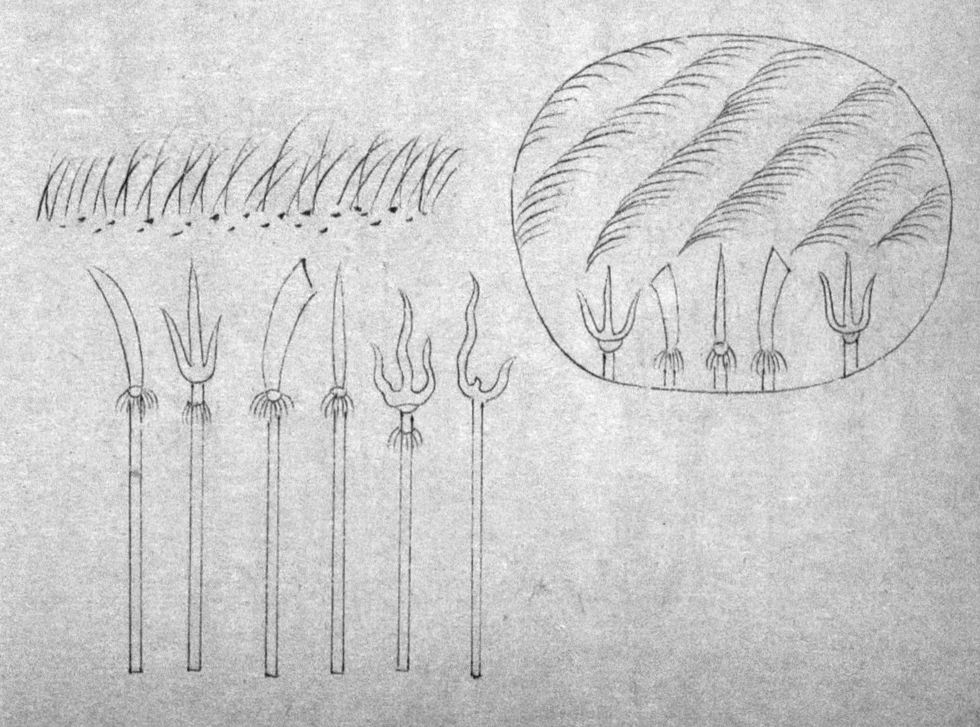

芻誘　賊馬久缺草芻豉攎穽下設凶器上覆芻秣或置毒于内馬見而食即傷

餌誘　賊馬饑餓思食炒製香料菽豆鋪穽上馬聞奔食即墮死地

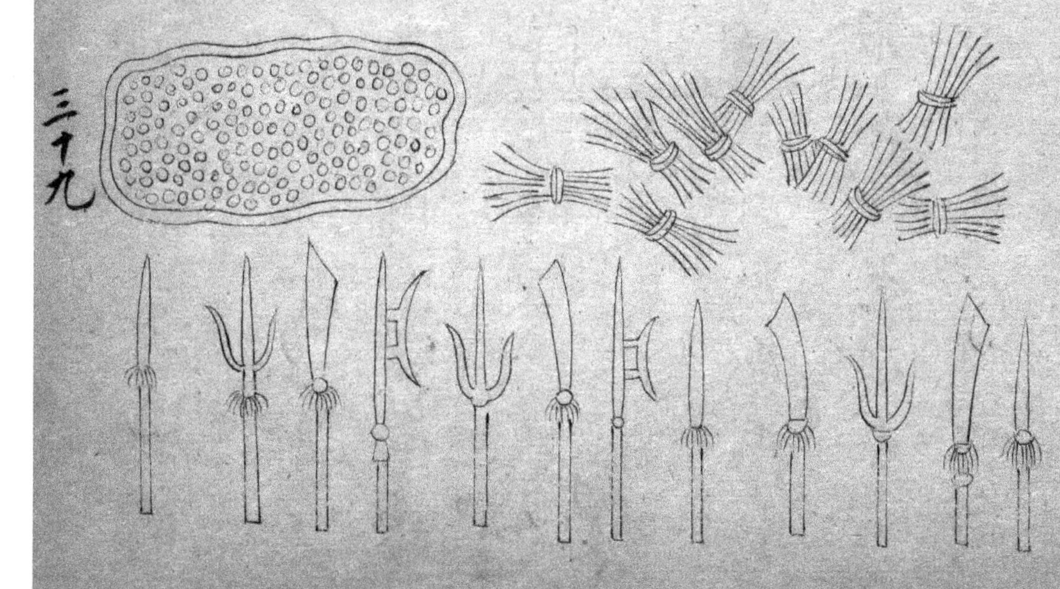

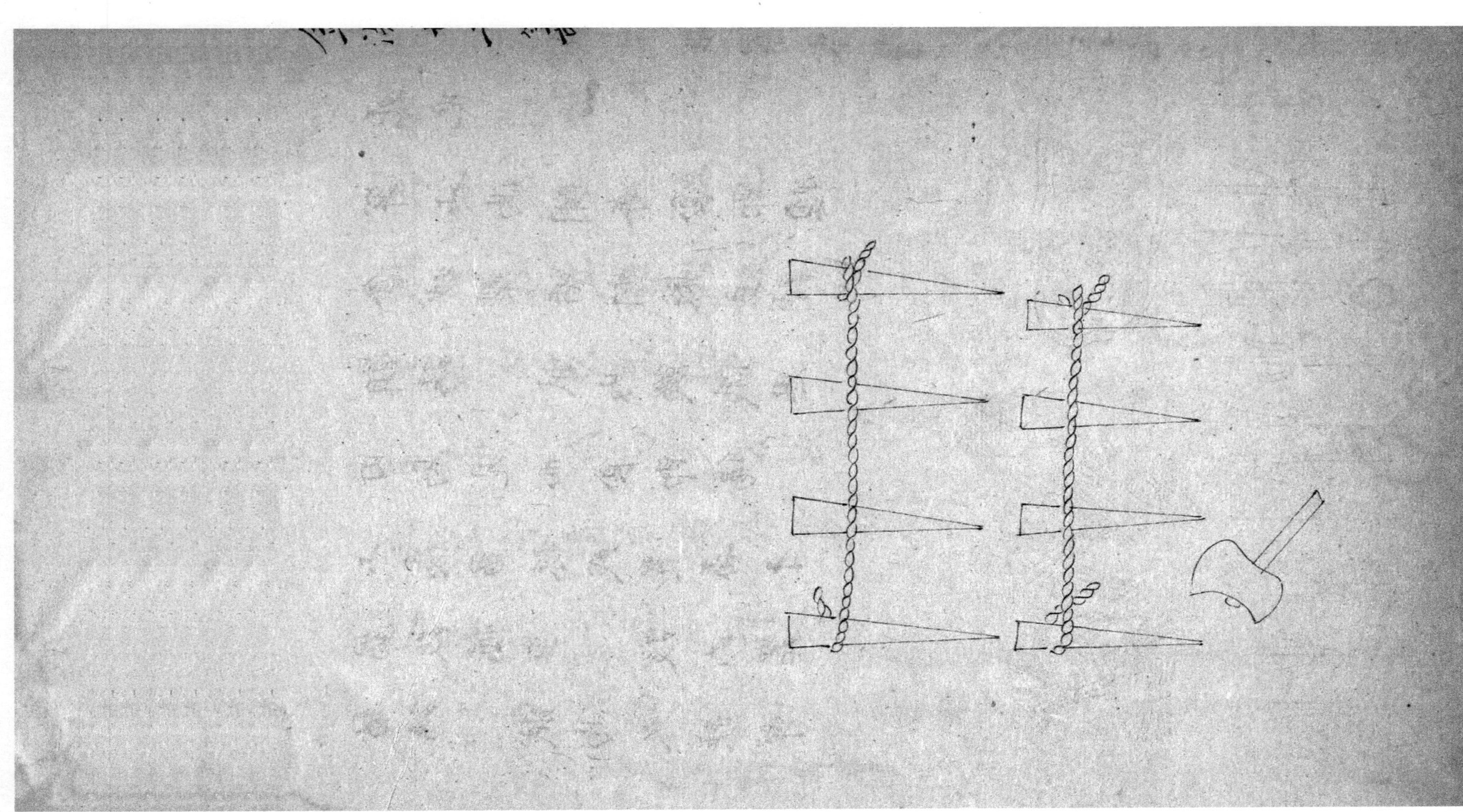

以上諸器試于白日不效試于黑夜必效迎
賊來路不效斷賊歸路必效硬地不效無沙
地不效無草地不效沙草相間之地必效蒺
藜即染土色草色賊見土見草不見蒺藜而
後蒺藜得妙其用徑寸之鋒躓千里之馬兵
未可奇于此者然制作之艱非頃刻可辦預
製之以待用可也倉卒相逢不期而遇前不
得以攖其鋒後不得以避其銳當是時不貴

寸土尺木而賊馬自抵于損傷不勞匹馬隻輪而賊騎自至於顛覆可不亟為講求乎

金湯借箸十二籌卷之十目録

籌扼險有引

據險

王平據興勢　　張仁愿築三受降城

郭元振買和戎城　　种世衡城故寬州

劉子羽駐興州　　吴玠收保和尚原

楊存中不割和尚原

余玠徙合州城

設險

孟珙經理襄樊　魏勝築城環孤山

李庭芝築城邑平山堂

圖一　圖二

陳恕經營北斗　孟珙障沮漳水

李允則浚井種榆

失險

成安君不守井陘之險

諸葛瞻不守東馬之險

慕容超不守大峴之險

梁主不守采石之險

周德威不守渝關之險

粘沒喝嘆南朝不守關之險

斡离不笑南朝不守河之險

兀术譏南朝不守獨松關之險

金湯借箸十二籌卷之十

淮南李盤小有原名長科

京口周鑑臺公

古絳韓霖雨公

籌扼險

守非特守城也必相境內形勝何處可扼要令重兵屯守何處可分據令偏師犄角何處可伏兵挫其先鋒何處可遊兵絕其糧道聯

絡敵勢各為應援如卒然在山則過之於遠勝守之於近守之城外勝守之城内孫子不云乎地形者兵之助也料敵制勝計險阨遠近者上將之道也輯扼險

據險

曹爽發卒十萬入漢中漢中兵不滿三萬諸將欲死守以待涪兵王平曰漢中去涪千里賊若得關便為深禍宜先遣劉護軍據興執平為後

王平據興執

興埶山在洋州興道縣北四十三里今郡城所枕形如一盆外險而內有大谷

拒帥千人下自臨之比爾間涪軍亦至此計之上也諸將皆疑惟護軍劉敏與平意同遂帥所領據興埶多張旗幟彌亘百餘里爽兵距興埶不得進關中及氐羌轉輸不給牛馬騾驢多死民夷號泣道路涪軍反費禕兵繼至太傅懿與夏侯玄書曰昔武皇帝再入漢中幾至大敗君所知也今興埶至險蜀已先據若進不獲戰退見邀絕覆軍必矣將何以任其責玄懼言於爽

張仁愿築三受降城

六旬三城就

引軍還

張仁愿為朔方總管朔方軍與突厥以河為界北崖有拂雲祠突厥每犯邊必先謁祠禱解然後料兵而南時默啜悉心西擊突騎施仁愿請乘虛奪取漠南地于河北築三受降城絕虜南寇路唐休璟以為兩漢皆北守河今築城虜腹中終為所有仁愿固請中宗從之六旬而三城就拂雲為中城南直朔方西城南直靈武東城

斥地三百里
烽堠千三百所
減鎮兵數萬
郭元振置和戎城

南道榆林三壘相距各四百餘里其北皆大磧也斥地三百里而遠又于牛頭朝那山北置烽堠千三百所自是突厥不敢度山畋牧減鎮兵數萬

唐郭元振為涼州都督州境輪廣纔四百里虜來必薄城下元振于南峽口置和戎城北磧置白亭軍制東要路遂拓境千五百里自是州無虜憂

神世衡城寬州

劉子羽據川口錢山棧道之險

神世衡爲鄜州從事夏戎犯延安世衡以延安東北二百里有故寬州請因廢壘而城之以當寇衝左可致河東之粟右可固延安之勢北可圖延綏銀夏之舊有是三利朝廷從之

張浚敗於富平退保興州人情大震官屬有建策徙治夔州者劉子羽叱之曰孺子可斬也四川全盛敵欲入寇久矣直以川口有錢山棧道之險未敢遽窺耳今不堅守縱使深入而吾僻處

聚兵扼險

夔岐遂與關中叛援不相聞進退失計悔將何及今幸敵方肆掠未逼近郡宣司當留駐興州外繫關中之望内安全蜀之心呼召諸將收集散亡分布險隘堅壁固壘庶幾可補前愆後然之子羽即單騎至秦州召諸亡將悉以其衆來會凡十餘萬人子羽命吳玠聚兵扼險于鳳翔大散關東之和尚原以斷敵來路關師古等聚熙河兵于岷州大潭孫偓賈世方等聚涇原鳳

金人知有備引去

吴玠勸守要害

據高阜

翔兵于階成鳳三州以固蜀口金人知有備引
去
張浚合五路兵欲與金人決戰吴玠言宜各守
要害須其備而來之及次富平浚又會諸將議
戰玠曰兵以利動今地勢不利未見其可宜擇
高阜據之使不可勝諸將皆曰我衆彼寡又前
阻葦澤敵有騎不得施何用他徙已而敵驟至
輿柴囊土籍淖平行進薄玠營軍遂大遺五路

收保和尚原

孫子曰不可勝者守乎

楊存中諫棄和尚原黄石公曰獲固守之

皆陷玠收散卒與弟璘收保散關東和尚原積粟繕兵為死守計或謂宜退屯漢中扼蜀口以安人心玠曰我保此敵決不敢越我而進是所以保蜀也金將烏魯折合來攻玠命諸將堅陣待之更戰迭休山谷路狹多石馬不能行金人舍馬步戰遂大敗遁去

金人再入關議割蜀之和尚原以界之楊存中入對曰和尚原隴右之藩要也敵得之則可以

太公曰保險阻者所以為固也孫子曰我得亦利彼得亦利者為爭地

余玠築招賢館冉璡冉璞以堊畫地

睥睨漢中我得之則可以下兵秦雍襄議予金人吳璘力爭不從今璘在遠不及知臣若不言非特負陛下亦有愧于璘近若王師盡銳而後得顧毋棄

余玠帥蜀築招賢館播州冉璡冉璞有文武才玠賓館之奉甚厚兄弟終月不言惟對居以堊畫地為山川城池之形旬日請見屏人曰某兄弟辱明公禮遇有以少補非敢同衆人也為今

合州城
釣魚山
因山為壘
孟珙經理襄樊

日西蜀計其在從合州城乎玠不覺躍起執其手曰此玠志也但未得其所耳對曰蜀口地形之勢莫若釣魚山請徙諸此若任得其人積粟以守之賢于十萬師遠矣玠大喜築十餘城皆因山為壘碁布星比列兵聚糧為必守之計于是如臂使指勢氣聯絡

設險

孟珙兼知岳州乃檄江陵節制司搗襄郢於是

指授方畧

工兵伐謀

先鋒軍

復郢州荊門軍又復信陽軍遂復襄陽初詔珙收復荊襄珙謂必得郢然後可以通餽饟得荊門然後可以出奇兵繇是指授方畧發兵深入所至皆以捷聞珙奏畧曰襄樊朝廷根本今百戰而得之當以經理非甲兵十萬不足分守與其抽兵于敵來之後孰若保此全勝上兵伐謀此不爭之爭也乃置先鋒軍

後襄樊失而宋即亡險可忽乎哉

魏勝築重城環孤山

李庭芝築城包平山

魏勝知海州城西南枕孤山敵至登山俯瞰城中虛實受敵最劇勝築重城環山于内寇不能害

李庭芝兼知揚州始平山堂瞰揚城敵至則構望樓其上張弓弩以射城中庭芝大築城包之城外山險賊至即以兵堅守免為賊先據下窺城中虛實魏李二公環包于内更妙圖附後

八

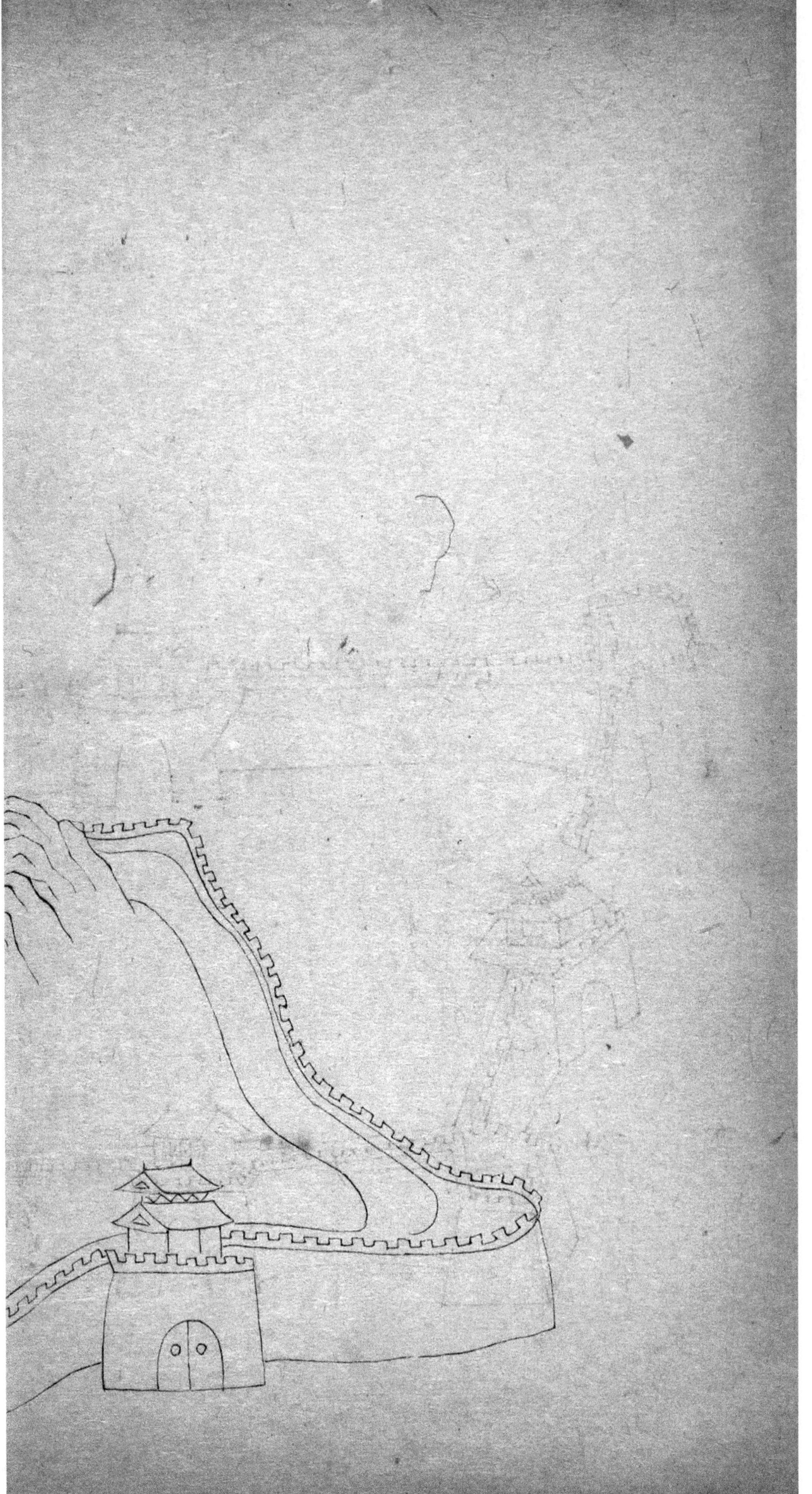

陳恕大興營田

孫子曰能使敵人不得至者害之也

限戎馬

孟珙障沮漳之水

太宗以陳恕為河北東路招置營田使大興河北營田先是雄州東際于海多積水戎人患之不敢蹂此路入寇順安軍至北平二百里地平廣無隔閡每歲胡騎多蹂此而入議者謂宜度地高下因水陸之便建阡陌浚溝洫益樹五穀所以實邊廪而限戎馬故遣恕往經營之

孟珙鎮江陵初至登城周覽嘆曰江陵所恃三海不知沮洳有變為桑田者今自城以東古鎖

復脩内塩十一處作十塩於外

三海為一

三百里巨浸

滄洲望楼

太公諱曰莫善于不識

先峰直至三汊無所限隔敵一鳴鞭即至城外

乃脩復内塩十一處别作十塩于外有距城數十里者沮漳水舊自城西入江因障而東之俾遶城北入于漢而三海遂海為一隨其高下為匱蓄洩三百里間渺然巨浸土木之工百七十萬而民不知役

滄州北舊多設陷馬坑城下起楼為作堠望十里李允則曰南北既講和矣安用此為命撤楼戍

李允則從浮圖望三十里

榆滿塞下

坑為諸軍疏園浚井疏洫列畦隴築短垣縱橫其中植以荊棘而其地益阻隘因治坊巷徙浮圖北原上州民旦夕登望三十里下令安撫司所治境有隙地悉種榆久之榆滿塞下顧謂僚佐曰此步兵之地不利騎戰豈獨資屋材耶

易曰王公設險以守其國此數君者皆知設險者也

失險

成安君不守井陘李左車說不聽

從間路絶其輜重

漢韓信張耳以兵擊趙李左車說成安君曰漢將韓信乘勝而去國遠鬭其鋒不可當今井陘之道車不得方軌騎不得成列行數百里其勢粮食絶必在其後願足下假臣奇兵三萬人從間路絶其輜重足下深溝高壘勿與戰彼前不得鬭退不得還吾奇兵絶其後野無所掠不至十日兩將之頭可致戲下願君留意臣之計否則為二子所擒矣成安君不聽信使間客視知其

扼險卷十　土

韓信大破趙軍

諸葛瞻不守束馬黃崇勸據險

鄧艾長驅入成都

南燕不守大峴

不用乃敢引兵下遂大破趙軍斬成安君泜水

上

蜀諸葛瞻督諸軍拒鄧艾至涪停住不進黃崇屢勸瞻宜速行據險無令敵得入平地瞻猶豫未納崇再三言之至于流涕瞻不能從艾長驅而前破瞻斬之成都不守

南燕主慕容超大掠淮北劉裕抗表伐之超引群臣會議公孫五樓曰吳兵輕果利在速戰不

公孫五樓勸據大峴

可爭鋒宜據大峴使不得入曠日延時沮其銳氣然後徐簡精騎循海而南絕其粮道别敕段暉帥兖州之衆緣山東下腹背擊之此上策也若縱賊入峴出城逆戰非勝算矣超曰今歲星

歲星居齊

居齊以天道推之不戰自克不如縱使入峴以

王鎮勸守大峴

精騎蹂之桂林王鎮曰陛下必以騎兵利平地者宜出峴逆戰戰而不勝猶可退守不宜縱敵入峴自貽窘迫昔成安君不守井陘之險終屈

於韓信諸葛瞻不扼束馬之險卒擒于鄧艾臣
以為天時不如地利阻守大峴策之上也超不
聽裕過大峴燕兵不出裕舉手指天喜形于色
遂平廣固送超詣建康斬之而南燕滅

梁不守釆石

速據建康

侯景詐稱出獵攻歷陽太守莊鐵以城降因說
景曰國家承平歲久人不習戰聞大王舉兵內
外震駭宜乘此際速據建康可兵不血刃而成
大功若使朝廷徐得為備遣羸兵千人直據釆

急據采石

侯景乘勝至闕下

周德威不守渝關

石雖有精甲百萬不得濟矣景以鐵爲導引兵臨江梁主問策於尚書羊侃侃請以二千人急據采石令邵陵王襲取壽陽使景進不能前退失巢穴烏合之衆自然瓦解朱异曰景必無渡江之志遂寢其議景聞之喜曰吾事辦矣乃濟江建康大駭景軍乘勝至闕下

初幽州北七百里有渝關下有渝水通海自關東北循海有道道狹處纔數尺旁皆亂山高峻

八防禦軍

選驍勇據隘邀契丹

土兵自為田園

恃勇不修邊備

契丹芻牧營平

不可越北至雄牛口舊置八防禦軍募土兵守之田租皆借軍食不入於薊幽州歲至繒纊以供戰士衣每歲早穫清野堅壁以待契丹契丹至輒閉壁不戰俟其去選驍勇據隘邀之契丹常失利走土兵皆自為田園力戰有功則賜勳加賞繇是契丹不敢輕入寇及周德威為盧龍節度使恃勇不修邊備遂失渝關之險契丹每芻牧於營平之間

（宋不守關險）

粘沒喝分兵趨涼京平陽府叛卒導金兵入南北關粘沒喝嘆曰關險如此而使我過之南朝無人矣進屯澤州

（南朝無人）

（宋不守河）

金斡离不陷相濬二州時梁方平帥禁旅屯于河北岸金將迪古補奄至方平奔潰河南守橋者望見金兵旗幟燒橋而遁官軍在河南者無一人禦敵金人取小舟以濟凡五日騎兵方絕步兵猶未渡旅旋渡旋行無復隊伍金人笑曰南

（官軍無一人禦敵）

南朝無人

朝可謂無人若以一二千人守河我豈得渡哉

邊陷滑州

取燕而不知取關之險守京城而不知守河之險北虜所以嘆無人也觀金人道遥渡河光景可為浩嘆嗟乎南朝豈遂無人哉

兀术自廣德過獨松關見無戍者謂其下曰南朝若以羸兵數百守川吾豈能遽渡哉遂犯臨安

卷之十終

金湯借箸十二籌卷之十一目録

籌水戰有引

大江要道

總論

舟戰

大勝小

福船取勝　韓世忠海艦

虞允文海鰌　陳友諒巨舟如山

堅勝脆

廣船鐵力木

順風勝逆風

錢傳瓘順風揚灰　李寶祈風助順

順流勝逆流

李神福泝流復還順流

防淺

吳權海口植大杙

俞通海議移舟避淺

防砲

劉基請更舟避難星

防火

張世傑塗泥縛木拒火舟

防風

張世傑露香祝天

兩頭船

防鑿

夾底用釘

舟製

五花八門舟　鬭艦圖

樓船圖

以上諸船皆用以壯威者也

飛輪架海舟圖　神飛火輪舟圖

邛瓊山輪舟說　鷹船圖

海鶻圖　沙船
以上諸船皆用以戰敵者也
叭喇唬船圖　八槳船
游艇圖　開浪船
漁船
以上諸船皆用以哨探者也
無底船　蒙衝圖
鴛鴦槳　走舸圖

以上諸船皆用以掩襲者也

子母舟圖　　破船𦨴

聯環舟圖

以上諸船皆用以焚燒者也

木筏

此用以守者也

水師

束伍

總說
旗色　責成
柁工　水兵
泅人言文達　泅人司馬福
張永德用泅人繫舟
劉琦用泅人鑿舟　張貴用泅人赴郢
趙善湘練浮水軍
水器

欄火飛篷圖
製藥法
製篷索藥方
飛波甲圖
橐籥圖
護臂護腳圖
水馬
火箭
火飛抓圖
火桶圖
噴筒圖
噴筒製
合餅子方圖
三飛
飛鎗式
飛刀式

飛鮫式　朝鮮水秀才
石油　江豚油
逆風火藥方　火種方
水老鴉　鉤鐮圖
撩鉤圖　鉤距
犁頭鏢圖　小鏢圖
柏竿　鐵綆
罟網圖　油罐

飛空滴水神油礶圖

散沙散豆　潑泥

總論

水戰附考

周瑜焚曹操　俞通海焚陳友諒

兀木火箭焚海舟

劉裕分步騎于西岸破盧循

杜慧度步兵夾岸破盧循

侯瑱就順風　章昭遠據上流

吳為鐵鎖截江王濬破之

梁以竹笮聯艨艟斷河李建及破之

毆陽紇竹籠盛沙石遏船昭達破之

魏以鐵鎖斷河　崔延伯車輪斷淮

王僧辯大艦斷江

王軌鐵鎖貫車輪斷清水

樊若水量江

兵夫列船式

總引　　　平時立船閱視圖

每船戰器　　　每船用器

捕盜自備　　　各兵自備

金湯借箸十二籌卷之十一

淮南李盤小有原著長科

京口周鑑臺公

古絳韓霖雨公

籌水戰

金湯之籌籌守也何以言戰尉繚子云戰所以守城也又云務戰者城不圍況吳楚諸郡邑強半在水之濱則守江重于守城水戰又

十郡七渡

急於陸戰謂天塹不足恃歟魏武困於居巢曹丕困於濡須拓拔困於瓜州苻堅困于淝水矣謂徒險遂足恃歟杜預嘗襲樂鄉胡奮嘗入夏口賀若弼嘗涉廣陵曹彬嘗渡釆石矣扼險者勝恃險者亡信哉竊見大江之南上自荆岳下至常潤不過十郡十郡之要不過七渡上流最緊者三荆南之公安石首岳之北津中流最緊者二鄂之武昌太平之釆

石下流最緊者二建康之浦口鎮江之瓜洲若江工無虞則城内居民皆安堵如故倘輕棄天險聽其棧鞭坐守孤城譬如鼠入穴中立受偪仄乃失策之甚矣輯水戰

大江要道

舟師可以進可以守東南之師趨三齊者自淮入泗而止劉裕伐南燕舟至下邳是也趨河北者自汴入河而止桓温伐燕至枋頭是也捨舟

登陸尚得半利趨關中者自河而入徑至長安王鎮惡以蒙衝小艦至渭橋是也水陸並進可得全利此皆以舟師進者也塞建平之口使自三峽者不得下此王濬伐吳楊素伐陳之路也據武昌之要使自漢水者不得進此何尚所謂津要根本之地也守釆石之險使自合肥者不得渡蓋韓檎虎嘗因以滅陳也防瓜步之津使自盱眙者不得至蓋魏太武欲道此以寇宋也

扼其要害使不得進此皆以舟師守者也

舟戰

大勝小

福船廣大如城非人力可驅全仗風勢倭船自來矮小如我之小艙船故福船乘風下壓如車碾螳螂鬭船力而不鬭人力每每取勝

韓世忠海艦

金兀术入寇韓世忠與相持於黄天蕩世忠以海艦進泊金山將戰海舟乘風使篷往來如飛

虞允文海鰌

兀术大敗

宋虞允文及金主亮戰於江中部分甫畢敵已
大呼亮操小紅旗麾數百艘絶江而來瞬息抵
南岸者七十艘直薄我軍士殊死戰官軍以海
鰌船衝敵舟皆沉敵半死半戰日暮大敗

巨舟聯鎖

陳友諒圍南昌　上親督舟師三十萬援之友
諒解圍東出鄱陽湖逆戰悉以巨舟連鎖為陣
旌旗樓櫓望之如山我軍舟小怯於仰攻往往

乘風縱火

鐵力木

退縮上不憚斬隊長而下十餘人猶不能上
郭興侍側趨進曰彼舟如此大小不敵非人不
用命也非火攻不可即命常遇春諸將分調綑
船載葦荻置火藥其中至晡時東北風起乘風
縱火焚其戰艦數百艘烟焰漲天十里湖水盡
赤友諒弟及平章等皆焚死

堅勝脆

廣船視福船尤大堅緻亦遠過之蓋廣船乃鐵

乘風

反逆為順

順風揚灰

散沙散豆

力木所造福船不過松杉而已二船在海若相冲擊福船即碎不能當鐵力之堅也倭夷造船亦用松杉之類不敢與廣船相冲

順風勝逆風

吳越王鏐遣其子傳瓘擊吳吳遣彭彥章拒之戰於狼山吳船乘風而進傳瓘引兵避之既過自後隨之吳回船與戰傳瓘使順風揚灰吳人不能開目及船舷相接傳瓘使散沙于已船而

祈風助順

散豆於吳船豆為戰血所漬吳人踐之皆僵仆
因縱火焚吳船大敗
金亮遣蘇保衡統水兵繇海道趨二浙李寶舟
師至東海縣時虜圍海州寶麾兵登岸虜驚引
去出海口泊唐島候風即南寶禱於石臼祈風
助順丙寅風雨南來衆喜爭奮引帆俄頃薄虜
虜驚失措虜帆皆以錦纈為之彌亘數里忽為
波濤捲聚一隅窘促摇兀無復行次實以火箭

李神福

引舟泝流

復還順流
因風縱火

射之烟焰隨發延燒數百艘降者三千人

順流勝逆流

吳李神福自鄂州東下田頵遣其將王壇汪建將水軍逆戰神福謂諸將曰彼衆我寡當以奇取勝及暮合戰神福佯敗引舟泝流而上壇建追之神福復還順流擊之因風縱火焚其艦壇建大敗士卒焚溺死者甚衆

防淺

吴權舉兵攻皎公羨于交州漢主命其子弘操將兵救公次權引兵逆戰先于海口多植大杙銳其首冒之以鐵遣輕舟乘潮挑戰而偽遁須臾潮落漢艦皆碍鐵杙不得返士卒覆溺大半

上討陳友諒大戰鄱陽湖所乘舟膠淺沙賊乘勢攻之急欲犯　上舟諸將計無所出帳前親兵將韓成曰古有殺身成仁者臣不敢愛死遂服上之袍冕對賊衆投水中賊信之攻稍弛會諸

將兵至始退俞通海與衆議曰湖水有淺處舟難迴旋不利于戰莫若入江據敵上流彼舟若入即成擒矣劉基亦密言請移軍湖口期以金木相犯日決勝從之敵見我水陸結寨不敢出粮盡益窘繞下流欲遁道海追敗之

防砲

鄱陽之戰瀕危後安一日與友諒鏖戰劉基在御舟忽躍起大呼　上亦驚起回顧但見基雙

雞星過

砲碎舊舟

張世傑大舶

塗泥縛木以拒火舟

手揮之速數呼曰雞星過可更舟　上悟如其
言更之坐未半晌舊舟已爲敵砲擊碎矣

防火

元張宏範襲厓山張世傑結大舶千餘作一字
陣碇海中中艫外舳貫以大索四周起樓棚如
城堞奉帝居其間爲死計宏範薄之世傑舟堅
不能動宏範乃舟載茅茨沃以膏脂乘風縱火
焚之世傑戰艦皆塗泥縛長木以拒火舟不爇

宏範無如之何

防風

宋陸秀夫負帝赴海死張世傑收兵至海陵山散潰稍集謀入廣颶風大作將士勸世傑登岸世傑曰無以為也登柁樓露香祝曰我為趙氏亦已至矣一君已復立一君今又亡我未死者庶幾敵兵退別立趙氏以存祀耳今若此豈天意邪風濤愈甚世傑墮水溺死

張世傑露香祝天

兩頭船

大學衍義補有兩頭船之法以海運船巨遇風難旋轉兩頭製舵遇東風則西馳遇南風則北馳海道諸船無逾其利蓋武備不嫌於多慮患不防於遠莫為之前猶將求之而况設之前者有未泯乎以此衝敵賊舟雖整可亂也

防鑿

舟用夾底庶可無虞舟底有用釘者

舟製

八卦六花船

此船江海中攻守皆用不懼風濤攻則敵不能當守則敵不能近故水戰首此以保全勝用厚楠木板作五槽底槽前平頭槽後為尾有八卦六花之義故名為上有三桅中有八輪後有舵樓順風用篷逆風轉輪其快如風底中一槽高七尺闊六尺旁二槽高六尺闊五尺儘邊二槽

高五尺濶四尺每槽相離置輪一尺五寸其濶
三丈六尺兩頭接鋪平中間上作艙長三丈六
尺槽前平頭三丈六尺槽亦三丈六尺尾起舵
樓底空内庭八輪居中作官艙長三丈六尺闊
一丈八尺兩舷各闊九尺前後中共三桅篷索
用藥水制過遇雨不濕火到篷即滅週圍立插
牌艙上用生牛皮包裹底用狼牙釘品字密釘
以防姦細水樁此繞軍大将取勝也

闘艦

船舷上設女墻可蔽半身墻下開掣棹空孔音船内五尺又建棚與女墻齊棚上又建女墻重列戰士上無覆蔽前後左右竪牙旗金鼓

王濬大舟

晉謀伐吴詔王濬修舟艦乃作大舟連舫一百二十步受二千人以木為城起樓櫓開四門其上皆得馳馬畫怪獸於鷁首以懼江神水怪

水戰卷十一
令
令
令
令

樓船

船上建樓三重列女墻戰格樹幡幟開弩窻矛穴外施氈革禦火置砲車檑石鐵汁狀如小壘其長者可以奔車馳馬若遇暴風則人力不能制似不甚便於用然施之水軍不可以不設足張形勢而鎮風濤

以上諸船皆用以壯威者也

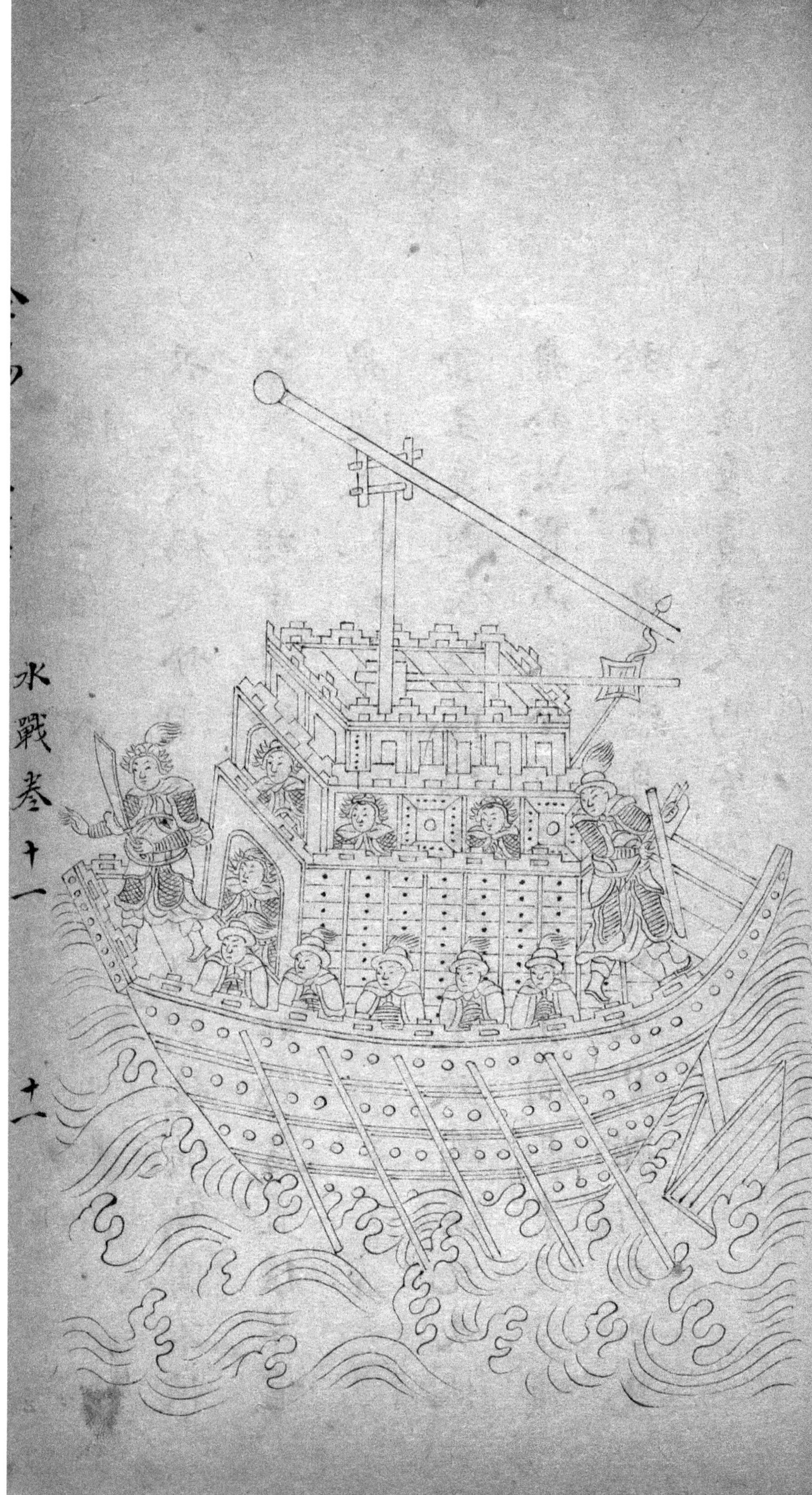
水戰卷十一
十二

楊太浮舟湖中以輪激水

虞允文伏舟

舟中踏車

輪舟 一名車船

岳飛破楊太於洞庭太時與劉豫通自固不服方浮舟湖中以輪激水其行如飛旁置檣竿官舟迎之輒碎

金主亮既至江北掠民船楫麾欲濟虞允文伏舟於七寶山後令日旗舉則出伺其半渡卓旗於山人在舟中踏舟以行船但見船行而不見人遂壓虜舟人馬皆溺

水戰卷十一
十二

神飛火輪舟

狀類海船周圍生牛革為障或剖竹為笆以擋矢石上留銃箭眼上中下分三層首尾設暗艙以通上下中層鋪刀板釘板兩傍設飛槳或輪乘浪排風往來如飛水手用泅人還賊詐敗棄而與之精兵暗伏艙下泅人赴水走待賊登船機關一轉翻入中層刀釘板上皆就戮矣若衝入賊船隊兩傍暗伏火器勢不可當

募泅人

棄而與之

邱瓊山曰舟大非風不行而行必以帆帆非布則蒻葉竹篾火箭射之即焚奈何曰楊么之舟以輪激水無風可行巧思者師其意製之不用帆亦可行矣

鷹船

崇明沙船可以接戰但上無壅蔽火器矢石何以禦之不如鷹船兩頭俱尖不辨首尾進退如飛旁皆茅竹板密釘竹間設窗可出銃箭窗內

鷹船沙船可相須而用

水戰卷十一
十四

海鶻

船形頭低尾高前大後小如鶻之形舩上左右置浮板形如鶻之翅以助船之飛雖風濤怒漲而無側傾之虞左右以生牛皮為城牙旗金鼓如常法

水戰卷十一
十五
令
令
令

沙船調戲使鬬風

五桅

沙船

沙船能調戲使鬬風舊制深嚴雙桅下海之禁承平既久法度浸弛不但雙桅習以為常甚有五桅者長江大帆一日千里若從權取而用之但於兩舷增設戰柵以為蔽衛亦利水戰

以上諸船皆用以戰敵者也

叭喇唬船

浙中多用之福建烽火門亦有其製底尖面闊

首尾一樣底用龍骨直透前後闊約一丈長約四丈末有小官艙艙面兩旁各用長板一條其兵夫坐向後而棹槳每邊用十槳或八槳其疾如飛有風豎桅用布帆亦能破浪甚便追逐哨探

布帆破浪

倭奴號曰軟帆賊亦畏憚

軟帆

福船六號

按福船有六號一號二號俱名福船三號哨船四號冬船五號鳥船六號快船福船勢力雄大便於衝犁哨船冬船便於攻戰追擊鳥

船快船能狎風濤使於哨探或撈首級大小兼用俱不可廢而哨探則無如此叭喇唬船為妙

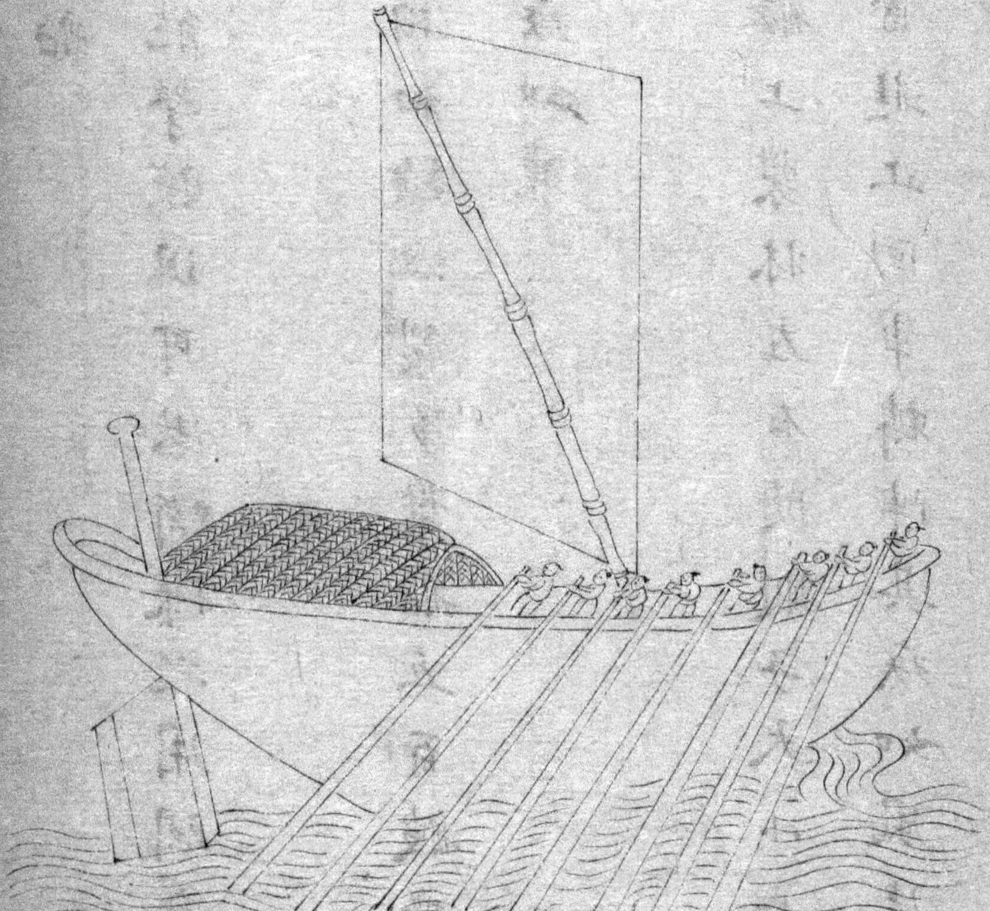

趙善湘多槳船

八槳船

此船不能擊賊但可供哨探之用閩廣浙直皆有之

宋趙善湘知鎮江製多槳船五百艘無論風勢逆順捷疾如飛

遊艇

無女牆舷上槳床左右隨艇子大小長短四尺一床計會進止回軍轉陣其疾如風虞候用之

令
令
水戰卷十一
十八

四槳一櫓

開浪船

以其頭尖故名喫水三四尺四槳一櫓其行如飛內可容三五十人不拘風潮順逆皆可用也

漁船

漁船於諸船中制至小材至簡工至約而用至重何也以之出海每載三人一人執布帆一人執槳一人執鳥嘴銃布帆輕捷無墊沒之虞易進易退隨波上下敵舟瞭望所不及是以海上

取勝擒賊多賴之

以上諸船皆用以哨探者也

無底船

張貴無底

襄城之圍張貴為無底船百餘艘中竪旗幟各立軍士於兩舷以誘之敵皆競躍以入溺死者萬餘亦昔人未有之奇也夜戰誤敵未有過於此者又一法以三舟聯為一舫中一舟裝載左右舟則虛其底而掩覆之

夜戰誤敵

三舟一舫

蒙衝

蒙衝者以生牛草蒙戰船背左右開掣棹空矢石不能敗前後左右有弩窻矛穴敵近則施放此不用大船務在捷速乘人之不備宋武帝北伐王鎮惡請率水軍自河入渭直至渭橋鎮惡所乘皆蒙衝小艦行船者悉有艦内泝渭而進艦外不見有行船人北土素無舟楫驚以為神

弩窻矛穴

王鎮惡小艦

行船艦内

二十

鴛鴦槳

二船并一處不用篷桅各長三丈五尺闊九尺生牛皮張裹棹槳八并槳靶俱在艙內槳尾自内入水每邊八把艙上留箭眼趁敵則兩邊飛棹相迎近則放神器分兩邊夾攻彼左右難救

走舸

用十四槳船舷上立女墻往返如飛鷗衆人不及

以上諸船皆用以掩襲者也

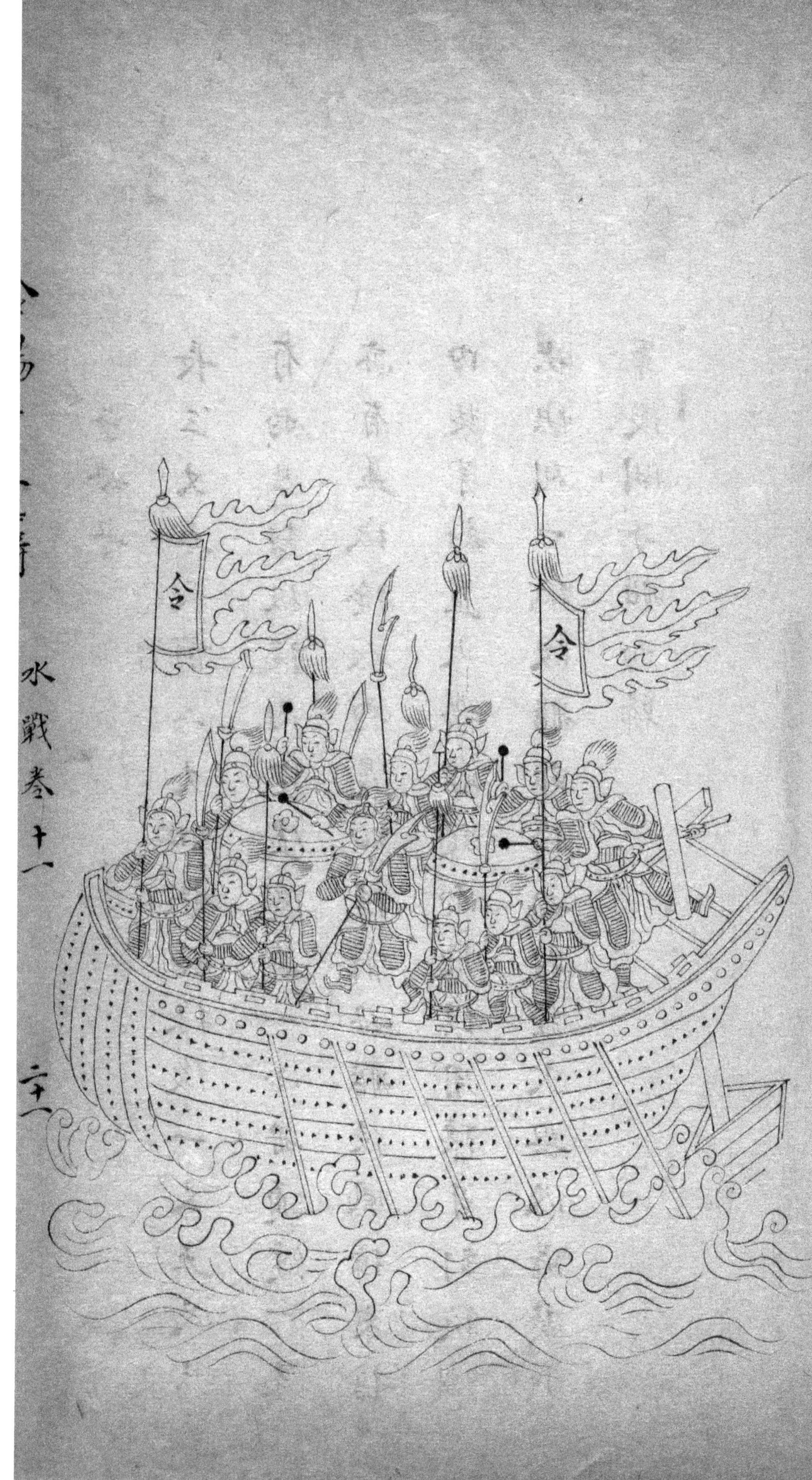
令
令
水戰卷十一
二十一

後藏小舟

子母舟

長三丈五尺前二丈如艦船樣後一丈五尺只有兩邊幇板腹內空虛後藏一小舟通連一處亦有蓋板掩入兩邊四棹前母船使風棹槳艙內裝茅薪置火藥船頭兩腋俱用狼牙釘鋌鋼尖快利一抵彼船即將母船發火與彼并焚我軍後開子船而歸

聯環舟

舟約四丈外視之若一舟分則為二舟中聯以環前截載大砲神烟神砂等器舟首鋑大倒鬚釘數枚後截兩旁施數槳或乘順風或自上流徑趨賊營以舟首釘樁賊舟上前環自解後截則回來其驚惶用器擊之廼水戰奇策也環者大鐵圈兩箇釘前截後截用鐵鉤兩箇鉤住樁於賊船則放其鉤後截即回本寨矣

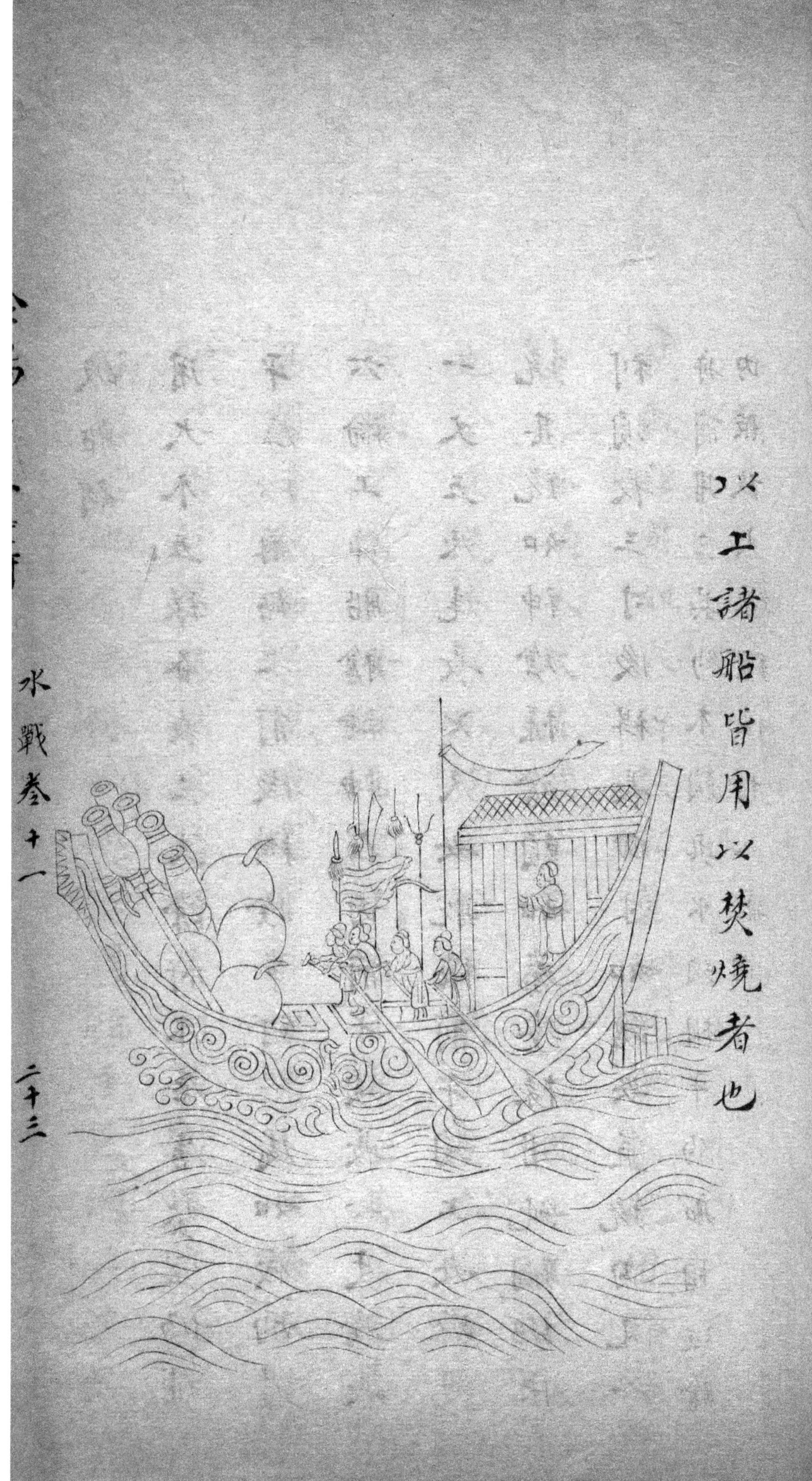

以上諸船皆用以焚燒者也

水戰卷十一　二十三

破船舸

用大木五根各長三丈餘將木居居鑿空仍鋪平厚以蔴粘之前後橫栓串釘一處如筏兩邊六輪上作船艙輪軸在内前平頭長一丈艙長一丈五尺尾長七尺安舵樓前平頭上安破舟銃其銃如神鎗樣鎗頭如蕎麥樣用純鋼極快利頭長三寸後桿長四寸如鎗安置銃内凡一舟前用三具約木頭與水頭相平約船相近艙内點放火線鎗徑打入船内

安椿木

船居筏後

木筏

焚敵船莫如火碎敵船莫如砲但大砲用於船上恐未損人反先損己自砲口大之上不敢放也今宜造木筏不拘若枔座式用整木縱橫平底風不可翻水不可沉上安木架極其堅固量其高過敵船於扼險處平排如堵下安椿木以識之用神器照賊來路打去計步數若干遠將打到之地亦用椿木識之戰船居筏後五十步

絮被

外以防其坐筏上以絮被遮蔽於前將二三十其一字排列賊船遠望不啻城墻莫測其中虛實伺看賊船將入吾原識樁木浮椗步數内將絮被放落走舸之人將筏扶正用諸火器照賊打去次第制之以二三十座之筏一齊擊發賊船未有不損者可以禦可以守乃水戰必須者也　砲之信藥用柿油等紙封固防水氣潮濕

此用以守者也

水師

束伍

船號最忌名色雜沓不一不一則號令繁雜沓則士難辨混淆無有綱領何以坐籌制勝只一號至六號而止每一寨係一將領不拘船之大小多寡均勻分派不拘參遊都守把總一例曰主將親船為中中司擇第一堅大者中軍領之餘分為中司左司右司每司分二哨前司後司

又各分二哨共十哨大約十船以下五船以上為一艅哨官領之兩哨為一司分總領之三司二司為一部主將領之

旗色

每船大旗俱用黑布一則便於遠瞭一則合於水性也仍用白布取寨名一字大書加於旗心各炤方色製以號帶每隊長小旗一面各炤本船號帶方色

每船大旗一面

前司紅帶　左司藍帶　右司白帶

後司黑帶　中司黃帶　中中司雙黃帶

每船小旗五面

前司紅邊　左司藍邊　右司白邊

後司黑邊　中司黃邊　中中加黃邊

捕盜

責成

捕盜專管一船之務凡入船客兵俱聽管束第

舵工
椗手
繚手
斗手
神器手
掌炮手
定艙門
隊長

一當重其事權俾有專力無掣肘可也舵工專管舵兼防舵門下攻守椗手專管椗正頭前攻守繚手專管帆檣繩索主持調戧斗手遇賊即上斗用挈頭鏢下射賊舟神器手專管定發無敵神飛砲掌號手專管接應司哨號令及對敵進止號令守艙門者臨敵牢守艙門平時管一應家火稽其支銷晝夜出入関防隊長司一隊內攻守督兵用命賊近專發火筒平時督兵習

柁工副貳

藝修治軍火器

柁工

一船之命盡係柁工一人必擇練達長年善知
風頭熟諳水勢者充之再置副貳以防疎虞粮
賜從優有功加賞
淵昔有高弁名應奔者以善捕盜聞東南嘗
言每遇敵必親以手柎柁工兩骭若股戰觳
慄必別擇有胆氣者代之盖以懼奪其神則

東西易向必至誤事真歷練後語也

水兵

沿海鹽徒儘可選用其次水兵奇妙如浙之七里瓏併金山寺下漁人俱能朝入水暮方出白晝鑽船致敵舟沉溺黑夜抽幫致賊師失隊其次則南直以販賣私鹽者人船輕便且習風濤黑夜潛行駕棹如飛用以出奇偷營偵探亦一策也

鹽徒

七里瓏金山寺下漁人

言文達潛行水底

張網綴鈴

司馬福潛行以竿觸網

魏中山王英與楊大眼等衆數十萬攻鍾離梁主勅曹景宗救之景宗處城中危懼募軍士言文達等潛行水底齎勅入城城中知有外援勇氣百倍

淮南兵圍蘇州吳越王錢鏐遣錢鏢等救之穌州有水通城中淮南軍張網綴鈴懸水中魚鱉過皆知之吳越司馬福因潛行入城故以竿觸網敵聞響聲舉網福因得過入城繇是城中號令

與援兵相應敵以為神

周師攻吳壽州吳人大發樓船蔽川而下泊於濠泗周師頗不利張永德使習水者沒有船下繫以鐵鏁急引輕舸掣之吳人船不得進退溺者甚重奪巨艦數十永德解金帶習水者

張永德繫吳船

宋劉錡以兵駐清河口扼金師金人以氊裹船載粮而來錡使善沒者鑿沉其舟

劉錡鑿沉金舟

宋張貴入襄陽呂文煥固留共守貴恃其驍勇

張貴募二士伏水赴郢

列撒星椿

趙善湘教浮水軍

黄金沉江

赤鳥白鷁

欲還郢乃募二士能伏水中數日不食使持蠟書赴郢求援元兵增守益密水路連鎖數十里列撒星椿雖魚蝦不得度二人遇椿即鋸斷之竟達郢還報

宋趙善湘知鎮江教浮水軍五百人常以黄金沉江使探得者輒予之於是水藝極精練能潛行水底數里又製赤鳥白鷁二大舟每舟載二千人依八陣法每一蒐閱舟艦參錯雜以浮水

領波濤為
部伍

諸軍領波濤為部伍角伎奏樂如陸康莊
水戰之法與其死戰賊於舟上不如陰制賊
於舟下蓋角力尚互有勝負運奇則操術萬
全也與其破賊之卒不如破賊之舟蓋破卒
尚斬獲有限破舟則死亡無算也收功全在
泅人為將者宜預為簡別厚加撫養務為練
試以備不時之用中流一壺千金市之矣

水器

攔火飛蓬

水戰之制莫要于蓬帆一沾水藥則三軍之命休矣必用晉石蜂脂熬漬爲水將竹筏箬葉麻索藤繩或布浸之晒乾再浸務令極透編造蓬帆大書飛龍天兵爲號則火箭火毬火牡丹等件沾染不着吾兵可保無虞而進可克敵矣此水戰要具也

晉石蜂脂

飛龍天兵

製藥法

晉石出山西透明者佳十斤脂蜜出關地者佳三斤水五斤

再浸再晒以不染火為度

又製蓬索藥方

每白礬十斤皮硝五斤梔子四斤為末入

水五斗熬三五沸刷蓬索上以防雨火

飛波甲

水戰之具固多而甲冑之制爲要用紬絹爲裡麩板爲甲砌如魚鱗先用礬水浸透晒乾用或以鵝雁翎編疊爲甲浮行水面駕浪乘風頃刻數十里水不沉溺長江大河之險不足慮也武經有羊皮水袋浮罌等製不如此妙

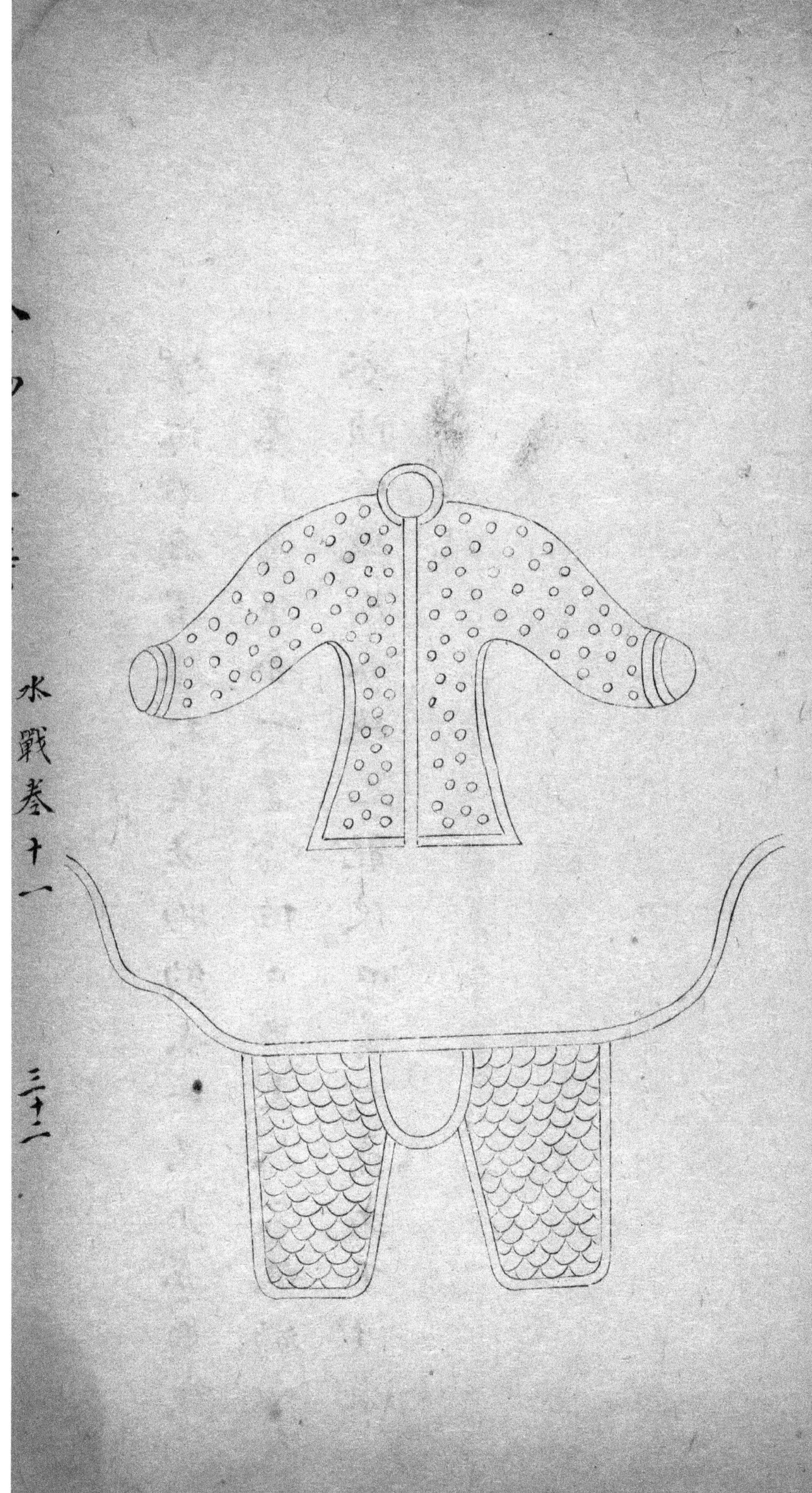
水戰卷十一
三十二

橐籥

潛伏水底用銀打造法物約長一尺上分兩竅管塞於鼻下合一管噙於口中盖人之被溺以水隨呼吸而入故也能使口鼻之氣上下往來可保無虞

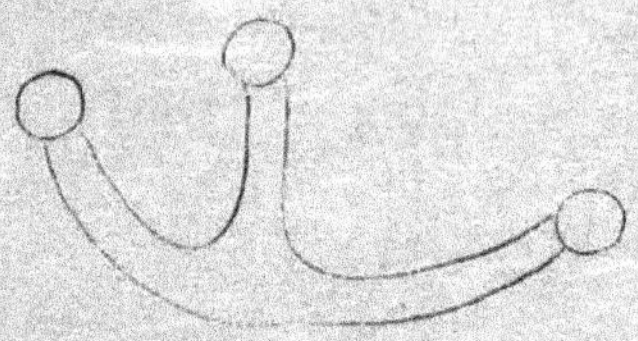

護臂護腳

用椰瓢漆黑以護臂囊用帛帶繫腰内漆絹裹腳底盖臂囊與腳底滂裹穴入水其紅如火懸魚水獸望光而來斯傷其命護之則光不現而害可免亦水戰必備者

水馬

黄藤造一水馬腰似斗粗下用四足横出水上馬頭高一尺遮前浪尾高一尺遮後浪各虚其中外用布裹堅漆拴一轡鐙人騎其中以使攀扯馬頭另外安榫中空一段可藏乾糧有此則人人膽壯其體不重船中易載再用綿裹上用匏片為甲葉匏取其浮綿取水濕可禦矢石倚跨一竪木短橈橈首用鐵為刃可為戰具橈桿中

藏一小力備急用雖船傾落水猶可以戰有此
水馬再繫今時所用水帯無憂溺矣

火箭

火箭勢猛敵畏之過於弓弩善造者可六七百步遠一枝約打二萬鎚方能濟頭上用回火約十分之二因火箭力大而帆篷薄一射徑過無益於焚如尚慮透過當於大門下一二寸遠用竹打十字交叉以阻留之竹鐵交接處用觔纏

用漆固錮花亦用漆下方耐風雨濕氣南方之製多聚百枚三五十枚裝入一籠曰一窩蜂曰火龍九枚曰九龍筒小者曰溜箭馬上亦可放

火飛抓

賊船遠用火箭近十數步內或焚帆焚棚非火飛抓不可制用木鏇作棒槌形自頂上入刀將內中鏇空入火藥裝滿週圍共揷七八孔出火用倒鬚釘釘之外糊油紙避雨濕臨敵用手擲

去或高釘帆上或釘入人身釘入竈棚皆可延
燒陸戰前面長兵相抵後面短器手點火擲中
敵人此亦亂而取之之意也

利害相半
慎之

火桶

用木桶可容一斗者用緩樂即令各船不堪之藥每桶先入藥五斤平平鋪定上用薄沙土一層覆之將粗碗一隻內用灰埋火二三塊平平閣在桶內沙上輕輕加蓋加閂閂孔要大閂要細恐入閂時撞動也裝完雙手平舉輕輕落下彼舟火激藥發全舟盡焚此器無樂線長短之失遇激便燃不及返擲我舟必臨用時方裝火

碗裝入火碗就要擲去不可留在我舟恐碗熱藥燃又恐忙中忘之或為物件手足所觸動反害本船必平日習熟試過者臨陣方從容不致錯亂誤事

噴筒

用圓細猫竹徑粗二寸深長二尺餘以蔴繩纏密下用竹木柄長五尺先下慢藥一層次下送藥一層次下餅一枚餅焰原製務要合口用力築之築過力餅碎無用也此處要妙如此五次完送藥多則爆其腹送藥少則出餅子不遠此有定法以竹筒粗細餅子大小為送藥加減耳餅發去可數十丈遠徑粘帆上其帆立燃藥方

詳火器籌内

噴筒製

合餅子方　硝磺樟腦松脂雄黄砒霜稱匀分兩法製打成餅脩合筒口餅兩邊取渠一道用藥線拴之

三飛

三飛不過一法即一大火箭也造法用徑六七分荊木為柄長可六七尺後杪用大翎三稜與柄相稱藥頭用紙筒實以火藥如火箭頭同長可七寸麄可二寸再大再加鏃長五寸横闊八分或如鐝形或如刀形或三稜如火箭頭光瑩芒利適計連身重二斤有餘燃火發之可去三百步但命中不能惟擊賊隊擊大舟燒棚帆極妙

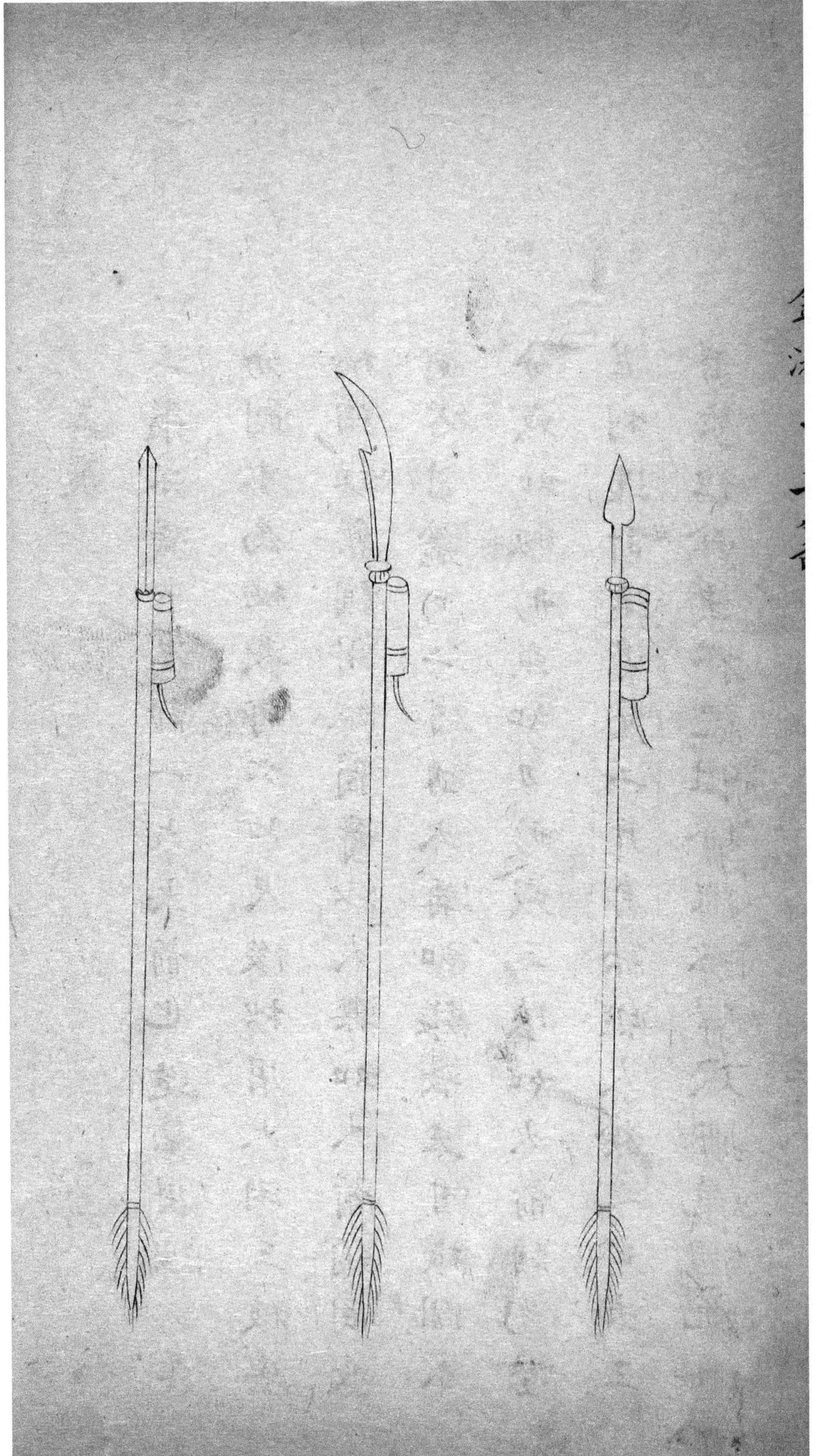

◎

朝腦水秀才

陽河放砲擊賊藥內加朝腦水秀才無此二様鉛子不能過水船上用砲亦當用此防水氣

石油

四川有石油和藥可入水不滅若以石油造成藥團藏火器中借火器一發之力而石油之火崩散船篷船艙中掩敵不備縱以水救之石油不畏水愈救愈熾

江豚油

江豚在水中能逆風逆浪而上故其油能逆風

可合石油共為藥

逆風火藥方歌

狼糞多收并艾肭須教加入江猪骨骨煆為灰

肉煉油油拌硝硫灰性烈晒焙須當用極乾逆

風愈劲真奇絶還當二八配分明火攻陣裏神

仙訣

狼糞　艾肭　江豚骨　江豚油　硝火

硫火　箬灰　樺灰　杉灰　斑猫

火種方

不木灰一斤　鐵衣三兩　炭末三兩　麩皮三兩

紅棗肉六兩　罨拌米泔為餅每兩管一月

水老鴉

流賊劉七等舟泊狼山藴人獻計用火攻之名

水老鴉藏藥及火扵礮水中發之又製形扵鳥

喙持之入水以喙鑽船而機發之以自運轉轉遶船可沉試用之已破一船賊駭謂江南神兵能水中破船捨舟登山遂為守兵所獲

鈎鐮

舟中或割其繚或鈎其船或割其棚閘繩索必不可少須竹長而輕刄彎而利乃得實用

撩鉤

兩船犁沉賊舟用此撈級或鉤搭賊船使不得去或鉤繚索以牽其棚舟中必不可少者但須鉤粗背圓十數人扯拽鉤萬鉤而不曲乃可鉤柄長手執難准須用三鉤一搭即得粘掛也

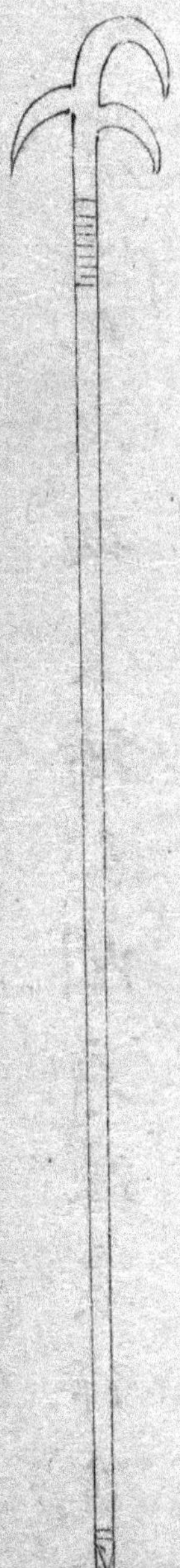

鈎距

楊銳守備九江安慶諸郡聞寧濠變作先引軍設鈎距於江側禁勿泄比逆至船二百餘艘抵岸為鈎距所破

犁頭鏢

此器船斗船尾皆可用下擲賊舟舟中必洞中人必碎斗止[上]容一二人多亦難携鏢不過三五次全在鐵重柄麤尾細太長則携上難太短則

不直下鋒但利即可不必加工用其體重利下之勢而已平時要習熟先擇能上桅斗人於高山峭壁比桅斗尤高處山下立小圓牌把如一人麄自山上擲鏢毋發必中把方爲精熟

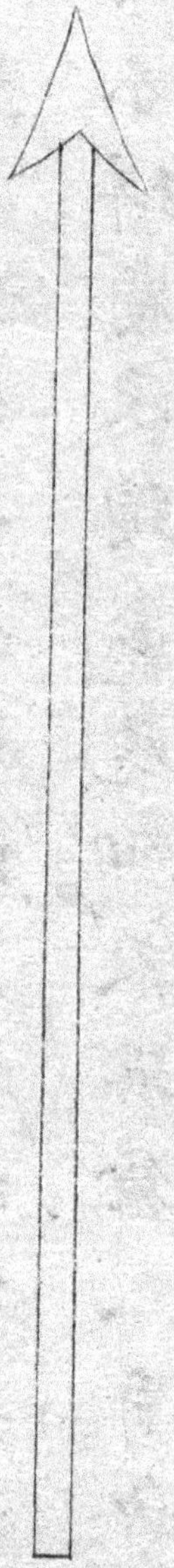

小鏢

舟相近一二十丈内若賊舟低小我舟高大用

此最利擲之如雨無不中賊但習之不熟或翻筋斗或中而無力皆為徒費鋒須有鋼頭重尾輕用竹尤妙竹體和軟頭麄尾細相宜也無竹處用木桿須使頭麄尾細取其發之有力而准也用銀錢懸十步習之能矢矢命中又遠五步習之至二三十步止則力盡矣

楊素五牙艦

黃龍

柏竿

其制如大桅上置巨石下作轆轤繩貫其顛施大艦上每艦作五層樓高百尺置六柏竿竝高五十尺戰士八百人旗幟加於上每迎戰敵船適則發柏竿擊之當者立碎楊素伐陳自信州下峽造大艦名五牙艦上起樓五層高百餘尺左右前後置六柏竿竝高五十尺容戰士八百人旗幟加於上次曰黃龍置兵五百人又乘舴

艋等各有差軍下至荊門陳將以艦拒素素令
乘五牙四艘逆戰船近以拍竿碎陳十餘艦遂
奪江路

鐵綆

兀术欲北渡韓世忠與之相持於黃天蕩世忠
豫以鐵綆貫大鉤授建者明旦敵舟譟而前世
忠分海舟為兩道出其背每縋一綆則曳一舟
沉之兀术窮蹙

罟網

此器凡樓船無女牆板木者用之懸於船外左右防賊跳入十數層厚方可備鎗箭惟銃子不能避如只二三層其勢疎薄難以遮蔽不如無矣先將網張無女牆船上用矢射之或鎗戳銃擊一層不效則加二加之至十以不穿爲准

油罐

用鵝鴨雞蛋盡去其黄和以桐油將磁罐注滿掩塞其口細繩爲絡使勇士持之約離賊船二三丈許擲入擊碎四散流溢兼以風波洶湧滑不可立器不得施况油沾船板惹火易焚我兵更於上風或揚神砂縱神火舉火砲雖微法小技取勝之功則甚大矣爲將者慎無忽而略之可也

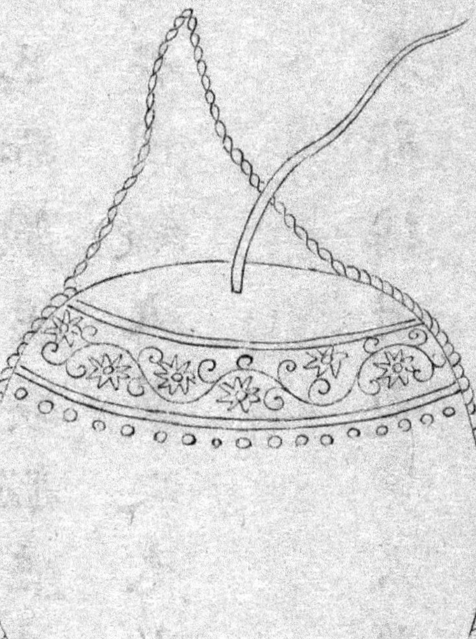

水戰卷十一

四十五

散沙散豆

吴越王鏐遣其子傳瓘擊吴戰於狼山船艘相接瓘使散沙巳船散豆吴船豆爲戰血所漬吴人踐之皆僵仆因縱火焚之大敗

潑泥

嘉靖間倭寇吴郡掠舟過黄天蕩鄉民憤甚歛河泥船數十隻追之以泥撥船頭倭足滑不能立舟人皆躡艸屨用長脚鑽能及遠倭溺甚衆

以上皆水戰利器也然勝在於敵人之不及知事敗於吾軍之不能秘事機無窮一或不密則我所以制敵者敵反得以制我矣公孫述拒岑彭為浮橋攢鈎拒之術非不善也未幾彭預知縱火焚橋鈎而述兵以敗常昭達征嶺南賊為竹籠盛沙石拒之智非不巧也昭達預知使士卒持刀砍籠而賊兵以潰吳人禦晉可謂得策然鐵鎖截船之術一泄不

能免王濬大筏火非之燒杜弢之禦晉可謂盡善然桔槔打船之具一彰不能免周訪長岐棖之非是皆敗於輕泄而貴於善秘也慎之哉

水戰附考

周瑜焚曹操

曹操伐吳周瑜劉備遇於赤壁瑜部將黃蓋取蒙衝鬭艦十艘載操荻枯柴灌油其中裹以帷幙上建旌旗豫備走舸繫於其尾時東南風急

豫備走舸

俞通海焚
陳友諒
乘風七舟

盖以十艦最著前中江舉帆餘船俱進同時發火火烈風猛船往如箭燒盡北船延及岸上营落烟焰漲天瑜等率輕鋭繼其後操軍敗退

陳友諒圍南昌俞通海等西援友諒出鄱陽湖逆戰通海乘風棹七舟載葦置火藥入敵水寨焚其戰艦數百獲友仁友貴時通海舟深入敵寨鏖戰意其戰沒少頃飄颻遶出敵舟傍我師見之大喜躍呼奮前大敗敵人

兀术焚海舟

海艦

舟中載土
穴板櫂槳
火箭射篷

韓世忠與金兀术相持黄天蕩以海艦進泊金山下兀术見海舟乘風使篷往來如飛曰南軍使船如使馬奈何募人獻策閩人王姓者教以舟中載土平板鋪之穴船板櫂槳俟風息則出海舟無風不可動也以火箭射其蒻篷不攻自破矣兀术然之天霽風止兀术以小舟出江世忠絕流擊之海舟無風不能動兀术令善射者乘輕舟以火箭射之烟燄蔽天師大潰

劉裕破盧循

方艦　鬥艦　步騎

岸軍挾火

以上水戰而專用火攻者也

晉盧循徐道覆率衆數萬方艦而下劉裕悉出輕利鬬艦命衆軍齊力擊之又分步騎於西岸參軍庾樂生乘艦不進斬而徇之衆軍踴躍爭先軍中多萬鈞神弩所至莫不摧陷裕自於中流蹙之因風水之勢賊艦悉泊西岸西岸上軍先備火具乃挾火焚之烟焰翳天賊衆大敗初分遣步兵莫不疑怪及燒賊艦衆乃悅服

杜惠度破盧循　雉尾炬焚艦　岸兵夾射

盧循收餘衆走交州刺史杜惠度悉散家財賞軍士與循合戰擲雉尾炬焚其艦以步兵夾岸射之循衆艦俱燃兵大潰盧循滅而廣州平

以上水戰而兼用陸兵者也

後梁王琳攻陳文帝命侯瑱督軍屯蕪湖琳率舟師東下去蕪湖十里而泊擊柝聞于陳軍侯瑱令軍中晨炊蓐食以待時西南風起琳自謂得天助引兵直趨建康瑱等徐出蕪湖躡其後

牛皮冒蒙衝鎔鐵洒軍

章昭達據上流

伐木為營

西南風反為頭用琳𦅘火炬以燒陳船皆反燒其船頭鏺柏擊琳艦又以牛皮冒蒙衝小船以觸其艦竝鎔鐵洒之琳軍大敗

水戰以順風為勢此可類推矣

陳閩守陳寶應反據建安晉安界水陸為柵陳將章昭達討之據其上流命軍士伐木帶枝葉為筏施柏其上綴以大索相次列營夾兩岸寶應挑戰昭達按甲不動俄暴雨江水大漲昭達

木筏破柵

放筏衝突水柵盡破實應大潰定閩中

水戰以上流為勢此可類推矣

吳以鐵鎖截江

晉伐吳詔王濬修舟艦吳為鐵鎖橫江又作鐵椎暗置江中濬知狀乃作大筏數十方百餘步

大筏破鐵椎

縛艸為人令善水者以筏先行遇鐵椎輒著筏去

大炬破鐵鎖

又作大炬長十餘丈大數十圍灌以麻油在船前遇鎖然炬燒斷順風鼓棹逕造三山

賀環竹笮聯艨艟斷

梁賀環攻晉德勝南城百道俱進以竹笮聯艨

河

敢死士

鎧斧

木甖載薪

沃油燃火

巨艦

甲士

艟十餘艘蒙以牛革設陴睨戰格如城狀橫於
河流斷晉之救兵使不得渡晉王自引兵救之
陳於北岸不能進乃積金帛於軍門募能破艨
艟者親將李建及請以死決之選敢死士三百
人被鎧操斧乘舟而進將至艨艟流矢雨集建
及使操斧者入艨艟間斧其竹笮又以木甖載
薪沃油燃火於上流縱之隨以巨艦實甲士鼓
譟攻之艨艟既斷隨流而下梁兵焚溺殆半環

歐陽紇竹龍過船

潜行水中

魏以鐵鎖斷河

解圍夫

歐陽紇據鎖南反陳將章昭達討之紇聞出頓淮口多聚沙石盛以竹籠置水栅外用遏船艦昭達令軍人啣刀潜行水中以斫竹籠籠篾皆解因縱大艦隨流突之賊衆大敗擒紇

宋垣護之為鍾離太守隨王元謨攻滑臺護之以百舸為前鋒進據石濟魏救將至馳書勸元謨急攻不從元謨敗退不暇報護之魏軍以鐵

中流而下故不能近

鎖三重斷河絕護之還路河水迅急護之中流而下每至鐵鏁以長柯斧斷之魏人不能近唯失一舸餘舸竝在

崔延伯車輪斷淮

梁趙祖悅率水軍據峽石後魏崔延伯討之夾淮爲營取車輪去輞削銳其幅輞輞接對揉竹絙連貫相屬竝十餘道横木爲橋兩頭施大轆轤出沒任情不可燒斷既斷祖悅走路又令舟舸不通梁武援兵不能赴救祖悅被虜

阻水之法

王僧辯大艦斷江

大艦斷其歸路

王軌車輪斷清水

王軌據淮口

梁湘東王命王僧辯等東擊侯景侯子鑒屯姑熟景遣兵助之及戰僧辯麾細船令退留大艦夾泊兩岸子鑒謂水軍欲退爭出趨之大艦斷其歸路鼓譟大呼合戰中江子鑒大敗

陳將吳明徹軍至呂梁周徐州總管梁士彥頻戰不利明徹堰清水灌之列艦城下王軌爲行軍總管率軍赴救引兵輕行據淮口令達奚長儒多豎大木以鐵鏁貫車輪繫以大石沉之清

◎

水横斷隄船歸路明徹破堰遶退冀乘大水入
淮比至清口川流已闊水勢亦衰船礙車輪不
得過軌因率奇兵水陸並發圍而殲之將士二
萬人器械輜重並就俘獲

以上皆謀斷水者也

樊若水量江

初唐池州人樊若水不第釣米石江上月夜乘
小舟載絲繩維南岸疾棹抵北岸以渡江之廣

造浮梁濟師

狹尋詣汴上書言江南可取狀請造浮梁濟師宋

主遣內侍往荆湖造黄黑龍船數千艘以大艦載大竹絙自荆渚而下命丁匠營之三日橋成議者謂古未有浮梁渡江者宋主不聽若水爲嚮導克池州即用爲知州試舟石牌口移置采石梁成不差尺寸宋師濟江若履平地

以上則謀濟水者也

兵夫列船式

平時在船四面各兵各器長短相間外向而立

如遇賊即隨賊所在之面併力動手無賊之面亦留二人防看

每船軍器

大佛郎機六　噴筒六十箇

鳥嘴銃二十門　鳥銃火藥一百斤

粗火藥四百斤　火磚一百塊

大小鉛彈三百斤　火箭三百枝

藥弩一十張　弩箭五百枝

尋波弓鎮江弓　點鋼箭（弓箭各兵皆宜自帶不開數目）

鉤鐮一百把　鏢鎗一百枝

絮被二十床　藤牌二十面

大旗一面弁號帶　五方旗五面

大鼓一面　鍋三口

銅鑼一面　喇叭二枝

鐵絲燈籠十盞每燈備燭十夜每夜備燭十枝每枝一兩

火繩六十根

每船用器

大小風篷二扇　船櫓六枝

舵二門

邊舵二門

大繂五條

大小繚手二條

大小悝搭二副

減篷索二條

順舵索一條

舵牙索二條

椗十枝

水櫃二個

頭繂四條

大小繚絲二副

通關前秤札尾四條

大小檣纓二條

絞舵索一條

纜八條

艇拖索一條　艇櫓六枝

水桶二箇　車水索一條

大小望斗二個　斗心索二條

斗衣二副　指南針一盤

鐵鍬四把　鐵鋸四把

鐵鑽五把　鐵鑿十把

捕盜自備

釘四十斤　油五十斤

麻六十斤　黄藤一百斤

灰五擔　桐油一百斤

各兵自備

盔一頂　甲一領

腰斧二口　簑衣箬笠一副

右每船兵夫器械等件俱如前式隨船大小

增減

金湯借箸十二籌卷之十一終

金湯借箸十二籌卷之十二目錄

籌制勝有引

固結民心有引

尹鐸保障晉陽　　李光弼弔恤常山

張巡人知必死不叛

激揚士氣

張巡設天子畫像　　睢陽將士激勵請奮

李光弼内刀于鞾　　劉錡積薪焚家

唐德宗引咎　張伾鬻愛女
楊烈婦以利害諭吏民
楊慶復厚賞募士　吳玠忠義感將士
李政散財全冀州
誅除反仄
張巡誅六將　邊居誼當門斬部曲
安定危疑
朱桓百戰百勝之勢

羊祜詐稱得射書　庾域封題空倉
總評　劉佩出擊安衆
王羆大開華州門
逆折盛勢
張遼折孫權　張巡折令狐潮
渾瑊折吐蕃　王文都折夏人
邀截歸路
費禕截曹爽　陳泰向還路截姜維

朱桓夾石截曹休　王軌淮口截吳明徹

种師道請扼金人於河

种師道請乘半濟擊金

韓世忠扼江截兀朮 有評

吳玠伏神岔截兀朮

誘攻城

虞詡小弩誘羌　劉基伏兵誘陳友諒

誘入城

陳宮誘曹操　李雄誘羅尚
安邑人誘崔乾祐

誘戰

劉錡誘兀朮　于謙誘也先

佚能勞之

張巡鳴鼓嚴隊　史思明夜至晝至
劉錡乘電奮擊　畢再遇間出奇兵
姚廣孝舉火鳴砲　夜擾法

飽能饑之

祖逖擊獲趙糧　史思明焚九節度糧

張巡取賊鹽米　劉錡鑿沉金舟

畢再遇潛焚金糧

靜　有引

祖逖下城靜坐　劉錡不聞鷄犬

暇　有引

諸葛亮開門却洒有評　寇準飲博懽呼

蕭道成解衣高卧　畢再遇臨門作樂

佚　有引

劉錡番休餉士　劉錡試甲分隊

張觷分兵送食　總評

治

李綱以百步法守都城

于謙守京師

嚴

當將軍面中六矢不動

犄角有引

陳宮說呂布屯外守内

慕容翰請為奇兵於外

傅永軍壽陽城外　郗元景表裏合攻

總評

結援有引

申包胥泣秦庭　孫子疾走魏都

信陵君奪軍解趙圍

信陵君率五國之師破秦

太史慈乞兵解圍有評

荀女突圍求救　　韋叡飛橋濟師

李懷光灃泉破賊

李讜往返十二出迎兵糧

李存勖解夾寨之圍

李嗣源解幽州之圍

解圍有引

廉范三頭爇火　耿恭毒藥傅矢

虞詡悉陳兵衆有評　皇甫嵩因夜縱火

劉琨登樓清嘯　李光弼詐降破賊

張巡斬將解圍　郝昭死守解圍

吳玠吳璘血戰破兀术

劉錡死鬭破兀术　張孟談間韓魏

文種間太宰嚭　陳平間閼氏

華元劫子反
認賊首
南霽雲射尹子錡
總説
取賊箭
張延夜縋藁人
畢再遇張青蓋
焚賊具
李綱燒金雲梯
孟珙燒元船材
張珏焚元資糧器械船場

金湯借箸卷十二籌卷之十二

淮南李盤小有原名長科

京口周鑑臺公

古絳韓霖雨公

籌制勝

以主客言之則攻者為客守者為主則勝在守以生死言之則攻者居生路守者陷死地則勝又在攻全視制勝之着何如耳輯制勝

固結民心

黄石公曰蓄恩不倦以一取萬孫子曰道者令民與上同意可與之死可與之生而不畏危也吴子曰民安其田宅親其有司則守已固矣許洞曰夫被圍者當先安其内而後及其外可也此皆固結民心之説也故制勝以民心為首

尹鐸守晉

趙簡子使尹鐸守晉陽請曰以為繭絲乎抑為

繭絲保障

保障尹簡子曰保障哉尹鐸損其戶數減損戶數則賦稅輕民力舒也簡子謂無恤曰晉國有難而無以尹鐸為少無以晉陽為遠必以為歸及智伯求蔡皋狼之地於趙襄子襄子弗與智伯怒帥韓魏之甲以攻之襄子將出曰吾何走乎從者曰長子近且城厚完襄子曰民罷力以完之又斃死以守之其誰與我從者曰邯鄲之倉庫實襄子曰浚民之膏澤以實之又因而殺之其誰與我其

沈竈產鼃

李光弼守
常山

張巡守睢
陽

其晉陽乎先王之所屬也尹鐸之所寬也民必和矣乃走晉陽三家圍而灌之城不浸者三版沈竈產鼃民無叛意

李光弼以朔方兵五千東救常山常山團結子弟執賊將安思義降常山自顏杲卿死後郡爲戰場露骨蔽野光弼酹而哭之爲賊幽閉者出之而厚恤其家民大悦

尹子琦久圍睢陽城中食盡將士廩米人日一

合雜以茶紙樹皮為食茶紙既盡遂食馬馬盡
羅雀掘鼠雀鼠又盡張廵出愛妾殺以食士許
遠亦殺其奴然後括城中婦人食之繼以男子
老弱人知必死莫有叛者所餘纔四百人

人知必死莫有叛者

殺妾殺奴不成話矣括食婦人老弱更不成
話矣然民至此寧死不叛固結何如

激揚士氣

張廵斬六將

令狐潮率衆攻雍邱圍守四十餘日朝廷聲聞

設天子畫像

張巡誓死

堅誠

不通潮以書招張巡大將六人白巡以勢不敵
且主上存亡未可知不如降六人者皆官開府
特進巡(陽)許諾明日堂上設天子畫像率軍士朝
人人盡泣巡乃引六將至責以大誼斬之士心
益勸
慶緒遣其將尹子琦趣睢陽張巡與許遠拒卻
之賊復來攻巡謂將士曰吾受國恩賊若復來
止有死耳但念諸君捐軀力戰而賞不直勳以

李光弼內刀于韡果敢

劉錡守順州

此痛心將士皆激厲請奮迅乃椎牛饗士盡軍
出戰迅執旗帥諸將直衝賊陣賊大潰
史思明復攻河陽李光弼將戰內刀于韡曰戰
危事吾位三公不可辱于賊萬一不捷當自刎
以謝天子於是西向拜舞三軍感動
劉錡充東京副留守金人敗盟南侵已陷東京
錡與將佐舍舟陸行先趨至順昌知府事陳規
見錡問計錡曰城中有糧則能與君共守規曰

果敢

鑿舟示無去意

積薪焚家

有擊鼓其鏜踊躍用兵之意

有米數萬斛錡曰可矣諸將皆曰金兵不可敵也請以精銳爲殿步騎遮老小順流還江南錡曰吾本赴官留司今東京雖失幸全軍至此有城可守奈何棄之吾志已決敢言去者斬鑿舟沉之示無去意置家寺中積薪於門戒守者曰脫有不利即焚吾家毋辱敵手也分命諸將守諸門明斥堠募土人爲間探於是軍士皆奮勇子備守戰婦人礪刀劍爭呼躍曰平時人欺我

德宗引咎

至誠

群臣盡期死力

張伾守臨洺

鬻愛女

裴行儉曰撫士貴誠

八字軍今日當為國家破賊立功矣乃大破之

朱泚圍奉天德宗召公卿將吏謂曰朕以不德自陷危亡固其宜也公輩無罪宜早降以救室家群臣皆頓首流涕期盡死力故將士雖困急而鋭氣不衰

田悅攻臨洺累月不拔城中食且盡庫府竭士卒多死傷張伾飾其愛女使出拜將士曰諸軍守戰甚苦伾家無他物請鬻此女為將士一日之

惟誠故能感人

楊烈婦守項城

重賞募死士

貴衆皆哭曰願盡死力不敢言賞

楊烈婦者李侃妻也李希烈陷汴謀襲陳州侃為項城令希烈分兵數千略定諸縣侃以城小賊鋭欲逃去婦曰寇至當守力不足則死焉君而逃尚誰守侃曰兵少財乏若何婦曰縣不守則地賊地也倉廩府庫皆其積也百姓皆其戰士也於國家何有請重賞募死士尚可濟侃乃召吏民入廷中曰令誠若主也然滿歲則去非

至誠

如吏民生此土也墳墓存焉宜相與死守忍失
身北面奉賊乎衆泣許諾乃令曰以瓦石擊賊
者賞千錢以刀矢殺賊者萬錢得數百人侃率

自爨享衆

以乘城婦身自爨以享衆侃中流矢還家婦責

烈婦非侃之妻侃之師也

曰君不在人誰肯固守死於外猶愈於牀也侃遂
登城督賊將中矢死遂引去縣卒完還侃太平
令

楊慶復守成都

西川之民聞蠻寇將至爭走入成都楊慶復募

厚給粮賜

突將

厚賞

蜀氏操芟刀白棓助官軍

士厚給粮賜乃諭之曰汝曹皆軍中子弟年少材勇平居無繇自進今蠻寇憑陵乃汝曹取富貴之秋也可不勉乎皆歡呼踴躍得選兵二千人號曰突將殺傷蠻二千餘人蜀人素怯其突將新為慶復所獎拔且利於厚賞勇氣自培其不得出者皆憤鬱求奮後慶復與蠻戰蜀民數千人爭操芟刀白棓以助官軍呼聲震野蠻軍大敗

吴玠守和尚原

黄石公曰接以禮勵以義則士死之

李政守冀州

所得盡散士卒

黄石公曰獲財散之

數千人躍

始金人之入也吴玠吴璘以散卒數千駐和尚原朝問隔絶人無固志有謀刦玠兄弟北去者玠知之召諸將歃血盟誓勉以忠義將士皆感泣願盡死力大破金人

宋冀州將官李政備守有方紀律嚴明金屢攻城皆擊退之嘗夜刦金寨所得盡散士卒不以自私一日金人已登城大其門樓政以重賞募死士撲之俄有數千人皆以濕氊裹身躍火而

火而進

進大呼力戰金人驚駭有失仗者遂敗走城賴

以全後政死而城失守

激揚之法或以果敢或以忠義或以至誠或

以利害或以財帛有繇然也

誅除反仄

張俊誅六將即見前

元兵薄新城總制黄順副將任再興出降其部

曲多欲縋城出者邊居誼悉驅入當門斬之

邊居誼當門斬部曲

既有二心矣則後日開門延賊賣主求榮者
必此輩也可留之肘腋乎哉殺之

朱桓守濡須

鎮定危疑

朱桓爲濡須督魏曹仁以步騎數萬侵至時桓
手下及所部兵在者五千人諸將業業各有懼
心桓諭之曰兵法所以稱客倍而主人半者謂
俱在平原無城池之守耳今仁千里步涉人馬
罷困桓與諸君共據高城南臨大江北背山陵

曹丕自來不足憂

偃旗鼓示弱

以逸待勞為主制客制客此百戰百勝之勢也
雖曹丕自來尚不足憂況仁等邪乃偃旗鼓示
弱以誘之魏師不克乃還

夫攻之與守彼上而我下彼仰而我俯彼勞
而我逸彼動而我靜彼客而我主不待卜筮
而數者之勝已操之自我矣但太平日久人
不知兵輒為錯愕宜有以曉之耳

羊侃詐得射書

侯景軍來勝至闕下城中恟懼羊侃詐稱得射

庾域封題空倉

書云邵陵王西昌候援兵已至近路衆乃少安
魏圍南鄭數十日闔城皇皇庾域封題空倉數
十指示將士曰此中粟皆滿足支一年但努力
固守衆心乃安
按晉侯圍曹聽輿人之謀曰稱舍於墓師遷
焉曹人兇懼因其兇也而攻之遂入曹又張
魯既降操蜀中一日數十驚雖斬之不能禁
也故兵法曰心怖可擊可見懼最誤事然軍

勢曰將無勇則士卒怯弟視專城者爲何如

人耳

劉佩出擊安衆

趙王虎擊燕燕王皝懼形於色劉佩曰事之安危係於一人大王當自强以厲將士不宜示弱事急矣臣請出擊之縱無大捷足以安衆乃將敢死數百騎出衝趙兵所向披靡斬獲而還於是士氣自倍皝意乃安

王罷守華州時西魏師與東魏師戰於河橋不

大開州門

利前後所虜東魏士卒散在民間聞魏兵敗謀作亂趙青雀等遂反據長安子城羆聞之乃大開州門召軍人謂之曰頃聞大軍失利青雀作亂諸人相驚咸其異志王羆受委於此以死報恩諸人若有異圖可來見殺必恐城陷沒者亦任出城如有忠誠能與王羆同心者可共固守軍人見其誠信皆無異志

軍人見其誠信皆無異志險着

逆折盛勢

張遼折孫權

折其盛勢然後可守

曹操征張魯為教與護軍薛悌而署其函邊曰賊至乃發及孫權率衆十萬圍合肥乃共發函教曰若孫權至者張李將軍出戰樂將軍守護軍勿得與戰諸將以衆寡不敵疑之遼曰公遠征在外比救至彼破我必矣是以教指及其未合逆擊之折其盛勢以安衆心然後可守也諸將莫對遼怒曰成敗之機在此一戰諸君若疑遼將獨決之李典素與遼不睦慨然曰此國家

吳子曰三軍之衆百萬之師張設輕重在于一人是謂氣機

司馬法曰見危難無亡其衆

大事顧君計何如耳吾可以私憾而忘公義乎請從君而出於是遼夜募敢死士得八百人椎牛饗將士平旦遼與典被甲持戟先登陷城殺數十人斬二將大呼自名衝壘入直至權麾下權大驚不知所為走登高冢以長戟自守遼叱權下戰權不敢動望見遼所將衆少乃聚圍遼數重遼左右麾圍直前急擊圍開遼將麾下數十人得出餘衆號呼曰將軍棄我乎遼復還突圍

還修守備衆心乃安

裴城析令狐潮賊勢少析然後可守

渾瑊析吐蕃

拔出餘衆權人馬皆披靡無敢當者自旦戰至日中吴人奪氣還修守備衆心乃安

令狐潮等四萬餘衆奄至雍丘城下衆懼張巡曰賊兵精鋭有輕我心今出其不意擊之彼必驚潰賊勢少折然後城可守也乃使千人乘城自帥千人分數隊開門突出巡身先士卒直衝賊陣人馬辟易賊遂退

吐蕃十萬衆至奉天京城震恐渾瑊戍奉天虜

王文郁折夏人

折其鋒以安衆心然後可守

始列營職師驍騎二百銜之身先士卒虜衆披靡職挾虜將一人躍馬而還從騎無中鋒鏑者城上士卒望之勇氣始振

夏人數十萬圍蘭州已據西關李浩閉城距守鈐轄王文郁請擊之浩曰城中騎兵不滿數百安可戰文郁曰賊衆我寡正當折其鋒以安衆心然後可守此張遼所以破合肥也乃夜集死士七百餘人縋城而下持短刃突之賊衆驚潰

以文郁方
尉遲敬德

時以文郁方尉遲敬德權知州事

古之善兵者謀定而後戰若勝負不可知寧堅壁清野養鋭蓄威以保萬全必據險湊鋒利器三者全而後可以戰

費禕截曹
爽

邀截歸路

魏曹爽入漢中蜀兵據興勢爽不得進引軍還費禕進據三嶺以截爽爽争險苦戰僅乃得過失亡甚衆關中為之虚耗

陳泰截姜維

朱桓截曹休

太公曰阻難狹路可擊

姜維圍狄道陳泰引兵救之揚言欲向其還路維懼遁走

吳周魴遣親人齎牋誘曹休言被譴懼誅欲以郡降求兵應接休率步騎十萬向皖應之恃衆欲與吳戰朱桓言於吳王曰休本以親戚見任非智勇名將也今戰必敗敗必走走當繇夾石挂車此兩道皆險阨若以萬兵柴路則彼衆可盡休可生擒臣請將所部以斷之休與陸遜戰

王軌截吳明徹

遏陳船歸路

於石亭追亡逐北從至夾石梪斬獲萬餘牛馬騾驢車乘萬輛軍資器械略盡

陳吳明徹圍周彭城環列舟艦攻之甚急周王軌引兵輕行據淮口結長圍以鐵鎖貫車輪數百沉之清水清河之水以遏陳船歸路蕭摩訶言於明徹曰聞王軌始鎖下流其兩端築城未立請往擊之不然吾屬皆為虜矣明徹奮髯曰搴旗陷陣將軍事也長算遠略老夫事也摩訶

失色而退一句之間水路遂斷周兵益至明徹退軍至清河口水勢漸微舟碍車輪不得過王軌引兵處之衆潰明徹被執將士輜重皆沒於周獨蕭摩訶與將軍任忠周羅睺全軍得還

种師道請扼金惰歸

金人南下种師道入援帝問曰今日之事卿意如何對曰臣以議和非也女真不知兵豈有孤軍深入人境而能善其歸乎請緩給金幣使彼惰歸扼而殲諸河執政不可

种師道請擊金半濟

韓世忠截兀朮

移師鎮江待兀朮

斡離不退師北去京師解嚴种師道請乘其半濟擊之帝不許李邦彥立大旗於河東河北有云出兵者並依軍法种師道曰異日必為國患來不能禦去不能追何以立國嗚呼殆已

兀朮破臨安帝如浙東世忠以前軍駐青龍鎮中軍駐江灣後軍駐海口大治舟艦欲俟敵歸邀擊之及兀朮蹊秀州趨平江世忠事不就遂移師鎮江待之先以八千人屯焦山寺謂諸將

屯焦山寺

伏龍王廟

吳子曰設伏投机其將可取

梁氏執桴鼓

曰是間形勢無如金山龍王廟者敵必登之以覘我虛實乃遣蘇德將百人伏廟中百人伏廟下岸側戒之曰聞江中鼓聲則岸兵先入廟兵繼出以合擊之及敵至果有五騎趨廟廟兵先鼓而出獲兩騎其三騎則振策以馳馳者一人紅袍玉帶既墜復跳而免者兀朮也既而挨戰江中凡戰數十合世忠妻梁氏親執桴鼓敵終不得濟俘獲甚衆擒兀朮之壻龍虎大王兀朮

鑿老鸛河

邀擊新城

相持黃天蕩

懼請盡歸所掠以假道世忠不許復益以名馬又不許遂自鎮江泝流西上兀术循南岸世忠循北岸且戰且行世忠艨艟大艦出金師前後數里擊柝之聲達旦將至黃天蕩兀术窘甚或曰老鸛河故道今雖湮塞若鑿之可通秦淮兀术從之一夕渠成凡五十里遂趨建康岳飛以騎三百步兵三千邀擊於新城大破之兀术乃復自龍灣出江中世忠與之相持於黃天蕩世

海艦泊金山下

忠以海艦進泊金山下豫以鐵綆貫大鉤授徤
者明旦敵舟譟而前世忠分海舟為兩道出其
背每縋一綆則曳一舟沉之兀朮窮蹙求會語
祈請甚哀世忠曰還我兩宮復我疆土則可以
相全兀朮語塞又數日再求會而言不遜世忠
引弓欲射之兀朮亟馳去見海舟乘風使篷往
來如飛謂其下曰南軍使船如使馬奈何乃募
人獻破海舟之策於是閩人王姓者教其舟中

孫子曰能因敵變化而取勝者謂之神不意王姓者得之世忠有大舟無小舟亦疎

載土以平板鋪之穴船板以櫂槳俟風息則出海舟無風不可動也且以火箭射其篛蓬則不攻自破矣兀朮然之刑白馬以祭天及天霽風止兀朮以小舟出江世忠絕流擊之海舟無風不能動兀朮令善射者乘輕舟以火箭射之烟燄蔽天師遂大潰世忠奔還鎮江兀朮遂濟江比六合縣世忠以八千人拒兀朮十萬之衆凡四十八日而敗然金人自是亦不敢復渡江矣

截歸之戰未有如此痛快者兀朮絕望南渡江左得以偏安皆此一戰力也其所摧敗功亦足以暴於天下矣虜三薄都城未有能一截其惰歸者坐令得志飽颺而去奈何

吳玠設伏神坌

金人自起海角狃於常勝及與吳玠戰輒敗憤甚謀必取玠十月復攻和尚原玠命諸將選勁弓強弩分番迭射號駐隊矢連發不絕繁如雨注敵稍却則以奇兵旁擊絕其糧道度其困且

駐隊矢

兀术剃鬚髯而遁

走設伏於神堂以待之遂復大敗兀术中流矢僅以身免急剃其鬚髯而遁

誘攻城

虞詡小弩誘羌

後漢虞詡為武都太守兵不滿三千而羌眾萬餘攻圍赤亭數十日詡乃令軍中使強弩勿發而潛發小弩羌以為矢力弱不能至并兵急攻詡於是以二十彊弩共射一人發無不中羌大震退

劉基伏兵誘陳友諒

陳友諒傾國入寇壓金陵軍勢張甚衆惟怯不決有以鍾山王氣請犇據者有勸納款者劉基後至獨張目不言問計安出基曰賊驕矣誘之深入而伏兵邀取之易易耳取威定霸在此一舉而言納款及犇何也於是誘破友諒盡覆其衆

陳宫誘曹操

誘入城

漢末曹操呂布濮陽相持陳宫謂宫曰可令富

劉曄料陳宮反間

曹操手臂鬚髮皆燒

李雄誘羅尚

民田氏詐獻密書願為內應誘操入城操信之劉曄謂操曰陳宮多謀或是反間不可不防當分軍三隊一隊入城兩隊伏城外接應田氏又使人獻書約初更時城上鳴螺殼為號至期操引兵至入城砲發四門火起伏兵齊出操大敗往東門逃城有崩木擊操馬倒操陷火內手臂鬚髮盡皆燒毀得典韋救之而出

晉益州牧羅尚遣隗伯攻蜀城李雄與戰且有

勝負雄乃募武都人朴泰鞭之見血使譎羅尚欲為内應以火為期尚信之悉出精兵遣隗伯等率之從泰擊雄雄將李驤於道設伏泰以長梯倚城舉火伯軍見火起爭緣梯泰以繩繫上百餘人皆斬之雄因放兵内外夾擊大破尚軍

崔乾祐至安邑安邑人開門納之半入閉門擊之盡殪

安邑人誘崔乾祐

誘戰

劉錡誘兀术

獻浮橋五所

兀术至順昌，劉錡遣耿訓約戰。兀术怒曰：「劉錡何敢與我戰！以吾力破汝城，直用靴尖趯倒耳。」訓曰：「太尉非但請戰，且謂太子必不敢濟河，願獻浮橋五所，濟而大戰。」遲明，錡果爲五浮橋於河上。敵縣以濟，錡遣人毒潁上流及艸中，戒軍士雖渴死，無得飲於河，飲者夷其族。時天大暑，敵遠來，晝夜不解甲，人馬飢渴，食水者輒病，往往困乏。

于譙誘也先

有毒故誘之

也先破紫荆窺京師石亨議毋出兵第堅壁以老之譙曰賊張甚矣我又先示之弱是佐彼張也躬擐甲胄統大營於德勝門外諸門兵總二十萬虜見我兵勝而嚴不敢輕犯以數騎來嘗我譙設伏於空室使數騎誘虜虜遂以萬騎來薄我伏發敗之

有伏故誘之

張巡鳴鼓嚴隊夜聞鳴鼓先先諭城上人知之然後不亂

史思明掠官軍

佚能勞之

尹子琦攻睢陽張巡於城中夜鳴鼓嚴隊若將出擊者賊聳之達旦儆備既明巡乃寢兵絕鼓賊以飛樓瞰城中無所見遂解甲休息巡與南霽雲雷萬春等十餘將各將五十騎開門突出直衝賊營至子琦麾下斬將甚衆

郭子儀等九節度圍鄴城穿塹三重引漳水灌之危在旦夕思明趣鄴使軍去城五十里為營

每營鼓三百面

每營擊鼓三百面送勝之又每營選精騎五百日於城下掠抄官軍出輒散歸諸軍人馬牛車日有所失樵採甚艱晝備之則夜至夜備之則晝至遲明乃引大軍直抵城下刻日決戰官軍大潰

劉錡夜斫金營

宋順昌受圍四日金兵益盛劉錡遣驍將閻克募壯士五百人夜砍其營是夕天欲雨電光四起見辮髮者輒殲之金兵復退十五里錡復募百

金人終夜自戰

畢再遇擾金人

姚廣孝擾王師

人以往或請銜枚錡笑曰無以枚也命折竹為嘂如市井兒以為戲者人持一為號直犯金營雷起則皆奮擊雷止則匿不動敵衆大亂百人者聞吹殸而聚金人不能測終夜自戰積屍盈野

金人十萬進攻六合環城四面營帳亘三十里畢再遇開出奇兵擊之敵晝夜不得休乃引退

王師圍北平姚廣孝夜縋死士下城刦南兵或

夜擾

遣数十人遶伏草莽間夜擧火鳴砲罷南兵不得休息輒出精兵奮擊敗之盡焚九門諸栅寨賊兵圍城久頓不去欲克之無如夜擾特選勇敢士數百名焰依敵粧敵哨另有暗號每遇晦夜雨雪賊忽略倦怠時則開門或從暗門縱出以火砲以白棒以骨朶亂砍其營聚散倏忽人自為戰遇順風以火器火砲燒積聚驚則亂與同驚睡則佯與同睡但以無擾為

妙機暗傷爲妙手大率以二鼓出城五鼓入城砍西營入東門砍南營入北門仍以暗號認是吾兵方許放進此謂鬼兵密如鷺探速若鶻擊非敢死士熟練人不可或只用大砲齊放東韓營亦可

鬼兵

祖逖邀擊趙粮

飽能飢之

晉祖逖將韓潛與後趙將桃豹分據陳州故城相守四旬逖以布囊盛土使千餘人運以饋潛

史思明焚九節度粮

又使数人担米息於道豹兵逐之即棄而走豹兵久飢以爲逖士衆豐飽大懼後趙運粮饋豹逖又使潛邀擊獲之豹宵遁

郭子儀等九節度圍鄴城將克之時天下飢饉轉餉者南自江淮西自并汾舟車相繼思明多遣壯士竊官軍裝號督趣運者責其稽緩妄殺戮人運者駭懼舟車所聚則密縱火焚之往復聚散自相辨識而官軍不能察也繇是諸軍乏

食大潰

張巡焚賊鹽米

張巡守雍邱會糧之令狐潮餉賊鹽米數百艘且至巡夜壁城南潮悉軍來拒巡遣勇士銜枚濱河取鹽米千斛焚其餘而還

劉錡鑿沉金舟

劉錡以兵駐清河口扼金師金人以氈裹船載粮而來錡使善沒者鑿沉其舟

金兵七萬在楚州城下三千守淮陰糧又載粮三千艘泊大清河畢再遇諜知之曰敵衆十倍

難以力勝可計破也乃遣統領許俊間道趨淮陰二鼓銜枚至敵營各携火潛伏糧車間五十餘所聞哨齊舉火敵驚擾奔竄粮草遂空焚園

畢再遇焚
金粮草

解

靜

兵法曰以靜勝又曰避其強靜又曰見敵靜則諠譁乃守城之大戒也

齊祖珽為北徐州刺史會有陳寇百姓多反珽

祖逖不閉城門下城靜坐

鼓譟聒天

劉錡城中肅然

不閉城門守陴者皆令下城靜坐街巷禁斷行人雞犬不敢鳴吠賊無所見聞不測所以或疑人走空城不設警備逖忽然令大叫鼓譟聒天賊大驚登時走散

順昌之役劉錡兵不盈二萬出戰僅五千人金兵數十萬營西北亘十五里每暮鼓聲震山谷營中讙譁終夜有聲而錡城中肅然不聞雞犬聲惟以靜待譁遂大勝

暇

諸葛亮掃地却洒

司馬法曰見亂暇倉惶失措決不能守矣

諸葛亮屯陽平遣魏延等幷力東下留萬人守城懿率衆二十萬拒亮亮聞懿垂至欲赴延軍又遠乃意氣自若令軍中偃旗息鼓大開城門掃地却洒懿嘗謂亮持重而猥見勢弱疑有伏引兵趨北山亮撫手笑曰懿必謂吾怯將有彊伏循山走矣候還白如亮言懿後知以爲恨

此時司馬有衆二十萬即遇伏兵未必能敗
使懿斂盤旋於外先捨兵三五千人入城覘之
則虛寔立見豈不殆哉曰若至此際諸葛君
必別有一番作略矣乃知所謂暇者非矯情
鎮物亦非徼倖一擲也

寇準號令明肅

宋澶淵之役帝患以軍付寇準準承制專決號
令明肅士卒畏悦帝還行宮留準居北城上徐
使人視準何為準方與知制誥楊億飲博歌謔

飲博歌謔讙呼

蕭道成解衣高臥

懽呼喜曰準如是吾復何憂

宋桂陽王休範反朝廷惶駭蕭道成至新亭治城壘未畢休範前軍已至新林道成解衣高臥以安衆心

畢再遇臨門作樂

金人以十萬攻六合環城四面營帳亘三十里畢再遇令臨門作樂以示閒暇

佚

吳子曰無失飲食之適無絶人馬之力係子

劉錡軍皆番休

日以佚待勞以飽待飢司馬法司迭戰則久中國人力不如虜之堅忍故每戰輒敗尤宜用更番之法制之

兀术攻順昌時大暑敵遠來晝夜不解甲劉錡士氣閑暇軍皆番休方晨氣清涼錡按兵不動逮未申間敵力疲氣索忽遣數百人出西門接戰俄以數千人出南門戒令勿喊但以鋭斧犯之入其陣刀斧亂下自辰至申敵敗退即以拒

坐餉戰士

馬木為障少休歇城上鼓譟不絕乃出飯羹坐餉戰士如平時敵披靡不敢近食已撤拒馬木復深入砍敵又大破之棄尸斃馬血肉枕籍車旗器甲積如山阜是役也錡兵出戰僅五千人金兵數十萬唯以逸待勞遂大勝

劉錡試甲

劉錡守順昌值極暑探報人云虜騎至矣錡令一卒擐甲立烈日中少頃問甲熱乎曰熱矣可着手乎曰熱甚不可着手矣時城中軍五千人

分為五隊於是下令軍中依次飲食士卒吏畨（分隊吏畨）

而上又多合暑藥往者歸者皆飲之大敗虜人（合暑藥）

蓋甲熱不堪着手則虜騎被甲來者其熱可知

又未免有困餒之患於此擊之是以勝也

南宋張觷守南劔范汝為來寇觷起鄉兵與之（張觷兵分數替）

戰令城中殺羊牛豕作肉串仍作飯分鄉兵為

數替以入陳之先後更迭食之士卒力皆有餘

遂勝汝為

李綱以百步法守都城

大要臨陣在番休迭上分一軍為數替將戰則食第一替人既飽遣之入陣使食第二替人第一替人力將困即調發第二替人往代第三替亦如之只管如此更番則士常飽健而不至於困之矣

治

靖康元年金兵渡河道君皇帝東幸以李綱為親征行營使治都城四壁守具以百步法分兵

備禦每壁用正兵萬二千餘人而保甲居民廂軍之屬不與焉修樓櫓掛氊幕安砲坐設弩牀運磚石施燎炬垂欄木備火油凡防守之具無不畢備

嚴

雷萬春面中六矢不動

令狐潮益兵圍雍邱張巡使郎將雷萬春於城上與潮相聞語未絕賊弩射之面中六矢不動潮疑其木人使諜問之知其為雷將軍也乃大

鷙

法令如此何事不成

犄角

按守權篇曰凡守者進不郭圉退不停障以禦戰非善者也豪傑英俊堅甲利兵勁弩彊矢盡在郭中乃收窖廩毀折而入保令客氣十百倍而主之氣不半焉敵攻者傷之甚也然而世將弗能知則犄角之術斷當講矣

陳宮勸呂布出屯於外

呂布為曹操圍於下邳陳宮曰操遠來不能久公以步騎出屯於外宮以餘衆守於內若向公宮攻其背若攻城公救於外不過旬日操軍食盡擊之可破也布不用圍久遂降

呂布不用犄角之謀遂有白門之禍

慕容翰為奇兵於外

平州刺史崔毖陰說高句麗段氏宇文氏共伐合慕容廆進攻棘城廆閉門自守使召其子翰于徙河翰曰彼衆我寡難以力勝請為奇兵於外

伺其間而擊之若并兵為一彼得專意攻城非策之得也庞從之宇文大人悉獨官聞之曰翰不入城或能為患當先取之分遣數千騎襲翰翰設伏以待奮擊盡獲之乘勝征進遣間使語庞出兵大戰前鋒始交翰將千騎從旁直入其營縱火焚之衆大敗悉獨官僅以身免

陳伯之引兵攻壽陽魏傅永將兵三千救之彭城王勰令永引兵入城永曰永之此來欲以郤

傅永軍壽陽城外

敵若如敎者乃是與殿下同受攻圍豈救援之意遂軍於城外總部分將士與永并勢擊伯之於肥口大破之

柳元景分兵屯驛道

柳元景爲隨郡太守羣蠻大擧入寇郡內少粮器仗又乏元景設方略得六七百人分五百人屯驛道或曰蠻將逼城不宜分衆元景曰蠻聞郡遣重戍豈悟城內兵少表裏合攻於計爲長蠻至乃使驛道兵潛出其後戒曰火擧馳進前

後俱發蠻衆驚擾投鄖水死者千餘人斬獲數百

布以嬰城而敗慕容翰傳永郴元景以内外犄角而勝法戒犂然備矣

結援

兵法曰有必救之軍者則有必守之城無必救之軍者則無必守之城勢不能禦即宜廣結敵援坐困孤城必不可也

勿輕信

勿延入

守者必先結援，援欲其應。凡援兵臨城，且勿輕信，恐賊有假我衣號以賺我者，須擇精細心腹縋城而下，認識的真，且勿延入。令於城外據險立寨，相約舉事，必彼此合期，內外夾攻，方可解圍。若彼此相誘，止以虛聲遙相應和，事必敗矣。戒之戒之。

吳入郢，申包胥如秦乞師，曰：吳為封豕長蛇，以薦食上國，虐始於楚。寡君失守社稷，越在草莽

依庭墻而哭七日

賦無衣

使下臣告急曰夷德無猒若鄰于君疆埸之患也逮吳之未定君其取分焉若楚之遂亡君之土也若以君靈撫之世以事君秦伯使辭焉曰寡人聞命矣子姑就館將圖而告對曰寡君越在草莽未獲所伏下臣何敢即安立依於庭墻而哭日夜不絕聲勺飲不入口七日秦哀公為之賦無衣九頓首而坐秦師乃坐大敗吳師以定楚國

求援第一功

孫子解趙圍

批亢擣虛

疾走魏都

魏伐趙圍邯鄲齊威王謀救趙乃使田忌為將孫子為師忌欲引兵之趙孫子曰夫解雜亂紛糾者不控拳救鬬者不搏撠批亢擣虛形格勢禁則自為解耳今梁之輕兵銳卒竭於外而老弱疲于内若引兵疾走其都彼必釋趙而自救是我一舉解趙之圍而收獘于魏也忌從之魏師還與齊戰于桂陵魏師大敗

解圍第一着

信陵君救趙

秦伐趙圍邯鄲魏王使晉鄙救趙秦王使謂魏曰吾攻趙旦暮且下諸侯敢救者必移兵先擊之魏王恐止晉鄙壁鄴趙平原君夫人無忌姊也使者冠蓋相屬于魏讓公子公子患之數請魏王勅晉鄙救趙及賓客辯士遊說萬端王終不聽公子用侯生計襲殺鄙奪其軍以進勒兵

侯生襲殺晉鄙

下令曰父子俱在軍中者父歸兄弟俱在軍中

選兵八萬人

信陵君救魏

毛公薛公

者兄歸獨子無兄弟者歸養得選兵八萬人將之而進大破秦軍邯鄲下

救難第一快

蒙驁伐魏魏王患之使人請信陵君不肯還其客毛公薛公見曰公子所以重于諸侯者徒以魏也今魏急而公子不恤一旦秦克大梁夷先王之宗廟公子當何面目立天下乎語未卒信陵君色變趣駕還魏魏王持信陵君而泣以為

上将軍求援于諸侯諸侯聞之皆遣兵救魏信陵君遂率五國之師敗蒙驁于河外追至函谷関而還

破秦第一八

太史慈解孔融圍

北海相孔融聞太史慈避地東海數使人饋問其母後融為黄巾賊所圍慈適還聞之即從間道入圍見融融使告急于平原相劉備時賊圍已密衆難其出慈乃帶鞬彎弓将兩騎自從各

開門射的

作一的持之開門出觀者並駭慈徑引馬至城下塹内植所持的射之射畢還明日復然如是者再圍下人或起或卧乃至無復起者慈遂嚴行蓐食鞭馬直突其圍比賊覺則馳去數里許矣竟從備乞兵解圍

縱馬突圍

黄石公曰主將之法務攬英雄之心孔北海重圍獲解謂非一饋之力哉太史慈射的突圍有處女脱兔之妙可與言兵機矣

石覽女突圍救援

晉荀崧都督荊州屯宛杜曾引兵圍之崧兵少食盡欲求援于故吏襄城太守石覽崧小女灌年十三帥勇士數十人踰城突圍夜出且戰且前遂達覽所又為崧書求救於周訪訪遣子撫帥兵與覽共救崧曾乃遁去

昌義之守鍾離

魏中山王英與楊大眼等衆數十萬攻鍾離鍾離城北阻淮水魏人于邵陽洲兩岸為橋樹柵數百步跨海通道英據南岸攻城大眼據北岸

立城以通粮運城中衆纔三千人昌義之督師將士隨方抗禦魏人以車載土填塹使其衆負土隨之嚴騎蹙其後人有未及回者因以土迮之俄而塹滿衝車所撞城上輒頽義之用泥補之衝車雖入而不能壞魏人晝夜苦攻分番相代墜而復升莫有退者一日戰數十合前後殺傷萬計魏人死者與城平常叡將兵救之自合肥取直道踰陰陵大澤行值澗谷輒飛橋以濟

泥補衝車

飛橋濟師

焚橋拔柵

更生更生

李懷光入援奉天

師旬日至邵陽豫裴高艦為火攻之計三月淮水暴漲六七尺叡使馮道根等乘鬬艦競發擊魏洲上軍盡殪別以小船載草灌之以膏從而焚其橋風怒火盛烟塵晦冥敢死之士拔柵斫橋水又漂疾倏忽之間橋柵俱盡魏軍大潰英見橋絕脫身棄城走斬首十餘萬叡遣使報昌義之義之悲喜不暇答語但叫曰更生更生

唐德宗幸奉天粮料使崔縱勸李懷光入援懷

崔縱輦貨財渡河

張韶藏表蠟丸

光從之晝夜倍道至河中力疲休兵三日河中尹李齊運傾力犒宴軍尚欲還延崔縱先輦貨財渡河謂衆曰至河西悉以分賜衆利之西屯蒲城懷光自蒲城引兵趣涇陽先遣兵馬使張韶微服間行詣行在藏表蠟丸韶至奉天值賊方攻城見韶以為賤人驅之使與民俱填塹韶得間踰塹抵城下呼曰我朔方軍使者也城上人下繩引之比登身中數十矢得表於衣中而進

三日不至則城不守

杜愔守泗州

進之上大喜异歆以狥城四隅歡聲如雷懷光
敗泚兵於澧泉泚聞之懼遁歸長安衆以爲懷
光三日不至則城不守矣
尉繚子有云城堅而救誠則愚夫蠢婦無不
蔽城盡資血戰者若堅城而救不誠則愚夫
蠢婦無不守陴而泣下此人之常情也事勢
已極救援可緩乎哉
杜愔守泗州州龐勛作亂攻城晝夜不息時勅使

被圍七月

辛讜求援往返十二

李嗣源守潞州夾寨

郭厚本將淮南兵千五百人救泗州至洪澤畏賊强不敢進泗州援兵既絶粮且盡人食薄粥被圍凡七月守城者不得寐面目皆生瘡賴辛讜在泗州與杜慆有舊犯圍出迎兵粮往返凡十二圍始解

梁攻潞州不抜於城下更築重城内以防奔突外以拒援兵謂之夾寨塹而守之李嗣昭固守踰年晉王李克用死其子存勗立與諸將謀曰

李存勗倍道趣潞州

朱温所憚者先王耳聞吾新立以為童子未閑軍旅必有驕怠之心若簡精兵倍道趣之出其不意破之必矣乃發晉陽軍伏兵三垂岡下詰

大霧進兵

旦大霧進兵直抵夾寨梁軍無斥堠不意晉兵之至將士尚未起軍中驚擾存勗命周德威李

填塹燒寨

嗣源分兵二道填塹燒寨鼓譟而入梁兵大潰南走

周德威守幽州

契丹攻幽州為地道晝夜四面俱進城中穴地

爕膏邀地道

鎔銅洒土山

即日治兵

圍二百日

爕膏以邀之又為土山以臨城城中鎔銅以洒之日殺千計而攻不止周德威遣使詣晉王告急李嗣源曰周德威社稷之臣今幽州朝夕不保恐變生于中何暇待虜之衰臣請身為先鋒以赴之王曰公言是也即日命治兵契丹圍幽州且二百日城中危困嗣源至大破契丹俘斬萬計嗣源入幽州周德威見之握手流涕

解圍

天下事可必者已難必者人倘求援而援不
應將坐待其及而死之乎此用奇之時不可
失矣或問如何曰兵之勝術豈可先傳哉

虜范守雲中　兩炬爇火

虜范守雲中匈奴入塞范兵不敵會日暮令衆
各交縛兩炬三頭爇火營中星列虜望火多謂
漢兵救至待旦將退范令軍中蓐食最往赴之
斬首數百虜不敢復向雲中
形之以援而圍解

耿恭守金蒲

毒藥傅矢

漢家神箭

漢家兵神

虞詡守武都

北單于遣左鹿蠡王率二萬騎攻金蒲城耿恭乘城搏戰矢鏃開四尖而以毒藥傅矢語匈奴曰漢家箭神其中瘡者必有異因發强弩射之虜中矢者視創皆沸大驚會天暴風雨隨雨擊之殺傷甚衆匈奴震怖相謂曰漢家兵神真可畏也遂解去

詭之以神而圍解

虞詡為武都太守既到郡兵不滿三千而羌衆

潛發小弩
二十張弩射一人
貿易周服

萬餘攻圍赤亭数十日詡乃令軍中強弩勿發
而潛發小弩羌以為矢力弱不能至并兵急攻
詡于是使二十強弩共射一人發無不中羌大
震退詡因出城奮擊多所殺傷詡明日悉陳其
兵衆令從東郭門出北郭門入貿易衣服回轉
数周羌不知其数更相恐動詡計賊當退乃潛
遣五百餘人淺水設伏候其走路虜果大犇因
掩擊大破之

示之以衆而圍解　人第曰詡之解圍示之以衆而已不知若無前一番誘攻一番奮擊先示以不可測不可犯之威至此而忽以人衆相誇羌豈有悍心去乎古人用謀必有次序不可與徒讀父書者言也

皇甫嵩保長社

左中郎將皇甫嵩右中郎將朱儁共討潁川黄巾儁與賊波才戰敗嵩進保長社波才引大衆圍城嵩兵少軍中皆恐嵩台軍吏謂曰兵有奇

變不在衆寡今賊依草結營若因夜縱燒必大驚亂吾出兵擊之四面俱合田單之功可成也其夕大風嵩約勑軍士皆束炬乘城使銳士間出圍外縱火大呼城上舉燎應之嵩因鼓而犇其陳賊驚亂犇走

大風縱火

火攻解圍

晉劉琨爲并州刺史嘗爲胡騎所圍數重窘迫無計乃乘月登樓清嘯賊聞之皆凄然長嘆中

劉琨守并州登樓清嘯

胡笳嘹亮

李光弼詐降
潜穿地道

賊營忽陷

止息城隅

夜奏胡笳悲毅嘹亮賊流涕歔欷有懷土之思
向曉復吹之賊棄圍去

清嘯解圍　此亦兵法攻心之術也

李光弼為賊所圍遣人詐與賊約刻日出降而
潜穿地道為溝周賊營中楮之以木至期光弼
勒軍城上遣裨將數千人出如欲降者賊皆瞩
目而賊營忽陷死者甚衆賊將驚亂因鼓譟乘
之俘斬萬計初賊至光弼止息城隅經府門不

張巡詐走

撤屋發木

得馬給驍將

顧圍解閲三夕乃歸私寢

詐降解圍

令狐潮益兵圍雍邱城中薪水竭張巡給潮欲引衆走請退軍二舍潮許之遂空城四出三十里撤屋發木而還爲備潮怒圍復合巡徐謂潮曰君須此城歸馬三十匹我得馬且出奔潮歸馬巡悉以給驍將約曰賊至人取一將明日潮責巡巡答曰吾欲去將士不從奈何潮怒欲戰

三十騎擒將十四

郝昭守陳倉

火箭射雲梯

石磨壓衝車

築重墻

陳未成三十騎突出擒將十四斬首百餘級收
其器械牛馬潮適還陳留不復出
　　詐走解圍
魏曹真使郝昭守陳倉諸葛亮出散關圍陳倉
起雲梯臨城昭以火箭逆射其梯梯上人皆燒
死亮用衝車昭以繩連石磨壓其衝車車折亮
更為井闌百尺以射城中以土丸填塹欲直攀
城昭於內築重墻晝夜相攻二十餘日亮粮盡

吳玠吳璘仙人關大敗兀朮

殺金平

引去

死守解圍

吳玠吳璘與金兀朮戰于仙人關先是璘守和
尚原饋餉不繼玠慮金人必復深入乃命璘別
營壘於仙人關右之地曰殺金平移兵守之至
是兀朮帥步騎十萬破和尚原進攻仙人關玠
以萬人守殺金平以當其衝璘自武階路入援
先以書抵玠謂殺金平之地闊遠前陣散漫後

急治第二隘

急屯第二隘

陣阻隘宜益脩第二隘示必死戰然後可以必
勝玠從之急治第二隘璘冒圍戰七晝夜始得
與玠合敵首攻玠營玠擊走之諸將有請別擇
地以守者璘拔刀畫地謂諸將曰死則死此退
者斬金分軍為二兀朮陣于東韓常陣于西璘
率銳卒介其間左縈右繞隨機而發戰久璘軍
少憊急屯第二隘金生兵踵至人被重鎧鐵鉤
相連魚貫而上璘以駐隊矢迭射矢下如雨死

姚仲以帛挽樓

王喜王武分紫白旗入金營

者層積敵踐而登櫓離唱駐馬四視曰吾得之
矣翼日命攻西北樓姚仲登樓酣戰樓傾以帛
為繩挽之復正玠急遣兵以長刀大斧左右擊
統領王喜王武率銳士分紫白旗入金營金陣
亂因奮擊射韓常中左目金人宵遁玠先遣兵
伏河池扼其歸路又敗之
死戰鮮圜　有黄天蕩之捷兀术不敢南下
有仙人關之捷兀术不敢西入此南渡茍延

之根本也戰馬可少哉

劉錡順昌大敗兀术

金人攻順昌劉錡破其鐵騎數千兀术在汴聞之即索靴上馬帥十萬衆來援錡遣耿訓請戰

長勝軍

敵用長勝軍嚴陣以待諸酋各居一部錡曰兀术精兵不可當法當先擊兀术兀术一動餘無能為矣士殊死鬬入其陣刀斧亂下敵大敗兀术遂拔營北去錡遣兵追之死者數萬方大戰

先擊兀术

時兀术被白袍乘甲馬以牙兵三千督戰兵皆

重鎧甲號鐵浮圖戴鐵兜牟周匝綴長簷三人為伍貫以韋索每進一步即用拒馬擁之退不可却官軍以鎗標去其兜牟大斧斷其臂碎其首敵又以鐵騎分左右翼貫以韋索三人為聯號拐子馬專以攻堅戰酣然後用之自用兵以來所向無前至是亦為錡軍所殺

金騎兵

拐子馬

死戰解圍

智伯率韓魏之甲攻晉陽決水灌之襄子使張

張孟談潛見韓魏唇亡齒寒

孟談潛出見二子曰臣聞唇亡則齒寒趙亡則韓魏為之次矣二子乃陰與約為之期日而遣之襄子夜使人殺守隄之吏而決水灌智伯軍智伯軍亂韓魏翼而擊之襄子將卒犯其前大敗其衆遂殺智伯

陳平遺閼氏美人圖

用間解圍　此間其與國

高祖在平城冒頓縱精兵四十萬圍之七日陳平使畫工圖美女遣人遺閼氏云漢有美女如

文種行成

此今皇帝困阨欲獻之閼氏畏奪已寵因謂單于曰漢天子亦有神靈得其土地非能有之於是匈奴開其一角得突出用閒解圍此閒其後宮

吳王悉發精兵擊越敗之夫椒越王以餘兵棲於會稽令大夫文種行成於吳身請為臣妻請為妾吳王將許之子胥曰天以越賜吳勿許也種還報句踐欲殺妻子燔寶器觸戰以死種曰

太宰嚭貪可誘以利請間行言之於是以美女寶器令種獻嚭嚭受乃見種於吳王吳王卒赦越罷兵而歸

用間解圍　此間其權臣

春秋宣公十四年秋九月楚子圍宋至十五年夏五月宋急華元夜入楚子登子反之牀起之曰寡君使元以病告曰敝邑易子而食析骸而爨雖然城下之盟有以國斃不能從也去我三

楚子圍宋

華元登子反牀

十里唯命是聽子反懼與之盟而告王退三十
里宋及楚平　劫師解圍
認賊首
使善打鳥銃者認打頭領選鋒手十人攢打一
人必中然頭領多與衆賊粧成一樣不易認識
須令能遠射者懸書一紙上寫謎語射至賊營
衆賊拾起必送頭領觀看此時好下手
張巡欲射尸子琦莫能辨因刻蒿為矢中者喜

謂巡矢盡走白琦乃得其狀使霽雲射之一發中左目幾獲之子琦乃走

取賊箭

令狐潮圍雍邱城中矢盡巡縛藁為人披黑衣夜縋城下潮兵爭射之得箭數十萬

金人以十萬進攻六合城中矢盡畢再遇令人張青蓋往來城上金人意其主兵官也爭射之須臾矢集樓墻如猬獲矢二十餘萬

焚賊具

金人薄都城李綱募壮士数百人縋縄而下焼

雲梯数十座

孟珙諜知元兵将入犯乃潛遣兵至順陽焼其

所積船材

元劉整既叛献計欲自清居進築馬鬉虎頭二

山扼三江口以圖合州遣合刺帥兵築之知合

州張珏聞合刺至乃張疑兵于嘉築口潛師渡

平陽灘大其資粮器械越砦七十里焚船塢由

是馬騣城築卒不就

金湯借箸十二籌卷之十二 終